Bassam Tibi

Euro-Islam
Die Lösung eines Zivilisationskonfliktes

Bassam Tibi

Euro-Islam

Die Lösung eines Zivilisationskonfliktes

Einbandgestaltung: Peter Lohse, Büttelborn

Einbandbild: Minarett der Sehitlik-Moschee im Stadtteil Neukölln in Berlin, gesehen vom Friedhof Columbiadamm. Foto: picture-alliance.

Die Herausgabe des Werkes wurde durch
die Vereinsmitglieder der WBG ermöglicht.
Redaktion: Dirk Michel
Gedruckt auf säurefreiem und alterungsbeständigem Papier
Satz: Janß GmbH, Pfungstadt
Printed in Germany

Besuchen Sie uns im Internet: www.wbg-wissenverbindet.de

ISBN 978-3-534-22059-5

Inhaltsverzeichnis

Vorrede

> „Der islamische Weltkongress hat auf seiner Arbeitstagung eine neue Strategie für die „Da'wa/Missionierung" gefordert ... Hierzu gehört der Aufbau islamischer Zentren in Europa ... um die dort lebenden Muslime auf ihre Rolle in der Zukunft (sic!) vorzubereiten ... Die Anwendung der Schari'a als Richtschnur im Leben der Muslime (in Europa) ist zu fördern."
>
> Dokument, zitiert in der arabischen Tageszeitung *al-Scharq al-Ausat* vom 28. Juli 1993.

Dieses Buch über die Vision eines Euro-Islam, der in diametralem Kontrast zu der im obigen Motto enthaltenen Agenda steht, erscheint 2009 und wird wohl mein letztes Buch in deutscher Sprache sein. Sein Thema ist der Konflikt, den – unter anderen – die saudisch gesteuerte *al-Rabita al-Islamiyya*/ Islam-Liga mit ihrer oben zitierten Agenda der Islamisierung Europas anheizt. Hierbei steht die Durchsetzung der Schari'a als Strategie für die islamische Missionierung Europas an. Wenn diese Politik ohne Widerspruch verfolgt werden kann, dann wird der schon vorhandene Zivilisationskonflikt Europa in schwere Krisen führen. Diese Prognose ist keine Panikmacherei. Dieses Buch will nicht polarisieren, sondern aufklären; es schlägt deshalb eine Lösung für den Zivilisationskonflikt, nämlich die Europäisierung des Islam als Euro-Islam, vor. Ich begann, dieses Buch 2007 bis 2008 an der Cornell University in den USA mit Abstand zu Europa und zu meiner Wahlheimat Deutschland zu schreiben. Die lektorierte Endfassung bearbeitete ich an der Yale Universität im Frühjahr 2009. Ich mache mir Sorgen darüber, wie leichtfertig deutsche und europäische Politiker mit dem Zivilisationskonflikt umgehen, ja wie sie ihn sogar verleugnen. Dieses Buch verfährt anders.

Mein erstes Buch, *Die arabische Linke* (EVA Frankfurt 1969), befasst sich mit dem Nahen Osten, wohingegen dieses vierzig Jahre später erscheinende Buch Europa zum Gegenstand hat. Hierdurch kommt nicht nur eine Verschiebung des Fokus meiner Arbeit zum Ausdruck, sondern auch die Tatsache, dass der Islam sich in den vergangenen vier Jahrzehnten in Europa verbreitet hat. Der europäische Kontinent ist zur Hauptattraktion der globalen islamischen Migration geworden.

Muslime stellen heute mit schätzungsweise mehr als 23 Millionen Menschen einen signifikanten Bestandteil der westeuropäischen Wohnbevölkerung dar. Im Jahr 1950 lebten 800 000 Muslime in Westeuropa. Diese Bevölkerungszahlen sind mit einem Wettbewerb der Ordnungsvorstellungen und der Weltbilder verbunden. Wer gewinnt diese Muslime? Europa, der auf der Schari'a basierende politische Islam oder der orthodoxe Wahhabismus? Letztere existieren als Netzwerke in Europa. Wird der Djihad für ein islamisches Europa siegen? Oder werden die zugewanderten Muslime Europäer? Das sind Fragen, die Europa verdrängt, doch sie werden in den kommenden Jahrzehnten die Zukunft Europas bestimmen; deswegen sind sie Thema dieses Buches. Klar ist: Von der Beantwortung dieser Fragen wird es abhängen, wie Europa Mitte dieses Jahrhunderts aussehen wird.

Das zentrale Problem ist nicht die statistische Wachstumsrate des muslimischen Anteils an der westeuropäischen Wohnbevölkerung. Zwar wird sie weiterhin enorm steigen, so wie die Zahl der Muslime in Westeuropa sich von 1950 bis 2008 mehr als verfünfundzwanzigfacht hat. Aber das wirkliche Problem sind nicht diese Zahlen, sondern die Tatsache, dass Muslime, anders als andere Migranten, als *Muhadjirun* nach Europa kommen. Was heißt das? Im Islam hat *Hidjra* eine andere Bedeutung als bloß Migration, sie ist an die Verbreitung des Islam durch *Da'wa* – wie im obigen Motto verkündet – gebunden. Dem Koran nach ist dies eine *Farida*/Pflicht. Hierauf basiert die Weltanschauung eines islamischen, offensiven und missionarischen Universalismus. Muslime kommen ohne eine Reform des Islam mit dieser Weltanschauung nach Europa und geraten hierdurch in einen Konflikt mit Europas Modell einer westlichen Gesellschaft, das auf der kulturellen Moderne fußt. Das ist ein Wertekonflikt, der in diesem Buch als Zivilisationskonflikt bezeichnet wird. Dieser wird zunächst weltanschaulich ausgefochten, die Djihad-Gewalt kann nachfolgen und dies ist teilweise auch schon geschehen. Zu beachten ist jedoch, dass Islamisierung auch ohne Gewalt, d. h. schleichend und institutionell, stattfinden kann.

Beim Nachdenken über den angeführten Zivilisationskonflikt hatte ich vor einem Jahrzehnt die Frage „Ist Europa ohne Identität?" gestellt. Der globale Kontext der Frage ist der weltweite Vormarsch des Islamismus, der vor Europa keinen Halt macht. Es geht nicht um die Migration einfacher Menschen muslimischen Glaubens, die keine Islamisten sind, sondern darum, dass der Islamismus die Diaspora für sich als Hinterland erfolgreich instrumentalisiert. Man kann Europa gegen den Islamismus nicht erfolgreich verteidigen, ohne auf eine islamische Unterstützung zu setzen. Daher besteht im Zivilisationskonflikt der Bedarf nach einer Synthese von offenem Islam und freiheitlichem Europa. Grundlegend ist hierbei die Unterscheidung zwischen Islam und Islamismus. Die Vision eines Euro-Islam verspricht, dies zu leisten und auch Muslime vor der Verführung des Islamismus in Europa zu schützen.

In diesem Buch liegt der Schwerpunkt auf Europa. Mir scheint die Lage in der Welt des Islam selbst hoffnungslos zu sein, sodass es nur eine Frage der Zeit ist, wann islamistische Bewegungen, die heute die Hauptopposition in islamischen Ländern bilden, die Regierungsgewalt – gleich ob durch Djihad oder formale Wahlen – übernehmen. Länder wie Indonesien und die Türkei, die früher als Hoffnungsträger eines säkularen „civil Islam" galten, sind heute teilweise (so etwa im indonesischen Aceh) oder voll in den Händen des politischen Islam (so die AKP in der Türkei). Die USA, die die Islamisten im Irak im Namen von „Befreiung und Demokratisierung" an die Macht gebracht haben und die aus der früheren Zusammenarbeit mit Islamisten im Djihad gegen die Sowjetunion so gar nichts gelernt haben, passen sich diesem Wandel an. So gibt es in Washington eine „Middle East Initiative", die helfen will, „moderate Islamisten" (wie etwa die ägyptischen Muslimbrüder) an die Macht zu bringen, um Stabilität in der dortigen Region herzustellen.

Durch globale Migration kommen nicht nur einfache Muslime, sondern auch Islamisten nach Europa. Europäer hören es meist nicht gern, dass ihr Kontinent bereits zum Schlachtfeld des Islamismus geworden ist. Sicherheitsexperten wissen jedoch, dass sich die Netzwerke des politischen Islam in Europa angesiedelt haben. Doch viele Europäer schließen die Augen vor dieser Tatsache.

Beim Zivilisationskonflikt gibt es auch verquere Fronten. So tobt ein „Kampf" zwischen europäischen Konservativen, die immer noch vom christlichen Abendland reden, und politischen Muslimen wie Tariq Ramadan, die genau wissen, was sie wollen. Ramadan hat bereits mit der Identifizierung Europas als *Dar al-Schahada* (ein anderes Wort für „Haus des Islam", das ist die islamische Territorialität) begonnen – der gedankliche Anfang, Europa für den Islam zu vereinnahmen. Beide Positionen teile ich nicht. Ich schlage eine andere Lösung, den Euro-Islam, vor und halte andere Fronten fest, die realer sind.

Zunächst die Frage: Was ist Europa? Den Konservativen sei gesagt, dass ein Wandel in Europa vom christlichen, von Karl dem Großen begründeten

Abendland zum westlich-säkularen Europa im Rahmen der Renaissance stattgefunden hat (vgl. hierzu Kapitel II, Abschnitt „Von Jerusalem nach Athen"). Für das Europa der kulturellen Moderne ist der säkulare Hellenismus – nicht mehr das Christentum – die zentrale Quelle der Inspiration. Der moderne Humanismus basiert auf hellenistischen, säkularen, nicht auf religiös-christlichen Grundlagen. Und Muslimen wie Tariq Ramadan, die Europa bereits heute als Teil des *Dar al-Islam* ansehen, muss man entgegnen, dass Europa seine eigene zivilisatorische Identität hat, die nichtislamisch ist.

Der Zivilisationskonflikt findet zwischen zwei Weltanschauungen statt. Eine hiervon ist europäisch, die andere ist islamistisch. Die säkulare zivilisatorische Identität Europas ist dem Modell nach inklusiv, und sie kann einen offenen Islam aufnehmen sowie europäisieren, aber nur, wenn dieser von Schari'a und Djhad abgekoppelt wird. Das ist die Grundthese dieses Buches. Als Realist frage ich offen, ob diese Perspektive möglich ist. Eine Antwort suche ich in den folgenden vier Kapiteln. Ich bin mir bewusst, dass das Konzept eines Euro-Islam zunächst nur eine Vision ist, die zudem viele Feinde hat. Nur die Entwicklungen der nahen Zukunft können zeigen, ob die Vision eines Euro-Islam Aussicht auf Verwirklichung hat und ob Muslime und Europäer sie wollen, um den Zivilisationskonflikt abzuwenden.

Vorab möchte ich noch anmerken, dass das vorliegende Buch den in meiner Vorgängerschrift *Die islamische Herausforderung* (2007, erweiterte 3. Auflage 2008) unternommenen Denkprozess fortsetzt, sozusagen in einem *Sequel*/Folgeband. Zur Veranschaulichung der Kernthese dieses Buches möchte ich zunächst einen signifikanten Vorfall schildern: Er bezieht sich auf das auf der Schari'a basierende Urteil einer Frankfurter Richterin, die in ihrer Rechtsprechung zuließ, dass ein muslimischer Mann auch in Europa seine Frau legitim durch Schlagen züchtigen darf. Die Begründung hierfür war die Anerkennung der Volksweisheit „andere Völker, andere Sitten", die durch jene deutsche Richterin in den Bereich des Rechts übernommen wird. Das Urteil veranlasste damals den *Spiegel*, ein sensationell aufgemachtes, jedoch viel diskutiertes und sachlich gerechtfertigtes Heft (*Spiegel*-Ausgabe Heft 13/2007) unter dem Titel „Stille Islamisierung" zu veröffentlichen. Trotz des reißerischen *Spiegel*-Jargons und der streitbaren Aufmachung ist die in jenem Heft vorgenommene Feststellung einer schleichenden Islamisierung empirisch zutreffend. Das ist auch das Thema des vorliegenden Buches, das sich mit dem Wertekonflikt zwischen dieser Islamisierung und der westlichen Gesellschaft befasst, der als ein Zivilisationskonflikt gedeutet wird. Ich schlage meine zu erläuternde Vision eines Euro-

Islam als Lösung für den Konflikt vor. Es gibt weitere, ähnlich aussagekräftige Ereignisse zu berichten, selbst aus Frankreich, dem Land der „Grande Révolution“. Dort ließ 2008 ein französisches Gericht die Scheidung einer muslimischen Frau juristisch zu, weil ihr Mann in der Hochzeitsnacht feststellte, dass die Braut nicht mehr „Jungfrau“ war. Aber für den Anfang sollen diese beiden Episoden als Illustrationsmaterial für den Konflikt genügen, den manche Muslime nicht in der Öffentlichkeit thematisiert sehen wollen.

Das vorliegende Buch besteht aus zwei Schwerpunkten, denen jeweils zwei Kapitel gewidmet werden. Die Frage, die ich vor einem Jahrzehnt in meinem 1998 erschienenen Buch *Europa ohne Identität?* gestellt habe, bestimmt den übergeordneten Rahmen. Im ersten Schritt erläutere ich in Kapitel I den durch den Trend zur Islamisierung Europas entfachten Zivilisationskonflikt, bei dem Europas Identität verleugnet wird. Darauf folgt in Kapitel II die Vorstellung meiner Vision vom Euro-Islam als Versuch, europäische Identität und Islam miteinander in Einklang zu bringen. Dies erfordert, den Konflikt lösungsorientiert auszutragen, anstatt ihn zu tabuisieren.

Kernbereiche der versuchten Islamisierung sind Schari'a und Djihad. Deswegen thematisiere ich in Kapitel III den Anspruch der Islam-Diaspora auf die Geltung der Schari'a in Europa. Es ist schon erstaunlich, dass Anfang 2008 der Erzbischof von Canterbury, Rowan Williams, die Anerkennung der Schari'a in Großbritannien forderte. Diese Forderung stellen auch orthodoxe Muslime (Salafisten) und Islamisten (religiöse Fundamentalisten). Man staunt, dass heute in einem postchristlichen Europa nicht nur Multikulturalisten, sondern nun auch Kirchenväter dem zustimmen. Ist *Europa ohne Identität?* Dem Erzbischof von Canterbury Williams folgte Monate danach im Juli 2008 der höchste britische Richter, Nicholas Philipps, der dasselbe befürwortete, also die Schari'a in Europa zuzulassen. Die britische Publizistin Melanie Philipps dagegen sprach bereits in einem ähnlichen Kontext polemisch warnend von der Umwandlung Londons in *Londonistan*; sie schrieb unter diesem Titel ein Buch über die Islam-Diaspora in Großbritannien (2006, Neuauflage 2007), das für sehr viel Aufregung sorgte. Aufgeklärte Muslime finden keinen Gefallen an der angeführten postchristlichen Toleranz. So hat etwa der britisch-muslimische Labour-Parlamentsabgeordnete Khalid Mahmood folgende Bedenken angemeldet: „Diese Diskussion wird die Muslime vom Rest der Gesellschaft entfremden“ (zitiert nach *Der Standard*/Wien vom 5./6. Juli 2008, S. 11). Dem schließe ich mich an und betone nochmals ohne Ambiguität die These dieses Buches: Auf der Basis von Djihad und Schari'a kann es niemals eine Integration der muslimischen Zuwanderer in die europäische Gesellschaft geben, eher wäre dies ein Schritt zur schleichenden Islamisierung im Rahmen eines Djihad für Europa. Gegen diese Entwicklung wird in Kapitel IV argumentiert.

In diesem Buch rede ich vom Islam und von der europäischen Gesellschaft im Singular und gehe von der Annahme aus, dass sich beide in einem Zivilisationskonflikt befinden. Ich weiß, dass es keinen „Monolith Islam" gibt. Ich kenne die Welt des Islam von innen und nicht nur durch die Lektüre westlicher Zeitungen. Ebenso kenne ich Europa. So ist mir die innere Vielfalt der zwei angeführten zivilisatorischen Größen sehr vertraut. Dennoch bin ich der Auffassung, dass es ein Modell Europa und ebenso ein solches vom Islam gibt. Die Werte des säkularen, europäischen Humanismus – im obigen Sinn, also nicht mehr als „christliches Abendland" – werden von Westeuropäern auf der Basis von Verfassung und Rechtsstaat in der Zivilgesellschaft geteilt. Dieses Modell bildet den Kern der Idee Europas als einer westlichen Gesellschaft. Natürlich unterliegt dies dem Wandel. Dennoch und trotz der existierenden Vielfalt innerhalb Europas hat dieses Modell eine Entsprechung in allen westeuropäischen Ländern. Deshalb ist die Rede von einer westlichen Gesellschaft im Singular auch empirisch gerechtfertigt. Ähnliches gilt für die islamische Zivilisation, die durch Einheit in der Vielfalt gekennzeichnet ist. Es gibt einen Kern-Islam, und dieser steht in einem Konflikt mit Europa. Beide Modelle haben entgegengesetzte Ordnungsvorstellungen und geraten deshalb weltanschaulich in einen Zivilisationskonflikt. Das ist jedoch keineswegs ein Kulturkampf! Man kann es nicht genug wiederholen, weil viele beides verwechseln.

Nicht nur Islamisten, auch orthodoxe Muslime verstehen unter Djihad den Einsatz für eine islamische Gesellschaft. All diejenigen, die diesen Wettkampf der Modelle in ihrem unaufrichtigen Dialog verschweigen, übersehen den Zivilisationskonflikt. Ich mache mich dafür stark, Muslime für eine Integration als europäische Bürger zu gewinnen. Dies ist auch das beste Mittel gegen Ausgrenzung und gegen Marginalisierung. Hierfür müssen sie aber Vorleistungen erbringen. Anders formuliert, nicht nur Europäer sollen den Islam in Europa – wenngleich nicht bedingungslos – anerkennen, auch Muslime müssen die europäische, säkulare Identität anerkennen. Europäer haben das Recht, dies zu verlangen und zu fragen, welcher Islam zu ihnen nach Europa kommt. Damit Muslime das säkulare Europa aber anerkennen können, sind sie aufgefordert, sich auf diesem Weg von einigen Elementen ihres kulturellen Systems zu trennen.

Ohne Zweifel stelle ich fest, dass das Modell einer westlichen Gesellschaft zuallererst mit Schari'a und Djihad unvereinbar ist. Eine Weltanschauung, die daran festhält, ist eine Bedrohung für die Zivilgesellschaft und für ihre säkulare Demokratie in Europa. Wenn Djihad und Schari'a von der Islam-Diaspora in Europa nicht aufgegeben werden und wenn die Lösung eines Euro-Islam zurückgewiesen wird, dann bleibt der Konflikt zwischen beiden Zivilisationen bestehen, und Gewalt ist nicht auszuschließen. Muslime haben ein Recht auf Religionsfreiheit und darauf, in einem europäischen Gemeinwesen als Bürger zu leben. Wenn sie sich aber eher als „Extension" der *Umma* in Europa denn als Teil Europas verstehen, dann ethnisieren sie sich selbst. Schari'a und Djihad können in Europa nicht im Namen der Religionsfreiheit zugelassen werden.

Auch Europäer haben eine Bringschuld; sie müssen eine schmerzliche Leistung erbringen, nämlich Ethnizität aufgeben. Das europäische Versprechen vom abstrakten Bürger als *Citoyen* ist einzulösen. Dieser ist von Religion und Ethnizität frei und viel mehr, als das deutsche Wort „Staatsbürger" aussagt. Nur auf dieser Grundlage können Muslime „Citizens of the Heart" werden. Wenn Europa christlich und nicht säkular bestimmt werden würde, dann blieben Muslime draußen vor der Tür, und die Islamisten hätten leichte Beute.

Muslime wie Europäer haben somit eine Bringschuld und müssen es zulassen, ehrlich und offen über alle hiermit korrespondierenden Probleme miteinander zu sprechen. Zu diesen Problemen gehört die Gefahr einer Religionisierung und Ethnisierung des Konflikts auf beiden Seiten. Diese Probleme wurden an der Stanford University sowie zuvor an meiner akademischen US-Heimat, der Cornell University, in verschiedenen Projekten thematisiert. Ich sage offen, dass Europäer trotz aller rhetorisch verordneten Fremdenliebe in der Realität in den Muslimen „das Fremde" sehen. Dies bezeugen zahlreiche Umfragen. Die Europäer ethnisieren sich – trotz aller medialen Rhetorik – gegen die Islam-Diaspora, wobei im Gegenzug Muslime dasselbe tun. Kein seriöser Forscher kann die Selbstethnisierung der Islam-Diaspora, die auch als Abwehr betrieben wird, bestreiten. Nach meinem Dafürhalten ist in absehbarer Zukunft zu befürchten, dass diese gegenseitige Ethnisierung gewaltförmig verlaufen wird. Das Szenario, das ich „Ethnicity of Fear" nenne (vgl. meinen Artikel hierüber in der Zeitschrift *The Current*/Cornell University im Jahrgang 2007 und das im Erscheinen befindliche Stanford University Press-Buch *Ethnicity in Europe*), könnte das Ergebnis dieses Prozesses sein.

Angesichts der bedrohlichen Gefahr dieses Szenarios stehen Europäer und Muslime vor der Wahl, entweder an einer gemeinsamen Zukunft zusammenzuarbeiten und friedlich Konflikte miteinander auszutragen oder Gewalt zu riskieren. In Bezug auf Westeuropa stehen beide Parteien vor zwei konkurrierenden Optionen: sich entweder für das historische Modell von Cordoba oder für ein Kosovo-Szenario zu entscheiden. Das eine gipfelt in innerem Frieden und in gegenseitiger Befruchtung, das andere führt aber zu religionisierter Gewalt und Verfolgung.

Meine Erfahrungen sind leider die, dass es schwierig ist, über diese Problematik frei zu reden. Nicht wenige Europäer – auch im deutschen Feuilleton – geben dieser Diskussion keinen Raum, weil sie meine Positionen nicht mögen. Dieser Kreis klammert sich an die Illusion einer gut funktionierenden Integration der Muslime in Deutschland, eine Einstellung, die durch die Existenz von Parallelgesellschaften Lügen gestraft wird. Die Zeitungen drucken bekannte „Familienbilder" im Bundeskanzleramt, die deutsche Politiker äußerlich harmonisch mit Islam-Funktionären zeigen. Diese die Realität kontrastierenden Bilder und die entsprechend geschriebenen Artikel sollen beweisen, dass die Illusion Bestand hat. Dieses Buch geht einen anderen Weg. In meinem Alter und mit meiner Erfahrung schreibe ich offen und frage: Wenn ich keine Angst vor djihadistischen Islamisten, die nach meinem Leben trachten, habe, wie soll ich dann Angst vor der Kritik mancher journalistischen Rezensenten oder professoralen Kollegen haben? Bei meiner Promotion in Frankfurt musste ich vor dem Erhalt der Promotionsurkunde einen Schwur auf den Einsatz für die Wahrheit leisten. Das ist für mich ein ethischer Auftrag, den ich sehr ernst nehme. Ich gehe von der harten Realität aus und will frühzeitig über Konfliktpotentiale informieren, um sie friedlich zu bewältigen. Das ist die Wahrheit und mein erkenntnisleitendes Interesse zugleich.

Dass es mitunter schwierig war, meine Bücher zu publizieren, veranlasst mich, jenen treuen deutschen Lesern zu danken, die mich immer wieder ermutigt haben, auf Deutsch zu veröffentlichen. Ich danke den Verlagen WBG und Primus für die Möglichkeit, meine Arbeiten öffentlich zu machen – mein Dank gebührt vor allem Jörn Laakmann vom Lektorat. Neben einer Reihe von anderen Faktoren hat mich diese Unterstützung ermutigt, in Deutschland zu bleiben und nicht – wie 2006 voreilig in einem Streitgespräch mit dem Bundestagspräsidenten Norbert Lammert in Berlin angekündigt –, in die USA auszuwandern. Ermutigend waren auch Hunderte Briefe und E-Mails von meinen Lesern, in denen deutsche Demokraten mich aufforderten, nicht auszuwandern und ihrem Land so treu zu bleiben, wie ich stets der von ganzem Herzen geliebten deutschen Sprache treu war. Meine Leser wissen aus der Lektüre meiner Bücher, wie sehr ich gegen jede Form der Polarisierung und auch gegen das bin, was manch andere Deutsche „Kulturkampf" nennen. Ich bleibe in Europa, um weiterhin den Euro-Islam als Integrationskonzept zu vertreten, der gegenwärtig nur eine Vision ist, um die Muslime zu Europäern zu machen. Auf dieser Grundlage der Europäisierung des Islam können anstehende Probleme friedlich gelöst werden. Anders würde die Entwicklung verlaufen, wenn die Weltanschauung von Schari'a und Djihad gegen die Europäisierung siegt. Wenn die oben im Motto artikulierte weltanschauliche Agenda Erfolg hat, wird der Zivilisationskonflikt letztendlich auch gewaltförmig verlaufen, dadurch würde ein Keil zwischen Muslime und Europäer getrieben, der Auswirkungen nicht nur auf die Diaspora, sondern auch auf die Weltpolitik hätte. In meinem Buch *Political Islam, World Politics and Europe* (2008, entstanden in Cornell und im islamischen Südostasien 2003–2006) habe ich die hiermit korrespondierende weltpolitische Problematik analysiert. Im vorliegenden Buch beschränke ich mich hingegen auf die Islam-Diaspora in Europa.

Zum Bestandteil meiner Identität gehört meine Glaubwürdigkeit: Aus diesem Grund schulde ich meinen Lesern die Rechtfertigung dafür, dass ich dieses Buch geschrieben habe. Meine Bücher sind ein Kommunikationsforum zwischen meinen Lesern und mir. Diesen deutschen Lesern verdanke ich, dass ich zwischen 1991 und 2002 sehr erfolgreiche Publikumsbücher geschrieben habe. Damit war auch ein Wandel in meinem Stil verbunden. Vor zehn Jahren habe ich in der Einleitung zu meinem Buch *Europa ohne Identität?* (1998) diesen Stilwandel so beschrieben: Weg vom formal streng akademischen zu einem auch wissenschaftlichen Stil, der nicht nur die Trennung zwischen „Sache" und „Person" zurückweist sowie die „Ich"-Identität des Autors zulässt, sondern auch durch Allgemeinverständlichkeit charakterisiert ist. Ich bin nicht nur ein sachlich schreibender Wissenschaftler, sondern auch ein Mensch, der Gefühle hat sowie den Mut, sie zu zeigen. Jeder Mensch hat eine „Ich"-Identität. In diesem Sinn schreibe ich auch persönlich und breche damit mit einer deutschen Tradition, die ich zunächst verinnerlicht hatte und in meinem Frühwerk einhielt. Heute will ich mir diese Denkweise nicht mehr zu eigen machen. Auf den

Vorwurf, die Wissenschaftlichkeit verlassen zu haben, die mancher Professor nicht nur hinter vorgehaltener Hand macht, antworte ich, dass Elite-Universitäten in den USA (Berkeley, Harvard, Princeton, Cornell, Yale etc.) meine Forschung beherbergen und ihre Universitätsverlage meine Arbeit veröffentlichen. Dies tut auch die Wissenschaftliche Buchgesellschaft in Deutschland. Diese Verlage bestimmen die internationalen Standards der Wissenschaft.

Nun zum Sachverhalt, nämlich dass dieses Buch *Euro-Islam. Die Lösung eines Zivilisationskonfliktes* nach der Veröffentlichung von *Die islamische Herausforderung* im Jahr 2007 geschrieben worden ist. In aller Ehrlichkeit ist der Grund nicht nur der Erfolg jenes Buches, der sich durch drei Auflagen in einem Jahr ausdrückt, sondern mein Wunsch, mein Denken mit Fokus auf den Euro-Islam zu einem Abschluss zu bringen. In diesem Zusammenhang möchte ich mich auch gegen Diffamierungen wehren und sie nicht schweigend hinnehmen. Dies ist ein Grundrecht und sei mir zugestanden.

Thema meines Buches *Die islamische Herausforderung* war nicht die „falsche Toleranz“, sondern das europäische Gegenstück zum 11. September 2001 in den USA, den ich in dem Buch *Der neue Totalitarismus* von 2004 analysiert habe. In meinem Buch aus dem Jahr 2007 stehen der 11. März 2004 in Madrid sowie die darauf folgenden Ereignisse im Mittelpunkt der Analyse. Diese geschahen in Amsterdam (November 2004), London (Juli 2005), Paris (Oktober–November 2005) und Kopenhagen (ab Januar 2006). Durch diese Ereignisse sind Europäer von Islamisten heftig gewarnt worden. In *Die islamische Herausforderung* zeichne ich diese zeithistorische Entwicklung nach, um Europäern zu helfen, den Prozess, den ich die Religionisierung des Konflikts nenne, besser zu verstehen. In dem hier vorliegenden Folgeband biete ich den Euro-Islam als Lösung für den Konflikt an. In aller Kürze: Auch in diesem Buch wiederhole ich nicht, was in meinen früheren Büchern beziehungsweise was im Vorgängerbuch steht. Hier werden mit der Untersuchung des Wettbewerbs „Islamisierung gegen Europäisierung“ neue Analysen über Djihad und Schari'a miteinander verbunden. Meines Erachtens sind die Vorwürfe gegen mich – zum Beispiel, ich schriebe zwei Bücher pro Jahr – schlicht und einfach darauf zurückzuführen, dass meine Bücher nicht intensiv und vollständig gelesen und nicht rezensiert werden.

Parallel zum Erscheinen dieses Buches scheide ich im September 2009 aus dem Universitätsdienst aus und werde Emeritus. Ich habe mich nach langem Überlegen dazu entschlossen, nach diesem Ausscheiden ein neues und gänzlich anderes Leben zu beginnen. Zwischen den bisherigen schöpfungsreichen Jahren von 1969 bis zu diesem Buch 2009, liegen vierzig Jahre. Im Verlauf dieser vier Dekaden sind an meinem Schreibtisch 28 Bücher in deutscher Sprache sowie weitere acht original in englischer Sprache verfasste Monographien entstanden. Diese sind in den USA bei Universitätsverlagen (u. a. University of California Press) erschienen, zwei dieser Monographien wurden mit der Harvard University als Sponsor publiziert. Wenn diese Bücher schlecht wären und nur Wiederholungen enthielten, wären sie wohl nicht in dreizehn Sprachen übersetzt worden. Ich möchte den Rest meines Lebens nicht länger am Schreibtisch verbringen und nehme mit diesem Buch Abschied von meinen treuen deutschen Lesern, denen ich als Autor vieles zu verdanken habe.

In den vergangenen anderthalb Jahrzehnten habe ich meine deutschen Leser aus der Nähe kennengelernt. Der Rahmen hierfür war meine Medienbekanntheit seit dem Golfkrieg 1991. Ich wirkte als Redner an nahezu allen Institutionen außerhalb der Universität und konnte als Publikumsbuchautor nicht nur viele Leser gewinnen, sondern auch die Gelegenheit nutzen, mit meinen Lesern direkt ins Gespräch zu kommen. Diese Kommunikation fand durch persönliche Korrespondenz und auch durch öffentliche Debatten statt. Hierdurch weiß ich, was meine Leser schätzen und was sie gern lesen wollen; sie haben ein Recht darauf, dass ich mich von ihnen verabschiede und nicht einfach so gehe. Ihnen allen sage ich ein großes Dankeschön für die moralische Unterstützung und die Förderung meiner Bücher durch deren Erwerb. Allein in Deutschland liegen von mir ca. eine halbe Million gedruckte Buchexemplare vor. Daher kann ich mit Stolz Abschied nehmen.

Um den Dank an die wichtigste Person, die bei der Entstehung des Buches sowie bei allem, was ich im vergangenen Jahrzehnt in deutscher und englischer Sprache geschrieben habe, geholfen hat, verständlich zu machen, muss ich dies verraten: Ich gehöre zur Generation von Autoren, die das Gedachte mit der Hand zu Papier bringen und mit der modernen Computertechnologie nicht umgehen können. Seit einem Jahrzehnt ist meine Sekretärin Elisabeth Luft die Person, ohne die mein Leben als Autor und als Wissenschaftler nie funktioniert hätte. Alle Bücher von mir kennt sie zunächst als handschriftliche Manuskripte, die sie als Faxe aus aller Welt erhält. Auch die überarbeiteten Manuskripte mit den zwischen den getippten Zeilen mehrfach hinzugefügten Änderungen erhält sie als überarbeitete

Fassung. In den vergangenen Jahren haben meine Forschungsreisen und achtzehn Gastprofessuren uns nie getrennt. Das Faxgerät verbindet uns. Daher gebührt Frau Elisabeth Luft mein Dank an oberster Stelle für ein Jahrzehnt produktiven Lebens. Mein wissenschaftlicher Mitarbeiter, Thorsten Hasche, der zuvor zu meinen brillantesten Studenten gehörte, assistierte mir nach der englischsprachigen Monographie *Islam's Predicament with Modernity* bei diesem Buch ein zweites Mal; Thorsten Hasche war mein bester Kritiker, und obwohl er Student war und heute Doktorand bei mir ist, habe ich viel von ihm gelernt. Parallel zum Erscheinen dieses Buches werde ich Emeritus, und Thorsten Hasche kann – dankenswerterweise durch die Studienstiftung des Deutschen Volkes gefördert – sein Promotionsstudium fortsetzen. Er kann die Zeit und Energie, die er zuvor für die Forschungsassistenz in meiner Abteilung eingesetzt hat, dann für seine Dissertation nutzen, doch ist der Abschied von ihm und von Elisabeth Luft sehr schmerzlich. Der Universität Göttingen danke ich für die Bereitstellung der Mitarbeiter Elisabeth und Thorsten. Das ist die beste Gabe meiner Universität. Schließlich ist Jörn Laakmann, meinem Lektor, für die Förderung zu danken.

Zum Schluss möchte ich nochmals auf den Inhalt des Buches zurückkommen und in diesem Kontext eine kurze Zeitungsnachricht zitieren, die ich während der Arbeit an dieser Vorrede am 9. August 2008 in St. Moritz unter der Überschrift „Angst vor Islamisten" in der *Neuen Zürcher Zeitung/ NZZ*, jedoch erst auf S. 61 (sic!), las. Darin wird berichtet, dass der Bertelsmann-Verlag Random House beschlossen habe, die Publikation eines Romans über den Islam – laut Bericht – „aus Angst vor islamistischer Gewalt" einzustellen. Solche Nachrichten waren mehrfach seit der Rushdie-Affäre zu vernehmen. Angst gehört auch zu der erfolgreichen Islamisierung der politischen Kultur Europas, und sie zeigt Wirkung. Diese vollzieht sich in einem Zivilisationskonflikt. Die Islamisten betreiben Einschüchterung und verbreiten Angst. Von meinem jüdischen Lehrer Max Horkheimer, der den NS-Terror überlebte, weil er in die USA flüchtete, habe ich viel gelernt. Horkheimer kam nach 1945 nach Europa zurück. Wie er schätze ich die westliche Gesellschaft Europas als „Insel der Freiheit". Diese Anerkennung steht mehrfach in den folgenden Kapiteln. Ich bedaure jene jungen Europäer, die diese „Insel der Freiheit" nicht schätzen, anscheinend weil sie Unfreiheit nie erlitten haben. Viele Europäer scheinen zudem nicht zu wissen, dass diese Insel in einem „Ozean der Gewaltherrschaft" liegt (vgl. den Schluss von Kapitel I dieses Buches).

Doch gibt es auch andere Europäer, und für sie habe ich dieses Buch geschrieben: Meine Intention ist es, nicht nur über den Islam, sondern auch über Europa aufzuklären. In den guten alten Zeiten hatte die *Frankfurter Allgemeine Zeitung* wöchentlich in ihrer Magazinbeilage einen Fragebogen, den jeweils eine Person des öffentlichen Lebens ausfüllte. Damals war die *Frankfurter Allgemeine Zeitung* mir wohlgesinnt und gab mir die Ehre, am 4. August 1995 den *FAZ*-Fragebogen auszufüllen. In der die Veröffentlichung begleitenden Glosse der *FAZ*-Redaktion wurde ich vom *FAZ*-Redakteur Wolfgang Günter Lerch mit diesen Worten vorgestellt: „Der Islam muss sich nach Tibis Überzeugung von sich aus reformieren, wenn er Anschluss an die Moderne finden will. Damit hat sich Bassam Tibi vor allem den Zorn muslimischer Eiferer zugezogen." Zudem schreibt Lerch in der zitierten Glosse, ich sei „einer der wenigen muslimischen Aufklärer ... Was ihn (Tibi) erstaunt", so heißt es weiter, sei, dass er „vor allem seine deutschen Landsleute aufklären muss, nicht alleine über den Islam, auch über die Grundlagen und Vorzüge ihrer eigenen, der westlich-säkularen Tradition."

Lerch hat Recht, viele Europäer scheinen vergessen zu haben, dass Europa nicht nur das hässliche Gesicht der Kreuzzüge, des Kolonialismus und des Faschismus hat; es gibt auch ein Europa der Freiheit, das es wert ist, verteidigt zu werden. Wenn Bücher nicht veröffentlicht werden oder wenn erschienene Bücher vom Markt genommen werden, weil sie „von Muslimen als beleidigend angesehen werden" – so steht es im zitierten *NZZ*-Bericht –, dann ist die Freiheit gefährdet. Dies wäre auch ein Sieg der islamischen Schari'a-Zensur. Es gibt noch eine Steigerung: Reicht die moralische Einschüchterung durch das „Beleidigtsein" nicht aus, dann legen die Islamisten mit djihadistischer Gewalt nach. So steht in dem bereits zitierten *NZZ*-Bericht, Islamisten hätten nahegelegt, der Roman könne auch „ein kleines radikales Segment zu Gewalttaten anstacheln". Und so ist das Buch zurückgezogen worden. Wo bleibt da die Freiheit? Die zitierte Reaktion ist Kapitulation pur! Ich warne davor und vor den weitreichenden Folgen; ich warne keineswegs vor dem Islam – das ist meine Religion und Kultur –, sondern vor den „Feinden der offenen Gesellschaft" (Karl Popper). Meine Gegner unter den Islamisten und den Vertretern des Multikulturalismus übersehen geflissentlich diese Differenzierung.

Ein europäisierter Islam (Euro-Islam) kann sowohl die Islam-Diaspora als auch Europa vor den Feinden der offenen Gesellschaft schützen. In Paris stellte ich – wie ausführlich in Kapitel II erläutert wird – im Jahr 1992 erstmals meine Vision des Euro-Islam am Institut du Monde Arabe vor. Zwölf Jahre danach, im März 2004, hatte ich die Ehre, im Pariser „Maison Heinrich Heine" ebenfalls über das Thema Euro-Islam vorzutragen. Ein im Publikum sitzender hochrangiger französischer Diplomat, der gleichermaßen fließend Arabisch und Deutsch sprach und somit beide Welten kennt, war informiert über meine Rückzugspläne. Er lobte zunächst mein Euro-Islam-Konzept und sah darin eine Hoffnung für Europa, ging dann anschließend zur Kritik über, indem er mir vor Publikum vorwarf, ein „Deserteur" zu sein, weil ich nach seiner Ansicht Fahnenflucht begehe. Das stimmt, und für mich ist dies beschämend, aber meine Antwort blieb rational: Ich bin Realist, kein Märtyrer, und kämpfe nicht ohne Soldaten. Dieses Buch ist ein Plädoyer für einen Euro-Islam, und diese Strategie ist der Beitrag eines Einzelgängers, der auf Soldaten hofft, die sich diese Vision zu eigen machen. Ich selbst ziehe mich aber zurück, weil meine Kräfte nach vierzig Jahren Schriftstellerei im Streit um einen weltoffenen Islam verbraucht sind.

Es bleibt mir noch, mich nicht nur von totalitären Islamisten, sondern auch vor Schnelllesern zu schützen, besonders vor jenen, die diagonal lesen, das heißt den Text nur überfliegen, um dann schnellfingrig eine Rezension zu schreiben. Ich wiederhole, dass ich nicht vor dem Islam, sondern vor der Schari'a-Djihad-orientierten Islamisierung Europas warne. Um den Unterschied zwischen beiden Optionen, Euro-Islam oder islamistisches Europa, zu verstehen, lade ich zur – bitte gründlichen – Lektüre ein. Es kann einen europäisierten Islam geben, der mit der Zivilgesellschaft vereinbar ist. Dieser kann nur dann entwickelt und etabliert werden, wenn Muslime und Europäer dies wollen. Muslime seien daran erinnert, dass ihre Vorfahren im Mittelalter weltoffen waren; sie ließen einen hellenisierten Islam der Aufklärung und des Rationalismus zu. Warum also heute keine Europäisierung? Der islamische Rationalismus des Mittelalters dient meinem Denken als Vorbild. Aus jener Tradition ging ein islamischer Humanismus hervor, der von der islamischen Orthodoxie erstickt wurde. Mit dieser Klarstellung verabschiede ich mich und ziehe mich zurück. Ich lebe in meinen Büchern fort, und so wird meine Stimme hoffentlich nicht verstummen, solange es in Europa nicht so weit kommt, dass militante Muslime Bücher verbrennen, wie sie es während der Krise um „Die satanischen Verse" taten, weil sie deren Autor Salman Rushdie nicht selbst verbrennen konnten. Liberale Muslime und freiheitsliebende Europäer haben Grund, vor einem solchen Islam der Unfreiheit Furcht zu haben. Für diese liberalen Muslime und für freiheitsliebende Europäer ist dieses Buch geschrieben worden. Diese Menschen grüße ich am 4. April 2009 von New York City aus, wo ich meinen 65. Geburtstag gefeiert habe und von wo aus ich mich nach Abschluss meines akademischen Jahrs an der Yale University wieder in meine Wahlheimat Deutschland begebe, um meiner Emeritierung in diesem Jahr entgegenzusehen und trotz vieler Erfolge in den USA – vor allem an den Universitäten Harvard, Cornell und Yale – hier in Deutschland zu bleiben.

Bassam Tibi
Professor für Internationale Beziehungen, Georg-August-Universität Göttingen
A. D. White Professor-at-Large, Cornell University, USA
und 2008/09 Visiting Fellow Senior Research an der Yale University vormals The Bosch Fellow of Harvard University.

Dieser Text entstand in St. Moritz im Juli/August 2008, wurde während meiner Lehrtätigkeit an der Diplomatischen Akademie in Wien im September 2008 stark überarbeitet und nach weiteren zwei Fassungen in Ithaca/N. Y. an der Cornell University in New York am 4. April 2009 abgeschlossen.

Kapitel I

Die westliche Gesellschaft im Zivilisationskonflikt

Zwischen Tabuisierung eines Konflikts und euro-islamischer Brückenbildung

Im 21. Jahrhundert ist Europa im Inneren durch globale Migration aus der Welt des Islam und im Äußeren durch seine islamische Umgebung vom Islam betroffen. In diesem zeitgeschichtlichen Rahmen befindet sich Europa in der Realität in einem schicksalhaften Zivilisationskonflikt, den europäische Meinungsträger verleugnen. Wenn Europa einen Euro-Islam für seine Wohnbevölkerung fördern würde, könnte es einen Schari'a-Djihad-Islam abwenden. Europa könnte auf diese Weise die Situation positiv zu seinen Gunsten verändern. Europa ist unter den Bedingungen des postbipolaren Zivilisationskonfliktes des 21. Jahrhunderts gleichermaßen vom Islam und vom Islamismus herausgefordert. Man sollte sich davor hüten, beides gleichzusetzen, weil dies folgenreich wäre. Vor allem ist es der Islamismus, der Europa und seine Islam-Diaspora in den angesprochenen Zivilisationskonflikt hineintreibt, der kein Kulturkampf[1] ist. Jenseits der oberflächlichen Informationen der Medien muss man vermitteln, dass es nicht um einen Kulturkampf, wohl aber um einen weltanschaulichen Zivilisationskonflikt geht. Dieser findet zwischen der westlichen Gesellschaft Europas und den Ordnungsvorstellungen von Islam und Islamismus statt. „Konflikt" und „Clash" – in der deutschen Übersetzung „Kampf" – haben jeweils eine andere Bedeutung. So ist ein Konflikt lösbar, ein Kampf dagegen ist Bestandteil einer Polarisierung.

Einführung: Der Zivilisationskonflikt

Der heutige europäisch-islamische Zivilisationskonflikt ist keine Konstruktion; er ist real und hat historische Wurzeln, die bis in das 8. Jahrhundert zurückgehen. Das entscheidend Neue in diesem Zivilisationskonflikt im 21. Jahrhundert ist die Tatsache, dass die Welt des Islam sich nicht mehr an der südwestlichen beziehungsweise südöstlichen Grenze Europas, sondern als Diaspora inmitten des Kontinents befindet und etwa 23 Millionen Muslime 2008 umfasst.

Perzeptuell ist die *Umma* für Muslime eine universelle Einheit. Die Existenz eines Teils dieser islamischen *Umma*-Weltgemeinde in Westeuropa hat die Situation entscheidend verändert. Zu dieser Diaspora kommen noch weitere ca. 12 Millionen Muslime in Südosteuropa hinzu, die jedoch ethnisch Europäer, also keine Zuwanderer sind. Somit existiert der Islam heute mitten in der westlich-europäischen Zivilisation und stellt Ansprüche auf Geltung, nicht nur als religiöser Glaube, sondern auch und vor allem als eine Weltanschauung, die Ordnungsvorstellungen beinhaltet. Wie reagiert Europa auf diese veränderten Umstände? Ich sage es gleich sehr offen: Europa ist auf den hieraus hervorgehenden Zivilisationskonflikt nicht vorbereitet. Durch die Behinderung einer freien Diskussion über diesen Gegenstand wird das Feld den Rechtsradikalen überlassen, die die Debatte mit ihrer antiislamischen Ideologie belasten. Zudem fehlt das erforderliche Wissen über den Islam und über die Strategie derjenigen, die auf der Basis einer politisierten Religion bestrebt sind, die Zukunft Europas nach ihrer Weltanschauung zu gestalten. Die Bereitschaft, über diese Situation nachzudenken, um sie positiv zu verändern, ist gering.

Der angesprochene Zivilisationskonflikt kann langfristig entweder mit der graduellen Islamisierung Europas oder mit der Einbindung der muslimischen Migranten im Rahmen eines europäisierten Islam in die westliche Gesellschaft als ein Gemeinwesen enden. In diesem Buch ist die Analyse des Zivilisationskonflikts mit einem Plädoyer für eine euro-islamische *Asabiyya* (dieser Begriff stammt von Ibn Khaldun und bedeutet das Bewusstsein der Zugehörigkeit zu einer Zivilisation) als interzivilisatorische Brücke verbunden. Ich denke, dass nur ein europäisch geprägter Islam die Kluft zwischen der europäischen und der islamischen Zivilisation überbrücken kann. Daraus wird klar, dass ich Abstand nicht nur zu der vielfach belasteten Huntington-Debatte über den *Clash of Civilizations*, sondern auch zur entgegengesetzten Verleugnung des Konflikts nehme. Auch möchte ich mich nicht mit jenen auseinandersetzen, die von einer „christlich-islamischen" Zivilisation sprechen (vgl. Anm. 2). So etwas hat es in der Geschichte nie gegeben. Desweiteren ist hier nicht der Ort, den Unterschied zu Huntington auszuarbeiten, weil ich dies andernorts vielfach getan habe.

Die Einordnung der *Umma*-Muslime als Zivilisation ist keine Erfindung Huntingtons. Dies vollzieht sich im Selbstverständnis der Muslime in der Form einer universellen Religionsgemeinschaft. Die Muslime selbst deuten ihre *Umma* als eine Weltzivilisation. Auch die historische Forschung tut dies. Nun hat jede Zivilisation ihr eigenes Wertesystem und die entsprechende Weltanschauung. Unterschiedliche Wertesysteme geraten in Konflikt miteinander, und dies ist der Inhalt des Zivilisationskonflikts, der weltanschaulich beginnt, aber doch gewaltförmig werden kann, wie der Djihadismus (vgl. Kapitel IV) uns dies vorführt.

Nicht nur der Islam, auch Europa ist eine Zivilisation. Nach Henri Pirenne hat sich Europa zunächst als „christliches Abendland" in der Auseinandersetzung mit dem Islam entfaltet.[2] Viele Europäer, vor allem Deutsche, übersehen, dass Europa einen Wandel durchlief, und ignorieren die hiermit zusammenhängenden historischen Fakten. Denn die Zivilisation Europas ist seit dem 16. Jahrhundert nicht mehr durch die Bestimmung als „christliches Abendland" geprägt, sie ist im Rahmen der vom Hellenismus geprägten Renaissance säkularisiert worden. Die westlich-säkular orientierte Zivilisation entwickelte sich zu einem neuen Gebilde.[3]

Bei seinem Besuch im Elysée-Palast im September 2008 hat der konservative Papst Benedikt XVI. bewusst das säkulare westliche Europa mit dem christlichen Abendland verwechselt und behauptet, dass das Christentum „die Grundlage der europäischen Kultur" bilde.[4] Diese Aussage mag für das Europa der Karolingerzeit, nicht mehr aber für die europäische Geschichte seit der Renaissance und der Französischen Revolution gelten. In Kapitel II werde ich den Zivilisationsbegriff in Bezug auf Europa im Prozess des Wandels seiner Orientierung „von Jerusalem nach Athen" näher erklären.

Ideengeschichtlich war Ibn Khaldun der letzte und größte Philosoph im Islam des 14. Jahrhunderts, er war zudem der erste Zivilisationstheoretiker in der Weltgeschichte. Leider kommt sein Name in der heutigen Debatte kein einziges Mal vor. Von Ibn Khaldun übernehme ich den Begriff der *Asabiyya*, der am besten mit dem europäischen Begriff des „Esprit de Corps" wiedergegeben werden kann. Im Gegensatz zu Papst Benedikt XVI. und zu den zeitgenössischen Islamisten rechnet Ibn Khaldun Religion nicht zu den konstitutiven Elementen des Zivilisationsbewusstseins. Der Welthistoriker Arnold Toynbee hat in seinem bedeutenden Werk *A Study of History* Ibn Khaldun als „die herausragendste Persönlichkeit in der Zivilisationsgeschichte"[5] gewürdigt. Ibn Khaldun selbst beanspruchte im 14. Jahrhundert zu Recht, als Begründer der *Ilm al-Umran*/Wissenschaft von der Zivilisation zu wirken. Seine Idee der *Asabiyya* ist zentral für die Fragestellung dieses Buches, das von der Annahme einer euro-islamischen Werteorientierung als Lösung für den weltanschaulichen Zivilisationskonflikts ausgeht.

Als Wissenschaftler, der im Fach „Internationale Beziehungen" seit vierzig Jahren tätig ist, muss ich Lehrbücher verwenden, in denen steht, dass die Akteure im internationalen System die Nationalstaaten sind. Das ist richtig, aber in der Zeitgeschichte hat sich einiges geändert. Weithin werden allerdings die Veränderungen in der Weltpolitik seit dem Ende der Bipolarität des Ost-West-Konflikts nicht angemessen wahrgenommen. Die Staaten sind zwar weiterhin als Akteure entscheidend, und sie werden es für absehbare Zeit bleiben, aber heute muss man über den Nationalstaat hinausgehen und neue Akteure wahrnehmen. Um in der Lage zu sein, die postbipolare Welt angemessen zu verstehen, muss man beispielsweise das Verhältnis Europas zum Islam als eine Interaktion zwischen Zivilisationen auffassen. Dies ist etwas anderes als die Ebene der Interaktion zwischen den Staaten. Zu den Vertretern der Zivilisationen gehören die nicht-staatlichen Akteure. Zwar unterstützen Staaten wie Saudi-Arabien und Iran die Islamisierung Europas, aber die Träger (z. B. die Muslimbruderschaft, Milli Görüş etc. sowie ihre Moscheevereine) sind nichtstaatliche Akteure, die in die Analyse aufgenommen werden müssen.

In diesem einführenden Abschnitt möchte ich zunächst den Zivilisationskonflikt erläutern, um Grundlagen für das Verständnis der Vision vom Euro-Islam als Lösung hierfür zu etablieren. Der Ausgangspunkt ist die bereits begonnene Islamisierung Europas. Hierdurch wird der Zivilisationskonflikt, der weitgehend polarisiert, angetrieben. Wenn ich den Euro-Islam als die Alternative präsentiere, muss ich die Frage zulassen: Gibt es andere?

Manch europäischer Politiker, so Nicolas Sarkozy, antwortet auf diese Frage positiv. Bei der Inauguration der Mittelmeerunion[6], die parallel zum Jahrestag der Französischen Revolution am 14. Juli stattfand, wurde eine andere „Alternative" geboten. Jenes Event erinnerte daran, dass die islamisch-europäische Geschichte im Wesentlichen eine mediterrane Geschichte war und noch geblieben ist. Im 8. Jahrhundert hatten die Muslime durch ihre Djihad-Eroberungen das *mare nostrum* der Römer weitgehend in ein islamisches Meer verwandelt. In der Presse vom Juli 2008 wurde der Begriff *mare nostrum* neu belebt und dabei unterstellt, dass Sarkozy den hierauf bezogenen Raum inklusiv begreift: Europäer des Nordens sowie ihre muslimischen Nachbarn im Süden und Osten des Mittelmeers sollten nach Sarkozys Politik in einer Union vereint werden. Ist dies angesichts der Mittelmeergeschichte als eine von Kreuzzug und Djihad (vgl. Anm. 2) möglich, ohne die Beziehung neu zu überdenken? Zwar bildet der Mittelmeerraum ein Zentrum und eine Wiege der Humanität, dennoch war dieser Ort interzivilisatorischer Begegnungen zwischen europäischem Christentum, Islam und dem Westen bisher ein Ort des Konflikts, obwohl auch gegenseitige Befruchtungen stattgefunden haben. Dieser Konflikt ist unbestreitbar und hat historische Wurzeln, wird aber allzu oft sowohl ignoriert als auch negiert. Warum?

Diese Frage veranlasst zu einem ideengeschichtlichen Exkurs. Seit Aristoteles' „Politik" wissen wir, dass der Mensch sich von den Tieren durch sein soziales Wesen unterscheidet. Aristoteles gehört zu den Quellen der Inspiration des mittelalterlichen islamischen Rationalismus. Der bereits angeführte letzte und größte islamische Philosoph dieser Tradition, Ibn Khaldun, hat im 14. Jahrhundert diese aristotelische Idee aufgegriffen und weiterentwickelt. Nach Ibn Khaldun fügen sich Menschen in diesem aristotelischen Sinn in Gebilde ein, für deren Erfassung die Begriffe Kultur und Zivilisation sich bestens eignen. Auf der Basis dieses Verständnisses lässt sich festhalten, dass es eine einheitliche Mittelmeerzivilisation nicht gibt und nie gegeben hat. Europa und der Islam sind zwei verschiedene Zivilisationen, die die Geschichte dieses Mittelmeerraums bestimmt haben. Es ist eine Geschichte der Bedrohung und Faszination.[7] Ein Treffen von Sarkozy und Nahost-Autokraten kann dies – selbst am Jahrestag der Französischen Revolution – nicht verändern. Die Konfliktmuster zwischen dem Islam und dem Westen können durch politische Reden nicht wegdiskutiert werden.

Ist die Mittelmeerunion als eine politische Agenda, die über keinerlei historische Grundlagen verfügt, so wie die inhaltsleere Vorstellung einer „islamisch-christlichen" Zivilisation einzuschätzen? Wenn Sarkozy aus Gründen der Staatsräson den geschichtlich verwurzelten Konflikt übersieht, dann bleibt seine Mittelmeerunion ein tagespolitisches Luftschloss; sie bietet keine Lösung für den Konflikt. Zudem war es in Paris sehr befremdlich, dass Diktatoren wie der Staatspräsident Baschar al-Assad und andere orientalische Despoten als Ehrengäste auf der Tribüne auftreten durften. Das ist wohl kaum der Geist der Französischen Revolution, den Sarkozy mit diesen Gästen verbreitet! Der Diktator Mohammed al-Qadhafi, der in der arabischen Öffentlichkeit als *madjnun*/verrückt gilt, hat es dennoch besser verstanden: Er war der Einzige, der der Inauguration fernblieb, weil er wusste, wie unsinnig das Ganze war. Es hat nicht geholfen, dass Sarkozy zuvor Qadhafi als Staatsgast eingeladen hatte und hierfür den berechtigten Ärger der französischen Bevölkerung auf sich zog. Es zahlte sich für Sarkozy nicht aus, der wahrscheinlich nicht weiß, dass der Islamist Mohammed Bouyeri, der den Filmemacher und Kolumnisten Theo van Gogh im November 2004 ermordete, nach dem Lynchen (rituell wurde die Kehle wie bei einem Hammel durchschnitten) am blutenden Körper einen Brief mit dem Satz befestigte: „Europa, jetzt bist Du dran." Dies ist eine Drohung an alle, die es wagen, den Islam zu kritisieren. Die *Frankfurter Allgemeine Sonntagszeitung* schrieb damals dazu: „Die Brutalität eines Ritualmordes ... schien van Gogh postum Recht zu geben. War das Land nicht längst zu einem Frontstaat im Kampf der Kulturen geworden? ... Der Mord an van Gogh hat die Niederlande aus dem Schlaf der Selbstgerechten gerissen. Ein Nationalheiligtum, die Meinungsfreiheit, scheint in Gefahr."[8] Zwar sind diese Aussagen bis auf den mehr als zweifelhaften Jargon vom „Kampf der Kulturen" richtig, ich halte aber dagegen fest, dass es sich um einen Zivilisationskonflikt handelt.

Mit dem Mörder von van Gogh und mit anderen Islamisten kann man keinen rationalen Dialog über die Probleme des Zusammenlebens von Muslimen und Europäern führen, ebenso wenig wie man mit Diktatoren wie Assad über eine friedliche Mittelmeerunion sprechen kann. Ein Friede zwischen den Zivilisationen erfordert jenseits der Erörterung aktueller Probleme, über bestehende Konflikte ohne Vernebelung zu debattieren. Europa benötigt eine Strategie in einem Dialog zwischen den Zivilisationen im Verständnis von „conflict resolution". Ich glaube kaum, dass die Mittelmeerunion von Sarkozy eine solche Strategie bietet. Der Gedanke der „Union" führt an dieser Stelle jedoch nicht weiter. Sie scheint eher die Bühne zur Rehabilitation autokratischer Regierungen zu sein. Selbst von einer zur Zeit in einer Krise befindlichen „Ehe" zwischen Europa und dem Islam ist schon gesprochen worden. Jedoch ist in aller Kürze festzuhalten, dass es die unterstellte Ehe ebenso wenig wie eine christlich-islamische Zivilisation je gegeben hat. Das historisch komplexe Beziehungsgeflecht zwischen Europa und dem Islam kann weder mit der Metapher einer Ehe noch mit der Unterstellung einer christlich-islamischen Mittelmeerzivilisation adäquat wiedergegeben werden. Die thematisierte interzivilisatorische Beziehung enthält zugleich Bedrohung und Faszination und ist sehr konfliktreich. Dialog kann als Instrument der Konfliktlösung dienen, nicht aber, wenn er – wie ich in einem Essay schrieb – als „verlogener Dialog"[9] stattfindet.

Die Idee eines Zivilisationskonflikts, in dem sich Europa im 21. Jahrhundert befindet, greift auch auf eine historische Entwicklung zurück, die bereits im Werk des Oxford-Gelehrten Edward Gibbon, *Decline and Fall of the Roman Empire*[10], von 1788 angesprochen wird. Im 52. Kapitel jenes weltgeschichtlichen Werkes vertritt Gibbon offen die Auffassung, dass Europa islamisch wäre, wenn es in Poitiers 732 und später 1683 in Wien nicht gelungen wäre, der islamischen Djihad-Expansion Einhalt zu gebieten. Auf einer Tagung des McKinsey-Unternehmens für künftige Führungskräfte in Athen, bei der die Aufgabe anstand, junge Europäer aus 20 Ländern unter dem Titel „Passion Wanted for Europe" für Europa zu begeistern, erinnerte der Harvard Historiker Niall Ferguson an Gibbons Werk. Die jungen Europäer hatten zuvor noch nicht einmal den Namen dieses großen Oxford-Gelehrten des 18. Jahrhunderts gehört. Ferguson merkte an, dass heute in Oxford neben dem „Islamic Center" an der Universität noch eine Moschee gebaut würde, und kommentierte, dass sich darin in Bezug auf Europa nicht Toleranz, sondern *decay*/Verfall manifestiere. Die Oxford University hat dem als Islamisten berüchtigten Tariq Ramadan eine Fellowship gewährt, und der dort angesiedelte akademische Verlag Oxford University Press hat sich für dessen politisch-religiöse Predigten geöffnet, die als Buchveröffentlichung erschienen. Der *Spiegel* stuft Ramadan noch höher ein: Im Islam-Heft wird er zum Oxford-Professor befördert, was er nie war. Ist das die Öffnung des „neuen Europa" für den Islam?

Der Ruf nach einer Annäherung der Zivilisationen darf den Konflikt und seine Wurzeln in der islamisch-europäischen Geschichte von Djihad und Kreuzzug (vgl. Anm. 2) nicht übersehen. Durch die islamische Zuwanderung kommt seit der zweiten Hälfte des 20. Jahrhunderts die Dimension „Islam in Europa" zu der früheren „Islam und Europa"[11] hinzu. Das ist kein Spiel mit Worten, sondern ein Hinweis auf eine Veränderung mit zwei verschiedenen Inhalten. Heute befindet sich der Islam nicht mehr an der Grenze – wie in der Vergangenheit–, er ist mitten in Europa. Das ist das Hauptmerkmal des 21. Jahrhunderts, mit Folgen, auf die die Europäer gar nicht vorbereitet sind.

Historisch gesehen kann man mit Maxime Rodinson[12] positiv von der Faszination des Islam sprechen, ohne jedoch die Bedrohung zu übersehen. Die Eroberungsgeschichte wurde von islamischer, nicht von christlicher Seite, begonnen, als – erstmals – die arabischen Djihad-Krieger im 8. Jahrhundert von Südwesten kamen, 711 Spanien einnahmen und islamisierten.[13] Diese als islamische Kolonisation zu bezeichnende Besatzung der

Iberischen Halbinsel dauerte bis 1492, als die Christen ihr Land zurückeroberten. Man staunt darüber, dass in europäischen Geschichtsbüchern die Rückeroberung durch Christen, jedoch nicht die Eroberung durch Muslime verurteilt wird; die entsprechende Geschichte von *al-Andalus*/ Andalusien wird stark romantisiert. Die Tatsache, dass die Muslime zivilisatorisch überlegen waren, darf nicht als eine Rechtfertigung dafür dienen, andere zu erobern. Denn die Europäer waren auch zivilisatorisch überlegen, als sie Westafrika besetzten. Heute würde es keiner wagen, diese Tatsache als Rechtfertigung für die Kolonisation anzuführen. Warum sollte dies dann im islamischen Fall anders sein?

Die zweite gegen Europa gerichtete Djihad-Eroberungswelle kam aus Südost, als die Türken 1453 Konstantinopel einnahmen und in Istanbul verwandelten.[14] Sie hielten dann ganz Südosteuropa – einschließlich der Wiege des säkularen Europa, also Griechenland – für viele Jahrhunderte unter türkisch-islamischer Kolonisation. Als die westliche Zivilisation mit ihrer industriellen Waffentechnologie das christliche Abendland ablöste, war das neue Europa nicht nur in der Lage, den islamischen Djihad-Eroberungen Einhalt zu gebieten, sondern auch die Muslime zurückzudrängen und verlorene Gebiete zurückzuerobern. Der europäische Imperialismus löste den islamischen Imperialismus (Anm. 14 und 15) ab, weil er technisch-wissenschaftliche Instrumente hatte, die den Muslimen fehlten.

Ab dem 17. Jahrhundert trat Europa global als Kolonialmacht in Erscheinung, und es eroberte auch *Dar al-Islam*. Die bisher den islamischen Eroberungen ausgesetzten Europäer konnten kraft ihrer „Military Revolution"[15] zu Eroberern werden. So waren die Europäer in der Lage, ihre Expansion weltweit auszutragen. Die Welt des Islam, die vom 7. bis 17. Jahrhundert die führende Zivilisation (vgl. Anm. 2) und selbst Eroberungsmacht war, verwandelte sich in ein Herrschaftsgebiet europäischer Kolonisation. Somit ist die islamische Zivilisation in der neueren Geschichte durch diese europäische Herausforderung geprägt.[16] Im 21. Jahrhundert wird aus dem Islam ein Islamismus, der die Forderung nach einer Rückkehr der Geschichte stellt, um all das, was durch die „europäische Expansion" geleistet wurde, rückgängig zu machen und die Vorherrschaft des Islam wiederherzustellen.

In der Weltzeit des 21. Jahrhunderts gewinnt der Mittelmeerraum, der bisher die Grenze zwischen beiden Zivilisationen bildete, seine alte Bedeutung zurück. Die historische Grenze des Mittelmeers ist nun durch Migration verschwommen. Denn heute existieren in Europa, wie John Kelsay schreibt, „islamische Enklaven". Diese befinden sich „im Westen, gehören aber nicht zu seiner Zivilisation".[17] Den Aufruf zum Djihad gegen „den Westen der Kreuzzügler", verbunden mit dem „Weltjudentum", hört man heute nicht nur in der Welt des Islam, sondern durch Hass predigende Imame auch leider in den Moscheen europäischer Großstädte. Der deutsch-französische Fernsehsender Arte hat dies im Januar 2008 dokumentiert. Europäische Postmodernisten verteidigen diese Djihad-Hasspredigten im Rahmen von Rede- und Glaubensfreiheit, verkennen dabei aber, dass tatsächlich ein Zivilisationskonflikt vorliegt. Nochmals: Islamisten streben eine Rückkehr der Geschichte der Zivilisationen an, als der Islam noch dominierte. Für sie ist der neue Djihad im Rahmen ihrer Ideologie des Djihadismus eine „islamische Weltrevolution",[18] um dieses Ziel zu verwirklichen.

Die islamistische Vorstellung des *Dar al-Islam*/Hauses des Islam, das die gesamte Welt durch Islamisierung umfassen soll, steht im Widerspruch zur Idee Europas.[19] Der Historiker Bernard Lewis hat Europa schlechte Tage vorausgesagt und in einem *Welt*-Interview – vielleicht etwas voreilig – die Prognose formuliert: „Europa wird am Ende des Jahrhunderts islamisch sein." In einem Artikel habe ich als Migrant, Muslim und Wahleuropäer diese Sichtweise korrigiert. Obwohl ich wie Lewis die „Idee Europas" gegen die islamische Herausforderung verteidige, denke ich, dass es nicht allgemein um den Islam, sondern spezifisch darum geht, welcher Islam nach Europa kommt: ein Schari'a-/Djihad-Islam oder ein Euro-Islam. Kurz, das Problem ist nicht, ob die Mehrheit der Bevölkerung islamischen Glaubens sein wird. Diese Debatte ist international aufgenommen worden[20], in Europa jedoch wird sie im Wesentlichen unterdrückt. Sie steht im Zentrum dieses Buches, das vom Hauptstrom der Meinungen abweicht.

Die daran anschließende Argumentation bemüht sich, in einer Konfliktsituation Brücken zwischen den Zivilisationen zu schlagen. Unter der bereits angeführten Berücksichtigung der Ibn Khaldunschen Idee der *Asabiyya*, also der zivilisationsbezogenen Werteorientierung, entwickle ich den entsprechenden Rahmen und argumentiere so: Wenn Migration im islamischen Verständnis einer Bindung der *Hidjra*[21] an eine Islamisierung zugelassen wird, dann sind solche Brücken nicht nur nicht möglich, sondern sogar ausgeschlossen. Einerseits ist mein erkenntnisleitendes Interesse daran gebunden, Europa als „open society" gegen eine Islamisierung zu verteidigen, andererseits eine Lanze für die Rechte der Muslime zu schlagen. Anders als Tariq Ramadan will ich nicht Europa islamisieren, sondern umgekehrt den Islam europäisieren und die Rechte der Muslime in diesen Rahmen einordnen.

Zur Integrität gehört es, die Europäer darüber aufzuklären, dass Muslime Migration als ein Instrument der Islamisierung verstehen; damit beginnt schon ein Zivilisationskonflikt. Das ist nicht neu. So war es auch in der Geschichte der islamischen Expansion. In der frühislamischen Geschichte haben muslimische Djihad-Eroberer *Amsar*, das heißt Siedlungen mit Moscheen, aufgebaut, von denen aus das *Futuhat-*/Öffnungs-Projekt als Welteroberungsprojekt ausging.[22] In dieser realen Geschichte war die Migration ganzer Stämme (*Hidjra*) mit Djihad verbunden. Ich wage es, diese kolonialen *Amsar*-Siedlungen mit den heutigen Parallelgesellschaften der Islam-Diaspora in Europa zu vergleichen und entsprechend zu deuten.[23] Doch gibt es einen Unterschied: Die heutigen Parallelgesellschaften entstehen friedlich, ohne Eroberung. Bestimmte islamische Migranten und einige Imame sehen Europa als einen Teil des *Dar al-Islam*/Hauses des Islam. Das ist nichts anderes als eine Islamisierung des europäischen Territoriums, und eben darin besteht die Herausforderung an die zivilisatorische Identität Europas.

Der Islam verpflichtet seine Gläubigen dazu, mittels Djihad und *Hidjra*/Zuwanderung die religiöse Botschaft des Islam als Schari'a weltweit zu verbreiten, um die gesamte Menschheit in *Dar al-Islam* zu vereinigen. Vertreter der Islam-Diaspora klären ihre Dialogpartner nicht darüber auf, dass sie im Geist der Islamisierung der Welt damit für eine Grundvoraussetzung des islamischen Weltfriedens arbeiten. Die Weltanschauung der Islam-Diaspora fördert den Zivilisationskonflikt, nicht die Entstehung eines Euro-Islam als Lösung desselben.

Bei jeder Diskussion über diesen Gegenstand muss man die Unterschiede zwischen Islam und Islamismus vergegenwärtigen: Beide Begriffe haben eine unterschiedliche Bedeutung und deuten ebenso auf verschiedene Herausforderungen hin. Die eine ist islamisch, die andere islamistisch. Beide sind dadurch verwandt, dass sie vom Islam ausgehen. Sie sind dennoch nicht identisch. Trotz des wichtigsten Unterschieds zwischen beiden – nämlich die Politisierung des Islam zu einer politischen Ideologie im Islamismus – sind die Grenzen manchmal fließend, weil der Islamismus eben aus dem Islam hervorgeht. Er wird aufgrund seines politisierenden Moments auch als politischer Islam bezeichnet.

Trotz der großen Unterschiede zwischen Islam und Islamismus argumentieren beide religiös-weltanschaulich. Die Vertreter beider Richtungen haben dieselben universellen Ansprüche. Unter den Migranten befinden sich nicht nur fromme islamische Menschen, die ihre Moscheen als Nukleus der friedlichen Verbreitung des Islam betrachten, sondern auch Islamisten. Einfache Muslime treten für den islamischen Universalismus friedlich ein, wohingegen Islamisten diese Geisteshaltung in einen politischen Internationalismus verwandeln, der sich auch des Djihad bedient. Wie in der Kontroverse mit Bernard Lewis artikuliert (vgl. Anm. 20), geht es im Wesentlichen darum, ob Europa gegen Ende des 21. Jahrhunderts vom „Euro-Islam" geprägt oder ob es islamisiert sein wird.[24] Selbst Muslim und Immigrant, stehe ich dazu, dass Europa als Zivilisation es wert ist, bewahrt zu werden.[25] Europa kann sich für den Islam öffnen, aber seine zivilisatorische Identität ist nicht islamisch, auch nicht christlich, sondern westlich-säkular. Diese ist in einem Zivilisationskonflikt zu bewahren.

Zwischen Europäisierung und Islamisierung: Der Zivilisationskonflikt und der islamische Anspruch auf eine Rückkehr der Geschichte

Der angesehene Washingtoner Kollege und Freund Francis Fukuyama hat Anfang der 1990er Jahre in einem einflussreichen Aufsatz „The End of History" etwas verfrüht den Sieg westlicher Werte proklamiert. Im wiederholten Dialog mit Fukuyama – in Washington und Amsterdam – habe ich seine Annahme vom Sieg der westlichen liberalen Ideen mit islamischen Vorstellungen konfrontiert, die ein anderes Modell für die Welt vorsehen.

Die entsprechende Agenda einer Rückkehr der Geschichte ist vom Islamismus geprägt und wird vertreten von einer transnationalen Bewegung mit globalen Netzwerken. Islamisten setzen ihre Propaganda ein, die bei jeder Kritik eine Islamophobie beziehungsweise ein „Feindbild Islam" unterstellt, um eine Aufklärung über diesen neuen Totalitarismus zu verhindern.[26]

Der hoch angesehene und international respektierte, ehemalige Bundeskanzler Helmut Schmidt hat Folgendes festgehalten:

> „Der politische Zustand der Welt am Anfang des 21. Jahrhunderts gibt wenig Anlass zu allzu großen Hoffnungen ... Die große Gefahr ist ein großer Zusammenstoß der muslimischen Welt mit den Nationen des Westens."

Diese Worte Helmut Schmidts sind in einem umfangreichen *Bild*-Interview vom 21. September 2004 zu lesen, bei dem er seine Sorge, die nach dem 11. September 2001 konkrete Formen angenommen hat, zum Ausdruck bringt:

„Teile der islamischen Welt reagieren ihrerseits mit Hass und Terror ... Das macht mir Sorge ..., denn bisher gibt es keine klugen Ansätze, wie dieser Gefahr begegnet werden könnte."

Aufgrund meiner jahrzehntelangen Auseinandersetzung mit dieser Thematik habe ich analog zur Sowjetologie die Islamologie zur Untersuchung dieses Konflikts begründet. In Bezug auf die Islam-Diaspora schlage ich zur Deeskalierung dieses Konfliktes einen europäischen Islam als eine mögliche Lösung vor, die sich Helmut Schmidt zu Recht wünscht. Europäer und besonders Deutsche sind sowohl mit der islamischen als auch der islamistischen Herausforderung konfrontiert, ohne die damit verbundene Bedrohung zu verstehen. Von dem mehrfach angesprochenen islamischen Philosophen des 14. Jahrhunderts, Ibn Khaldun, wissen wir, dass Zivilisationen ohne *Asabiyya* vom Niedergang bedroht sind. Francis Fukuyama, der früher von der Vermutung eines weltweiten Sieges der westlichen Werte als „Ende der Geschichte" ausging, versteht heute diese Situation besser als andere. Er wurde laut *International Herald Tribune* von der CDU/Konrad-Adenauer-Stiftung mit der Erwartung nach Deutschland eingeladen, die Europäer darüber zu beraten, was sie gegen die islamische Herausforderung tun könnten. Darüber berichtete die *International Herald Tribune* in einem Leitartikel:

„Fukuyama hat seine Botschaft an die Europäer herangetragen, wie viel an Islam innerhalb der Grenzen Europas für ein Zusammenleben zu verkraften ist ... In einer ... in Deutschland gehaltenen Rede regte Fukuyama die Europäer an, sich nicht einschüchtern zu lassen und es nicht zu unterlassen, ihre humanistische Kultur zu verteidigen; er hat hierbei sogar den Begriff Leitkultur verwendet."[27]

Ich hatte bei mehreren Anlässen in Washington zwischen 2004 und 2006 sowie 2008 in Amsterdam die Gelegenheit, mit Fukuyama über diese islamische Herausforderung zu diskutieren. Er stimmte meinem Konzept der Leitkultur zu, hat es empfohlen und die Quelle, nämlich mein Buch *Europa ohne Identität?*, angegeben. Leider waren die deutsche Debatte über Leitkultur von Oktober bis Dezember 2000[28] und ihre Fortsetzung nach dem Mord an van Gogh der Thematik und dem Begriff nicht dienlich, weshalb ich mich entschlossen habe, den Begriff Leitkultur zugunsten von Werteorientierung aufzugeben. In einem *Spiegel-Online*-Interview (November 2004) habe ich die erneute Leitkultur-Debatte der Jahre 2004 und 2005 als

„neurotisch“ bezeichnet. Die daran beteiligten Politiker haben aus der vorangegangenen Leitkultur-Debatte nichts gelernt.

Im aktuellen Zivilisationskonflikt geht es um die Geltung der Laïcité in Europa im Gegensatz zum politischen Islam und seiner Ansprüche auf Islamisierung. In diesem Zusammenhang spreche ich von einem weltanschaulichen Krieg, der nicht organisierte Armeen, sondern den Wettkampf der Weltanschauungen[29] zum Gegenstand hat. Hier geht es in aller Klarheit darum, dass die Schari'a gegen europäische Gesetze steht. Die französische Regierung macht deutlich, dass sie sich bei diesem weltanschaulichen Konflikt nicht erpressen lasse; das Laïcité-Gesetz bleibt bestehen. Da der Kern der offenen Gesellschaft zur Debatte steht, kann es hier weder Zwischenlösungen noch einen Kompromiss geben. Dies bedeutet aber nicht, dass es in dieser Konfliktsituation ausschließlich zu einer Polarisierung kommt; Vermittlung als Brückenschlag ist möglich, jedoch ohne die Aufgabe der zivilisatorischen Identität Europas.

Der Anspruch des Islamismus auf eine Rückkehr der Geschichte, um die Dominanz des Islam über andere Zivilisationen wiederherzustellen, ist eine islamische Perspektive innerhalb der zeitgeschichtlichen Dreiecksverbindung Europas zum Islam. Diese bilden die Staaten der EU, die islamische Diaspora und die Länder der Welt des Islam, vor allem im Mittelmeerraum. Die Perspektive der Europäisierung gilt nicht nur für Migranten der Diaspora, die in ghettoisierten Parallelgesellschaften als Enklave leben, also sich in Europa befinden, aber nicht zu Europa gehören. Die Europäisierung muss auch von Ländern der Welt des Islam, die zu Europa gehören wollen, wie der Türkei, angenommen und in die Tat umgesetzt werden. In der türkischen Debatte unter aufgeklärten Türken wird dies konzediert[30], nicht aber bei deutschen Vertretern des Multikulturalismus.

Im globalen Rahmen stellt sich die Frage nach den Grenzen der Zivilgesellschaft. Kann die Zivilgesellschaft als Grundlage für einen demokratischen Weltfrieden dienen? Mary Kaldor spricht von einer *Global Civil Society*[31], wohingegen manche Muslime, auch die, die keine Islamisten sind – wie etwa der türkische Wissenschaftler Şerif Mardin –, behaupten, dass die „Zivilgesellschaft“ ein westlicher Traum sei, der sich nicht auf den Islam übertragen lasse.[32] Wenn Mardin recht hat, wie steht es mit Muslimen, die im Rahmen globaler Migration seit der zweiten Hälfte des vergangenen Jahrhunderts nach Europa kommen und im 21. Jahrhundert zu einem großen Segment der europäischen Bevölkerung werden? Lehnen sie die Zivilgesellschaft als westliches Gesellschaftsmodell ab? Europa braucht angesichts der demographischen Stagnation der eigenen Bevölkerung die Migration. Es ist erwünscht, dass Menschen nach Europa kommen, um die niedrige Geburtenrate auszugleichen. Aber kommen sie als Freunde oder Feinde der „open society“, die ja der Kern der Zivilgesellschaft ist? Die Prosperität Europas besitzt große Anziehungskraft. Dies hat zur Folge, dass die globalen Migrationsströme sich in Richtung Europa bewegen. Proportional gesehen und aus statistischer Sicht werden die klassischen Einwanderungskontinente Nordamerika und Australien von Europa abgelöst.

Wenn in diesem Kontext Millionen von Muslimen nach Europa strömen, bringen sie nicht nur ihre Arbeitskraft, sondern auch ihre islamische Weltanschauung mit. Die Muslime fordern sogar im Namen der Bewahrung islamischer Identität ihr Geschichtsmodell und die Geltung islamischer Normen und Werte in Europa. Unter den Zuwanderern befinden sich zudem Islamisten, die die Grundrechte dazu missbrauchen, eine Freizone in Europa für ihren Djihad-Islamismus zu errichten. Wo bleibt die Zivilgesellschaft, wenn die schwierige Integration der Zuwanderer in das europäische Gemeinwesen nicht gelingt?

In dieser düsteren Atmosphäre samt einer signifikanten Migrationsstatistik und der wachsenden Parallelgesellschaften möchte ich auf Bernard Lewis und sein *Welt*-Interview (vgl. Anm. 20) zurückkommen und seine Prognose einer ungemütlichen Zukunft für Europa diesmal ausführlich zitieren:

> „Europa wird ein Teil des arabischen Westens, des Maghreb, sein. Dafür sprechen Migration und Demographie. Europäer … heiraten spät und haben keine oder nur wenige Kinder. Aber es gibt die starke Immigration: Türken in Deutschland, Araber in Frankreich und Pakistaner in England. Diese heiraten früh und haben viele Kinder. In den aktuellen Trends wird Europa spätestens Ende des 21. Jahrhunderts muslimische Mehrheiten in der Bevölkerung haben.“ (wie Anm. 20)

Meine Position unterscheidet sich dahingehend, dass ich die islamische Herausforderung im Zeitalter globaler Migration[33] nicht in der demographischen Entwicklung, sondern eher darin sehe, dass Muslime nach Europa kommen, ohne integriert, das heißt ohne europäisiert zu werden. Die zentrale Frage ist daher nicht, ob Muslime eventuell die Mehrheit der Bevölkerung in Europa werden, sondern welcher Islam mit ihnen nach Europa kommt: ein salafistischer Schari'a- und Djihad-Islam, also ein Islamismus, oder ein Euro-Islam? Während der Salafismus einen strengen, konservativen Islam vertritt, geht der Islamismus noch einen Schritt weiter. Er politisiert den Islam zusätzlich. Dagegen kann ein europäischer Islam im Einklang mit der europäischen Werteorienterung als *Asabiyya* stehen. Kurz: Es gibt keinen einheitlichen Islam. Europa hat die Wahl zwischen dem Euro-Islam und dem Islamismus beziehungsweise Salafismus der Diaspora-Moscheevereinskultur.

Unter den Bedingungen der Rückkehr der Geschichte als solche der Zivilisationen, die je ihre *Asabiyya* im Ibn Khaldunschen Sinn haben, ist eine europäische Antwort auf die islamische Herausforderung gefragt. Als Wahleuropäer und Sozialwissenschaftler stelle ich auf der Basis von Fakten fest, dass sowohl Probleme mit der islamischen Zuwanderung als auch die von ihr begleitete „gescheiterte Integration" tabuisiert werden, und schlussfolgere, dass es einer Werteorientierung zur Abwehr der islamistischen Herausforderung bedarf.

Mit Moralisieren lässt sich indes keine Lösung des Problems erreichen. Zu dieser Kategorie gehören die Selbstbezichtigungen, die die Schuld den Aufnahmeländern anlasten. Natürlich gibt es in Europa Fremdenfeindlichkeit und Rassismus, aber der Rechtsstaat sowie die Zivilgesellschaft stehen nicht nur in der Pflicht, diese zu bekämpfen und zu ihrer Überwindung beizutragen. Vielmehr müssen sie auch die Feinde der offenen Gesellschaft unter den Migranten bekämpfen. Die Ängste, die bei der Bevölkerung Europas vor einer Islamisierung – so bei der Lynchjustiz an van Gogh – entstehen, darf man nicht in ihrer Bedeutung abtun. Typisch für die europäische Debatte ist, dass nach der Hinrichtung des Filmemachers Theo van Gogh durch einen Islamisten viele Anhänger des Multikulturalismus sich beeilten, die Tat als die eines Einzelgängers genauso herunterzuspielen, wie beispielsweise Edward Said noch die Anschläge vom 11. September als Aktion einer „Crazed Gang" (Bande von Verrückten) ohne Kenntnis der Tatsachen fehl deutete. Der amerikanische Journalist Craig Smith hat in einer in der *New York Times* veröffentlichten Recherche vorzüglich gezeigt, wie der Mörder Mohammed Bouyeri in ein islamistisches, von Marokko über Spanien und Deutschland bis in die Ukraine reichendes Netzwerk eingebunden ist.[34] Wenn die in ein Netzwerk eingebundene Lynchjustiz an einem anders denkenden Künstler keine islamistische Herausforderung für Europa ist, was ist sie dann?

Um Kritik am Islamismus zu unterbinden, versuchen die Islamisten, die nachgewiesenermaßen Antisemiten sind, instrumentell eine Parallele zwischen Antisemitismus und Antiislamismus zu konstruieren. Zudem ersetzen sie den Begriff „Islamophobie" mit „Antiislamismus". Diese instrumentell gezogene Parallele zwischen Juden und Muslimen gehört eindeutig zur Propaganda der Islamisten. Alle Fakten sprechen gegen einen solchen Vergleich[35], bei dem klare politische Ziele verfolgt werden. Gutmenschen übersehen, dass der neue Antisemitismus gerade vom Islamismus kultiviert wird.[36] Eine Kritik an der islamistischen Vorstellung einer Wiederkehr der Geschichte der Zivilisationen hat nichts mit Islamophobie zu tun (Anm. 26). Obwohl ich mit dem Inhalt der Buchveröffentlichung „Feindbild Islam" keineswegs übereinstimme, übersehe ich nicht die Tatsache, dass es Feindbilder auf beiden Seiten gibt. Aber Islamophobie ist ein anderer Gegenstand als Antiislamismus, beide Begriffe dürfen nicht synonym verwendet werden.

Es gibt ein Wechselspiel von Perzeption und Fehlperzeption, die in enger Verbindung mit Selbst- und Fremdbildern der Zivilisationen stehen. Hieraus entsteht ein „Feindbild Islam". Aber zu täuschen und zu behaupten, dass es in Europa eine generelle Islamophobie gibt, bedeutet in die Hände der Islamisten zu arbeiten. Man sollte fairerweise einräumen und parallel anführen, dass es auch ein „Feindbild Christentum im Islam"[37] gibt und dabei das Wechselspiel der Feindbilder[38] erkennen. Trotz der Anerkennung der Bedeutung dieser psychologischen Ebene der Wahrnehmungen und Fehlwahrnehmungen bleibt die weltanschauliche Herausforderung einer Islamisierung die zentrale Problematik.

Der Islam mitten in Europa: Weltanschauliche Gründe für die fehlende Integration der Islam-Diaspora

Die Niederländer haben den Mord an Theo van Gogh durch einen Islamisten, der in ihrem Land geboren und aufgewachsen ist, formal also kein Migrant, sondern gebürtiger Niederländer ist, sehr ernst genommen. Anders als der 11. März 2004 in Madrid hat der Mord in Amsterdam im November desselben Jahres einen kritischen Denkprozess in den Niederlanden ausgelöst. Mohammed Bouyeri ist nach formalen Kriterien integriert: Er ist in den Niederlanden geboren, verfügt über einwandfreie Niederländisch-Kenntnisse, ist berufstätig und besitzt einen Pass; dennoch teilt er die europäischen Werte nicht. Er sagte vor dem Gericht nach der Verhängung einer lebenslänglichen Haftstrafe, er würde in Freiheit die Tat ohne Bedenken wiederholen, also einen Ungläubigen hinrichten. Woran liegt das? Liegt die Schuld nur bei den Migranten? Als Migrant, der es in Deutschland auch nach mehr als viereinhalb Jahrzehnten nicht geschafft hat, für die Gesellschaft über das Juristische hinaus als „deutscher Bürger“ zu gelten, das heißt zum Gemeinwesen ohne Diskriminierung dazuzugehören („Syrer mit deutschem Pass“ oder „Pass-Deutscher“), weiß ich, dass Europäer erhebliche Mitschuld an der fehlenden Integration der Muslime tragen. Natürlich kommt den Muslimen auch ein Anteil an ihrer mangelnden Integration zu. Anhand meiner Lebensgeschichte an der deutschen Universität zeigt sich jedoch ebenso, dass Diskriminierung und Ausgrenzung tatsächlich existieren.[39] Dies ist eine bittere Erkenntnis, die zuweilen bestritten wird.[40] *Die Zeit* ordnete mich in die Kategorie „schwer integrierbar“ ein.

Zu den sozialen Fakten gehört die Tatsache der „No-Future-Kids“ der Islam-Gemeinde (Schulabbruch, Arbeitslosigkeit, kulturelle Entwurzelung). Diese muslimischen Jugendlichen fühlen sich angefeindet, was wiederum ihre mangelnde Bereitschaft zu einer Europäisierung des Islam bedingt. Dies beeinträchtigt die islamische Akzeptanz von Demokratie, Pluralismus und individuellen Menschenrechten sowie der Zivilgesellschaft. Die Anhänger der islamischen und islamistischen Weltanschauung profitieren davon und fischen im trüben Wasser. Anders formuliert: Eine Eingliederung islamischer Migranten in das europäische Gemeinwesen als Bürger im Sinn von *Citoyens* ist mit Forderungen verbunden, die aber die Europäer selbst nicht erfüllen. Die Hindernisse kommen gleichermaßen von islamischer wie auch von europäischer Seite.

Zu den kulturellen Hindernissen auf muslimischer Seite gehört das Verständnis von *hidjra*/Migration (vgl. Anm. 21), das die Zuwanderung an die Pflicht zur *da'wa*/islamischen Missionierung bindet. In der islamischen Diaspora-Kultur in Europa unterminiert diese kulturelle Einstellung jede Integration. Nochmals: Nach jener Doktrin ist es eine *farida*/religiöse Pflicht für einen Muslim, der migriert, für die Verbreitung des Islam aktiv zu missionieren.[41] Wenn Muslime sich in diesem Sinn als Vorhut der Islamisierung Europas verstehen und ihnen dies in der Moscheevereinskultur durch Hass-Imame, die von toleranten Multikulturalisten geduldet werden, gepredigt wird, dann können sie keine europäischen Bürger werden. Darüber hinaus bilden ihre Enklaven Parallelgesellschaften, die Europa fremd sind und bleiben.

In der islamischen Geschichte hat sich in den Realitäten eine islamische Auffassung etabliert, dass ein Imam nicht nur Vorbeter in der Moschee ist, sondern auch als Oberhaupt der *Umma*/des Gemeinwesens wirkt. Demnach gehört die Loyalität eines Muslims der *Umma*, und somit darf er sich nur einem islamischen Imam, der sie vertritt, beugen. Auf der Grundlage dieses *Umma*-Bewusstseins als Zugehörigkeit zur Weltgemeinde des Islam kann keine Integration in ein säkulares Gemeinwesen als Individuum erfolgen. Die Schlussfolgerung lautet, dass die fehlende Integration nicht nur an der Unfähigkeit der deutschen Gesellschaft, Fremde zu integrieren, sondern auch an der Unwilligkeit der Muslime selbst liegt. Bei der Suche nach einer friedlichen Lösung in dieser Konfliktsituation sind nun beide Parteien aufgefordert, ihre Einstellungen zu verändern. Europa als Einwanderungskontinent ist gut beraten, eine Diskussion über diesen Gegenstand nicht zu verhindern.

Traditionell begreifen sich Muslime als Mehrheit, die die *Umma*/Gemeinschaft der Gläubigen bildet. Deshalb sind im Islam stets die anderen die Minderheit. Entweder als *ahl al-dhimma*/Schutzbefohlene (damit sind nur Christen und Juden gemeint) oder als *Kuffar*/Ungläubige. Im Zeitalter globaler Migration kommt es dazu, dass Muslime in Nordamerika und Europa zuwandern und dort als eine Minderheit leben.[42] Hierbei stehen sie unter dem Druck, ihre jahrhundertelang tradierte Perzeption von sich selbst als *Umma*-Mehrheit zu revidieren. Die Islamisten, die die religiösen islamischen Doktrinen politisieren, greifen auf entstehende Parallelgesellschaften als Ghetto zurück und machen daraus eine Art „gated communities", das heißt islamische Enklaven (vgl. Anm. 17), die als Kolonialsiedlungen bezeichnet werden können. In der Forcierung dieser Entwicklung sind sich orthodoxe Muslime (Salafisten) und Islamisten einig, weil beide das Verständnis der Muslime als Mehrheit in diesen Parallelgesellschaften beibehalten. Die Vision eines Euro-Islam, die im nächsten Kapitel näher erläutert wird, scheint in dieser globalen Migrationskrise eine Alternative zum als Enklave innerhalb Europas bestehenden Ghetto-Islam zu bieten. Es geht nicht nur um Integration, sondern auch darum, das unausgesprochene Ziel der Islamisierung zu verhindern, indem eine Europäisierung entgegengesetzt wird.

2004 hat sich eine deutsche Zeitung, die *Financial Times Deutschland*, dieser Entwicklung unter der Frage angenommen: „Wie wird Deutschland vom Jahr 2004 an gesehen in zehn Jahren aussehen?". Diese Zeitung veröffentlichte die Reihe „Deutschland 2014", in deren Rahmen „der Islam 2014" problematisiert wurde. Ich habe darin vor den schrecklichen Folgen für den inneren Frieden in Europa gewarnt, wenn die Integration weiterhin misslingt. Die nicht mit mir abgesprochene Überschrift des Artikels lautete: „Muslimische No-Future-Kids werden sich an Deutschland rächen."[43] Daraufhin erhielt ich zahlreiche Rückmeldungen von jungen Muslimen, die in Deutschland geboren sind. Diese bedankten sich bei mir dafür, dass ich angebe, was sie fühlen. Europa bezieht diese Muslime nicht in sein *Asabiyya*/Wertebewusstsein ein. Nur wenn Migranten und Europäer Werte teilen können, gibt es Integration. Ist dies möglich? Wenn beide wirklich miteinander friedlich zusammenleben wollen, benötigen sie eine gemeinsame Werteorientierung. Frieden fällt nicht vom Himmel. Was muss getan werden, um einen Erfolg der euro-islamischen Integration zu bewerkstelligen? Ich möchte zunächst folgende Voraussetzungen anführen:

1. Staat und Zivilgesellschaft müssen in Europa ein Mitspracherecht bei den Angelegenheiten der Islam-Diaspora haben. Europäer und liberale Muslime dürfen nicht indifferent sein und alles im Namen der Religionsfreiheit zulassen. Deshalb ist die islamische Gemeinde in Europa herausgefordert, sich in die Zivilgesellschaft einzufügen und ihre Spielregeln zu bejahen. Das ist nicht mit Lippenbekenntnissen zu leisten. Bei der Entfaltung eines europäischen Islam können Europäer die Richtlinien mitbestimmen. So muss man die Freiheit haben, zu sagen, dass die Weltanschauung, die unter frustrierten islamischen Jugendlichen durch den populären *da'wa*-Prediger Tariq Ramadan gefördert wird[44], wenig mit einem europäischen Islam zu tun hat. Zudem darf der Einfluss transnationaler Organisationen, wie etwa der wahhabitisch dominierten Islamischen Weltliga, die gegen die Europäisierung des Islam sind, nicht unterschätzt werden.
2. Frankreich bietet ein Vorbild dafür, dass der demokratische Rechtsstaat das Recht hat, sich gegen reform- und integrationsfeindliche Kräfte in der Islam-Gemeinde und für die Förderung des Euro-Islam und seiner Vertreter einzusetzen. In der deutschen Diskussion wird übersehen, dass Demokratie und offene Gesellschaft weltanschauliche Konzepte sind. Deshalb darf der Rechtsstaat bei deren Bedrohung durch die Islamisierung nicht weltanschaulich neutral außerhalb des Konfliktes stehen – wie etwa Bischof Wolfgang Huber und viele Kirchenvertreter dies verlangen. Der Rechtsstaat muss weltanschaulich aktiv die Freiheit verteidigen. So bin ich entschieden gegen die Position der weltanschaulichen Neutralität des Rechtsstaates, der auch seine Feinde formaljuristisch schützen soll. Ich ziehe deshalb das französische Modell dem deutschen vor. Auf einem sinkenden Schiff (vgl. Lewis, Anm. 20) be-

treibt der, der tatenlos zusieht, eine „Selbstaufgabe“ in einem *Europa ohne Identität.*[45] Europa benötigt moralische Kraft im Sinn von Ibn Khalduns *Asabiyya*/Zivilisationsbewusstsein, um eine schlagkräftige Antwort auf die Herausforderungen der Islamisierung zu geben, ohne sich dadurch von islamischen Migranten zu entfremden. Die Antwort muss deshalb inklusiv sein, also auch islamische Vorstellungen enthalten, zum Beispiel den islamischen Rationalismus. Verfassungsrichter[46] hingegen, die die Feinde der offenen Gesellschaft dulden wollen, tun ihr keinen Gefallen.

Die Sprecher des organisierten Islam unterstellen gar, dass sich hinter der Maske der Integration eine böswillige „Verschwörung der Christianisierung“ verbirgt. Hierbei schüren diese Islam-Funktionäre Ängste und fördern eine islamistische Weltanschauung, die als Teil der innerislamischen Faktoren gilt, die für das Scheitern der Integration verantwortlich gemacht werden können. Gegen die Integration wird eine Islamisierung in Europa in Stellung gebracht, die eine düstere Zukunft andeutet. Wenn gegen Mitte des 21. Jahrhunderts ca. 50 Millionen Muslime als Migrantengemeinde auf dem europäischen Kontinent in Enklaven leben, wird sich das Szenario der Islamisierung kaum noch aufhalten lassen. Vor allem, wenn diese Muslime in Europa nicht europäisiert und durch Integration zu „Citizens of the Heart“[47] werden. Das deutsche Modell[48] gewährleistet dies nicht. Wenn die deutschen Muslime ihre „Kirche“ nach dem deutschen Modell bekommen, werden sie erst recht ihre Enklaven verfestigen. Es gilt in Deutschland anzuerkennen, dass Menschen Individuen sind, anstatt sie in ein ethnisch-religiöses Kollektiv einzuordnen.

Was ist „der Islam“? Ist der Islam kulturell vielfältig oder monolithisch?

Nun kehre ich zum Islam zurück. Wenn hier vom Islam im Singular die Rede ist, muss man hinzufügen, dass er kulturell und religiös vielfältig, stets wandelbar und flexibel ist. Dennoch hat der Islam einen essentiellen weltanschaulichen und doktrinären Kern, der allerdings unterschiedlich gedeutet werden kann. Um zu verstehen, wie aus bestimmten Interpretationen des Islam eine Herausforderung mit dem Anspruch auf Islamisierung hervortreten kann, muss man in einem ersten Schritt erklären, was der Islam ist. Dieser Schritt ist auch deshalb wichtig, weil er hilft, die Möglichkeiten der Europäisierung zu eruieren. Zwar gibt es keinen einheitlichen „monolithischen Islam“, aber dennoch besteht trotz aller Vielfalt ein Kern-Islam. Für die Agenda, einen europakompatiblen, offenen Islam im Rahmen einer Religionsreform zu begründen, muss man im genannten ersten Schritt feststellen, was der Kern-Islam ist und welche Umgangsformen mit ihm möglich sind. Die bestehenden und legitimen Möglichkeiten, den Islam neu zu deuten beziehungsweise zu bestimmen, sind:

a) Interpretation des Koran-Textes/*tafsir*
b) Freie Deutung des Koran-Textes/*ta'will*
c) Freies Denken unabhängig vom Text/*idjtihad*
d) Historisierung des Textes/Unterscheidung zwischen mekkanischen und medinensischen Suren sowie Unterscheidung zwischen allgemeiner Aussage (Ethik) und ereignisbezogener Offenbarung (Geschichte).

Im Gegensatz zu den Möglichkeiten a) bis c), über die unter den *Ulema* Konsens besteht, ist die Zulassung der Historisierung stark umstritten. Gegen die historisch-kritische Lesart islamischer Quellen wird harter Widerstand geleistet. Zudem machen nur wenige Muslime von der Möglichkeit Gebrauch, c) freies Denken zuzulassen. Oft handelt es sich hierbei um Reformmuslime, in der Regel eine Minderheit, die kaum den Einfluss hat, über den Salafisten und Islamisten verfügen.

Das zentrale Thema dieses Buches ist der Zivilisationskonflikt zwischen dem Potential der Europäisierung des Islam zu einem Euro-Islam und der Agenda einer Islamisierung Europas. Diese gefährdet die „offene Gesellschaft“.[49] Weil es nicht meine Aufgabe ist, in den Islam einzuführen, muss es genügen, den Islam knapp zu umreißen. Der Islam wurde in Arabien ab 610 begründet; der Text des Koran wurde in arabischer Sprache zwischen 610 und 632 offenbart. Im Rahmen seiner weltweiten Verbreitung (vgl. Anm. 16) hat sich innerhalb des Islam eine kulturelle Vielfalt gebildet. Obwohl es einen indischen, afrikanischen, indonesischen Islam usw. gibt, kann man vom Islam generell als einem „kulturellen System“[50] sprechen.

Im Text des Koran wird kulturelle Vielfalt erlaubt; der Koran tut dies in Sure 49,13. Dort lesen wir den Vers: „Ihr Menschen, wir haben Euch aus Mann und Frau erschaffen und Euch zu Völkern und Stämmen gemacht, damit ihr euch untereinander kennt.“

Auf dieser religiösen Grundlage argumentiere ich im Rahmen der kulturellen Begründung des Euro-Islam, dass analog zur Afrikanisierung des Islam beziehungsweise seiner Anpassung in Indonesien oder auf dem indischen Subkontinent eine Europäisierung des Islam möglich ist. Die Grundvoraussetzung ist eine geteilte europäische Werteorientierung, die auch einen euro-islamischen Charakter hat. Dies meine ich mit *Asabiyya* als einer Brücke zwischen Europäern und islamischen Migranten. Es muss ein Wertekonsens über folgende Bereiche verhandelt werden, der als Basis für eine euro-islamische *Asabiyya* gilt:

- Trennung zwischen Religion und Politik
- Säkulare Demokratie
- Individuelle (nicht kollektive) Menschenrechte
- Säkulare Toleranz als Respekt vor Andersdenkenden und Andersglaubenden im Rahmen der Werte/Regeln der offenen Gesellschaft, also kein Absolutismus
- Zivilgesellschaft
- Pluralismus, der die kulturelle Vielfalt einer Werteorientierung mit Spielregeln verbindet.

Das ist kein Kulturrelativismus, weil Pluralismus mit einem Basiskonsens über zentrale Werte einhergeht, das heißt Vielfalt nicht mit Relativierung gleichsetzt. Diesen euro-islamischen Gedankengang entfalte ich weiter im folgenden Kapitel. Zunächst bleibe ich bei dem Islamismus und seiner Agenda der Islamisierung.

Der Islamismus und seine Ruhezone in Europa

Bis auf wenige Ausnahmen werden Islamisten als Opposition in den meisten Ländern der islamischen Welt verfolgt und eingesperrt. Dies erklärt, warum der Islamismus nach Europa drängt. Hier genießen die Islamisten auf allen Ebenen den Schutz des Rechtsstaates. Es liegt im Interesse der europäischen Islam-Diaspora, in überzeugender Weise von dieser islamistischen Strömung Abstand zu nehmen. Hier werden die Annahmen der euro-islamischen Perspektive einem Test unterzogen. Ich wiederhole die allgemein bekannte Tatsache, dass die Logistik und die Unterstützungssysteme des Islamismus sich in der europäischen Ruhezone befinden. In Westeuropa genießen islamistische Gotteskrieger nicht nur die Grundrechte, sondern auch europäische Toleranz.[51] Zudem wollen die Islamisten in der Diaspora so wie ein Fisch im Wasser wirken und ungestört ihre Mission erfüllen. Deshalb hat der Islamismus weder Interesse an einer Integration der Muslime in Europa noch an einem Euro-Islam. Dies würde die Ruhezone der Islamisten in Europa unterminieren, die sich in der Diaspora eingenistet haben. Für Europa aber ist die Integration islamischer Zuwanderer in ein europäisches Gemeinwesen von existentieller Bedeutung im 21. Jahrhundert. Die Existenz der Logistik und der Unterstützungssysteme des Islamismus in Europa im Schutz der Diaspora schaden dem Islam und den Muslimen.

Es ist ausgesprochen problematisch, dass manche gemäßigten Islamisten von einem europäischen Islam sprechen. Dieses Beispiel zeigt, dass schamlos kräftig gelogen und getäuscht wird, ganz nach dem Motto: Angriff ist die beste Verteidigung. So hören wir anstelle einer Distanzierung vom islamistischen Djihadismus die Anschuldigungen gegenüber den Europäern: In Europa gedeihe ein Feindbild Islam, und Deutsche behandelten Muslime wie einst die Juden (vgl. Anm. 35). Daraufhin schweigen die Europäer und jene in Selbstzensur geübten politisch Korrekten. Über die Gefährdung Europas durch die potentielle Islamisierung zu reden, wird als „Fremdenfeindlichkeit" verfemt.

Zum Umgang mit der anstehenden Gefahr der Islamisierung gehört die Kenntnis folgender Fakten: Im sunnitischen Islam gilt *kutman*/Verheimlichung der eigenen Position als Sünde, etwa im Gegensatz zum Schi'a-Islam, der die *taqiyya*/Täuschung durch Verstellung erlaubt. Nach dem islamischen Schisma in Sunna und Schi'a 666 haben Sunniten die Schi'iten verfolgt. Um sich zu schützen, haben die Schi'iten die *taqiyya*-Taktik praktiziert und konnten schließlich auf diese Weise ihr Leben retten.

Im heutigen Europa gelten alle Grundrechte einschließlich der Religionsfreiheit, wodurch jede Praxis der *taqiyya* für Muslime in keiner Weise gerechtfertigt ist. Dennoch lässt sich heute im Westen leider feststellen, dass sich viele sunnitische Muslime der Praxis der schi'itischen *taqiyya* bedienen, um „Ungläubige" über die eigene Agenda zu täuschen. Diese sunnitische Spielart hierfür heißt *iham*/Täuschung gegenüber Ungläubigen; sie wird gerade in der Diaspora als legitim erachtet. Diese Diskrepanz zwischen Gesagtem und Gedachtem schadet dem islamisch-europäischen Dialog, weil hierdurch keine Vertrauensgrundlage mehr möglich ist und jede Glaubwürdigkeit vernichtet wird. In dieser Situation ist es sowohl für ein friedliches Zusammenleben von Muslimen und Europäern als auch für die Demokratie schädlich, „politisch korrekt" über diese Täuschungsstrategie zu schweigen und alle damit verbundenen Gefahren unter den Teppich zu kehren.

Die beschriebenen Umstände erschweren eine Auseinandersetzung mit dem Islamismus in Europa. Die Europäisierung des Islam steht sachlich im

Konflikt mit zwei Komponenten des orthodoxen Islam, die keinen Zugang nach Europa finden dürfen. Die europäische, offene Gesellschaft kann Schari'a und Djihad unter dem Deckmantel der Religionsfreiheit nicht zulassen. Die entsprechende Weltanschauung führt zu einer totalen Negation Europas. Es muss gesagt werden, dass das Wort Schari'a nur ein einziges Mal im Koran vorkommt und zwar im Sinn von Moralität, nicht als Rechtssystem. Zudem sind die Vorschriften der Schari'a weder mit Demokratie noch mit Menschenrechten vereinbar, wie in diesem Buch noch zu erklären ist. Auch Djihad bedeutet nicht nur „friedliche Anstrengung", wie diese Formel oft politisch korrekt, aber inhaltlich falsch übersetzt wird. *Qital*/Kampf ist laut Koran ein Bestandteil des Djihad. Dennoch ist der Djihad als klassischer Krieg, der nach strengen Regeln geführt wird, kein Terror. Unter Terrorismus verstehen Experten Gewalt ohne Regeln, die im Rahmen eines irregulären Krieges ausgetragen wird. Im neueren Islam hat es eine Entwicklung vom Djihad zum Djihadismus (*al-djihadiyya*) gegeben. Dies geschah im Rahmen der im Jahr 1928 in Kairo von Hasan al-Banna gegründeten Muslim-Bruderschaft. Diese Bewegung existiert laut Verfassungsschutz auch in diesem Land unter dem Namen „Islamische Gemeinde Deutschlands". Der Begründer dieser Bewegung hat in seinem Essay *Risalat al-Djihad* die Grundlagen für den Djihadismus gelegt. Die alte und neue Muslim-Bruderschaft ist keine konservative, sondern die erste fundamentalistische Bewegung im Islam, bis zu der sich der Beginn der heutigen Strömung des Djihadismus zurückverfolgen lässt. Es gehört nicht zu ernsthaften Zeichen eines europäischen Islam, wenn der Enkel von al-Banna, Tariq Ramadan, sich auf diese Bewegung beruft und sie als „antikolonialen Aufstand" zu rehabilitieren versucht. Die Islamisten sind keine „Antiglobalisten", wie sie zuweilen idealisiert werden.

Das Ergebnis dieses Abschnitts lautet, dass die Nutzung Europas als Schlachtfeld des Islamismus die Europäisierung des Islam behindert. Islamisten und Salafisten wollen Djihad und Schari'a nicht aufgeben. Allein aus diesem Grund ist die europäische Indifferenz gegenüber dem Islam tödlich.

Der politische Islam versus Europäisierung

Die Vision einer Islamisierung Europas ist weltanschaulich Bestandteil des islamischen *Da'wa*-Missionarismus. Als Strategie steht sie primär auf der

Agenda des politischen Islam. Für Islamisten ist die Religion des Islam keine Ethik, sondern eine politische Ordnung der Scharia als Gottesherrschaft. Dies soll auch für die Islam-Diaspora gelten. Die Vertreter des politischen Islam, die den organisierten Islam in Europa weitgehend beherrschen, behaupten, es gehöre zum islamischen Glauben, die Religion an eine politische Ordnung zu binden. Das ist das islamistische Verständnis von *din wa-daula*, das heißt der Einheit von Staat und Religion. Man muss die Zivilcourage besitzen zu sagen, dass dieser politische Islam, auch Islamismus genannt, eine Bedrohung für Europa ist. Manche seiner Vertreter täuschen, wenn sie zustimmend vom „europäischen Islam" reden, aber hierbei doch ein anderes Verständnis von Islam im Kopf haben. Nur eine Islam-Deutung, die die Trennung von Religion und Politik zulässt, kann als europäisch bezeichnet werden.

Das Potential der Islamisierung, die unter anderem in der Moscheevereinskultur überall in der europäischen Diaspora zu beobachten ist, ist bisher von europäischen Politikern nicht hinreichend erkannt worden. Manche weisen sogar den Hinweis auf die Gefahr der Islamisierung als Ausdruck eines „Feindbilds Islam" oder schlicht als „Panikmache" ab. Es ist mir bekannt, dass es eine von al-Qaida gestellte Falle gibt, die auf eine Polarisierung zwischen Islam und dem Westen abzielt. Die Instrumentalisierung des Selbstmitleids der Muslime als „neue Juden Europas" kann jedoch nicht akzeptiert werden. Vielmehr muss man dazu beitragen, die bestehende Wahrnehmung der Muslime, einer feindlichen Einstellung des Westens ausgesetzt zu sein (*Islam under Siege*/Islam unter Belagerung), zu korrigieren. Denn eine solche islamische Selbstwahrnehmung in der Islam-Diaspora in Europa existiert, und sie steht voll im Dienst des Islamismus, der die Diaspora für seine Zwecke mobilisieren und in ihr rekrutieren will.

Kurz: Es besteht ein Handlungsbedarf auf der Basis der Erkenntnis, dass der Islamismus gegen die Europäisierung ist, eben weil diese Ideologie von einer Bewegung getragen wird, die eine gänzlich entgegengesetzte Agenda hat, nämlich Islamisierung. Wichtig ist, dass die blauäugige Toleranz gegenüber dem Intolerablen aufgegeben wird und durch Aufklärung Verwirrungen überwunden werden. So hat das Nachrichtenmagazin *TIME* ein Themenheft über den Islam in Europa veröffentlicht. Auf der Basis eines Interviews mit mir wird die Tatsache hervorgehoben, dass ich der Urheber des Konzeptes Euro-Islam bin. In demselben Heft des Magazins erschien Tariq Ramadan als Autor des Gastkommentars. Die Redaktion bemerkte dabei nicht, dass seine bewusst zweideutig artikulierten Inhalte (vgl.

Anm. 44) jedem wahrhaft europäischen Islam der säkularen Demokratie, des Pluralismus und der Zivilgesellschaft – so wie der Euro-Islam laut *TIME* definiert wird – widersprechen.

Der politische Islam bejaht die Europäisierung rhetorisch und unterminiert sie doppelt: durch Taten und durch eine Bestimmung mit anderen Inhalten, bei denen Europäisierung zur Islamisierung wird. Dieser am Djihad-Schari'a-Islam orientierte Islamismus verteidigt die Islamisierung im Namen der Religionsfreiheit und verfemt die inhaltliche Europäisierung des Islam als Assimilation. So hat Recep Tayyip Erdoğan im Februar 2008 Deutschland besucht und diese Inhalte auf einer großen türkischen Diaspora-Kundgebung artikuliert: Zunächst inkriminierte er das, was er „Assimilation" nannte, als „Verbrechen gegen die Menschheit", dann verfuhr er ebenso wie andere Islamisten und brachte Identitätspolitik gegen Integration in Stellung. Diese Identitätspolitik steht dem Lippenbekenntnis zu Europa sowie der Demokratie und den individuellen Menschenrechten entgegen. Die islamistische Präsentation instrumentalisiert den Islam als *din wa-daula*/Einheit von Staat und Religion und orientiert sich an der Schari'a, die hierdurch zum Staatsrecht erhoben wird. Erdoğan verwendet diese Begriffe aus taktischen Gründen nicht; sie sind aber inhärent.

Zusammenfassend halte ich fest: Die Vision eines europäisierten Islam ist bemüht, islamische Ethik mit europäischen Werten – wie Demokratie, individuellen Menschenrechten, Pluralismus und Zivilgesellschaft – in Einklang zu bringen. Somit steht eine Europäisierung des Islam im Konflikt mit dem Islamismus, der europäische Werte ablehnt. Im bisherigen Dialog mit dem Islam, der allerdings vorwiegend mit Islamisten und Salafisten geführt wird, werden diese Positionen und Unterschiede inhaltlich verwischt. Im Sinn der Klarheit, nicht der Polarisierung, steht die Forderung nach einer inhaltlichen Frontstellung im Geist von Karl Popper gegen die Feinde der offenen Gesellschaft. Dies gilt auch, um einen „offenen Islam" einzuführen.

Migration und die Werteorientierung einer europäisch-islamischen *Asabiyya* als Grundlage gegen die Islamisierung Europas

Nicht nur in Europa, sondern generell wird unter Demokratie mehr als eine institutionalisierte Wahlprozedur verstanden. Denn Demokratie ist vor allem als eine politische Kultur der Zivilgesellschaft und ihres Pluralismus zu verstehen. Diese zivilisatorische Werteorientierung ist von ihrem ideengeschichtlichen Ursprung her zwar europäisch, sie kann aber kulturübergreifend universelle Geltung beanspruchen. Die offene Gesellschaft basiert auf dem Demokratieverständnis eines Pluralismus. Dieser setzt jedoch Grenzen für die Vielfalt, in dem er einen verpflichtenden Wertekonsens der offenen Gesellschaft voraussetzt.

Wenn die offene Gesellschaft in ihrer Substanz bedroht wird, hat sie ein Recht auf Abwehr zur Selbsterhaltung. Der politische Islam bedroht Europa und seine Identität und versucht hierbei, die Islam-Diaspora zu mobilisieren. Damit wird polarisiert. Nur eine verbindliche Werteorientierung, die Zivilisationen im Zeitalter globaler Migration teilen, kann als eine Art *Asabiyya/Esprit de Corps*/Zivilisationsbewusstsein helfen, dieser Polarisierung standhaft entgegenzutreten. Die „offene Gesellschaft“ muss gegen ihre Feinde verteidigt werden; das sollte die Lehre aus der Machtergreifung der Nationalsozialisten von 1933 sein. Gegenüber Totalitaristen gilt keine Toleranz. Denn die Intoleranz darf nicht im Namen der Toleranz indifferent zugelassen werden, dies lehrt uns Karl Popper. Eine offene Gesellschaft, die sich nicht erlaubt, als wehrhafte Demokratie zu agieren, kann im Ibn Khaldunschen Sinne nicht dauerhaft bestehen, weil sie ohne *Asabiyya*, das heißt ohne innere Kraft, ist.

Nun ist die Verteidigung der offenen Gesellschaft kein Feuilletonthema, sondern neben der soeben eingeführten Werteorientierung ein Anliegen von sicherheitspolitischer Natur. Vor allem müssen europäisch-demokratische Staaten im 21. Jahrhundert in der Einwanderungspolitik klare Vorstellungen entwickeln. Um es noch einmal klarzustellen: Pluralismus lässt die Vielfalt zu, jedoch nur unter der Voraussetzung der Akzeptanz von Grundregeln. Diese gelten für alle, und sie orientieren sich an verbindlichen Werten. Ich habe mehrfach betont, dass Pluralismus kein kultureller Werterelativismus ist. Vielfalt kann friedlich nur unter Bewahrung der nicht verhandelbaren Grundwerte des demokratischen Gemeinwesens gedeihen. Im Namen der Vielfalt kann keine kulturelle Fragmentation zugelassen werden.

Deshalb benötigt Europa die verbindliche Werteorientierung einer offenen Gesellschaft im Sinn von Sir Karl Popper, die auch von Migranten geteilt wird. Unter Bedingungen einer islamischen Herausforderung der Islamisierung Europas können Europäer auf der Basis einer euro-islamischen *Asabiyya* eine klare Perspektive für die Lösung der Probleme der Einwanderung entfalten. Die Integration kann die Muslime zu Europäern werden lassen.

Nun sind Migration und Integration nicht die Thematik dieses Buches, aber man kann das Thema der Islamisierung Europas als Problematik, die im Schatten der Zu- beziehungsweise Einwanderung von Muslimen nach Europa steht, ohne Rekurs hierauf nicht erörtern. Auch die traditionelle Einwanderungsgesellschaft der USA hat Probleme mit dem politischen Islam, doch sind sie geringer als in Europa. Warum? Ich lebe seit 1982 teilweise in den USA und weiß, dass der sachliche Umgang mit der Problematik dort trotz aller Härten besser erfolgt. Ohne die Missstände dort zu übersehen, lässt sich behaupten, dass die US-Diskussion ohne Moralisierung und Gesinnungsethik und ohne Verfemung der Andersdenkenden erfolgt. In den USA war es für mich leichter als in Deutschland, inhaltliche Argumente über die Sachlage zu artikulieren. Dies wurde mir in den Feuilleton-Seiten deutscher Zeitungen verwehrt. Ich frage: Was ist abstoßend daran, zu sagen, dass die Migration unter Bewahrung der zivilisatorischen Identität der offenen Gesellschaft und ihrer Bürgeridentität verlaufen muss? In diesem Zusammenhang stehen drei Komplexe im Mittelpunkt der Problematik, nämlich:

1. *Steuerung der Migration:* Dies bedeutet nicht nur Begrenzung im Sinn von Anpassung an den Bedarf, sondern auch ein Selektionsverfahren. Dies ist bei jeder Einwanderungspolitik demokratisch und auch zulässig. Islamisten kann die Einreise verweigert werden. Frankreich, Großbritannien und inzwischen die USA praktizieren dies. Das Department for Home und Security hat zum Beispiel Tariq Ramadan ein Visum verweigert.
2. *Die Sicherheitsproblematik*: Spätestens seit der amerikanischen Tragödie des 11. September 2001 und der europäischen vom 11. März 2004 gehört diese Thematik zur Debatte über die Migration. Diese bereits zuvor in der Forschung etablierte Einsicht wurde jedoch zu wenig von der Politik aufgenommen (vgl. Anm. 33).
3. *Die Integration der Migranten:* Wer für Einwanderung eintritt, muss auch die Integration der Migranten wollen. Diese Politik muss das Ziel verfolgen, den Zugewanderten zu helfen, Bürger im Sinn eines *Citoyen* (nicht nur Staatsbürger als Passträger), das heißt Mitglieder des Gemeinwesens als europäisch-zivilisatorisches Gebilde zu werden. Europa ist kein *Dar al-Islam*. Um dies zu verstehen, müssen muslimische Migranten eine zivilgesellschaftliche, also auch mit der europäischen Bevölkerung zu teilende Werteorientierung akzeptieren, die Europa als säkulares Gemeinwesen bestimmt, das keine islamische Territorialität zulässt. Früher nannte ich diesen Wertekonsens europäische Leitkultur, heute ziehe ich es vor, von einer *Asabiyya*-Werteorientierung zu sprechen.

Ohne die Integration der muslimischen Migranten im Rahmen europäischer Werte, die auch islamisch begründet werden können, werden die Muslime in Europa weiterhin „Fremde" bleiben. Muslime in Europa sind herausgefordert, eine Interpretation ihrer Religion anzustreben, die sie mit Europa verbindet, um die Islamisierung abzuwehren.

Ungeschminkt warne ich vor den Folgen, wenn das gesamte Projekt scheitern sollte. Die europäischen Kernwerte findet man in den ersten 19 Artikeln des Grundgesetzes der Bundesrepublik Deutschland. Diese sind säkular und nicht etwa christlich, wie manche behaupten (mehr hierüber im nächsten Kapitel). Es ist selbstverständlich, dass nur säkulare Werte die Grundlage einer gemeinsamen Werteorientierung, hier als euro-islamische *Asabiyya* begriffen, sein können. Die Bindung der Europäisierung an christliche Werte hätte zur Folge, alle Muslime an den Islamismus zu verlieren.

Werteorientierung *versus* Kulturrelativismus als eine Antwort auf die Islamisierung

Eine Wertebeliebigkeit schließt eine Werteorientierung im Sinn von Ibn Khaldun als zivilisatorische *Asabiyya* aus; dies ist ein Zeichen des Verfalls. So sehen es auch die Islamisten. Sie verachten die Europäer, weil sie keine Werte haben oder diese selbst in Frage stellen.

Islamische Migranten gehören zu den neuen Bewohnern Europas, und die alten Bewohner scheinen ihnen keine konsistente Werteorientierung zu bieten. Die politische Kultur der Wertebeliebigkeit, die das Gemeinwesen destabilisiert, scheint sich durchgesetzt zu haben. In dieser Situation bringen Muslime ihre eigenen Werte und Anschauungen, die nicht europäisch sind, nach Europa und fordern unter der bestehenden kulturellen Indifferenz absolute Geltung hierfür. Aus der Perspektive des Multikulturalismus und seiner Wertebeliebigkeit ist es nicht möglich, die Herausforderung der Islamisierung zu erkennen.

Die schwierige Situation in Europa resultiert aus der Kombination ungesteuerter Migration und fehlender Integration bereits zugewanderter Menschen. Die kulturelle Indifferenz wird als Toleranz präsentiert, die kulturelle Differenz im Namen des Multikulturalismus essentialisiert. Abhelfen kann eine verbindliche demokratische Werteorientierung als kulturübergreifender Konsens. Diese basiert auf einem Wertekonsens, den Europäer mit muslimischen Migranten teilen könnten. Ich finde, dass die

Geschichtsphilosophie Ibn Khalduns neu belebt werden sollte, um den Grundkonsens einer euro-islamischen *Asabiyya* zu begründen.

Im Folgenden möchte ich näher begründen, warum ich mich – wie schon vermerkt – von dem von mir 1998 geprägten Begriff „Leitkultur" trenne. Nach dem 11. September habe ich in dem Buch „Islamische Zuwanderung" (2002) eine Neuaufnahme der leitkulturorientierten Migrationsdebatte von 2000 angeregt. Jene Debatte lief damals schief und hatte kein positives Ergebnis. Die CDU-Politiker von Angela Merkel bis Norbert Lammert hatten den Begriff inhaltlich anders besetzt, sodass er in diesem Kontext unbrauchbar geworden ist. Es war interessant zu erfahren, dass die CDU Francis Fukuyama nach Deutschland eingeladen hatte, aber dieser empfahl seinen Hörern unter Berufung auf mich, westliche (nicht deutsche) Werte als Leitkultur zu vertreten, um sich von den Migranten nicht einschüchtern zu lassen. Fukuyama zitierte den Ursprung des Konzepts, das heißt mein 1998 erstmals erschienenes Buch *Europa ohne Identität?*, auch in seinem späteren, im *Journal of Democracy* (Jahrgang 2006) erschienenen Aufsatz.

Die meisten CDU-Politiker unterscheiden fälschlicherweise nicht zwischen christlichem Abendland und der westlichen Zivilisation. Wenn sie eine Leitkultur für die Integration anbieten, sprechen sie von christlicher Werteorientierung. Dies kann normale Muslime nicht nur verschrecken, sondern auch in die Hände der Islamisten treiben. Hierbei liefern diese CDU-Politiker oft ungewollt Argumente gegen die Integration. Der Begriff der Leitkultur ist jedenfalls nach der Umdeutung durch den CDU-Politiker Norbert Lammert nicht mehr zu gebrauchen. Deshalb ziehe ich es vor, von der Werteorientierung, der Trennung von Religion und Politik, der säkularen Demokratie, den individuellen Menschenrechten und des religiösen und kulturellen Pluralismus sowie von Zivilgesellschaft zu sprechen. Diese Werteorientierung nenne ich euro-islamische *Asabiyya* gegen den Islamismus.

Während die CDU ihre Leitvorstellung vom christlichen Abendland hat, pflegen orthodoxe Salafisten und Islamisten auch ihre eigene Weltanschauung, die auf der Schari'a und dem Djihad im Dienste der *Da'wa* beruht. So stehen sich zwei Weltanschauungen gegenüber, die unvereinbar sind und von denen ich mich scharf distanziere. Ich ziehe es vor, eine Brücke zwischen Europa und dem Islam zu schlagen. Das Eintreten für Europa und eine alternative Werteorientierung kann nur säkular sein. Ohne Polarisierung trete ich für diese Brücke ein, die säkulare europäische Werte in Einklang mit bestimmten islamischen Werten bringt. Diese kulturelle und normative Verbindung zwischen der europäischen und islamischen Zivilisation kann als *Asabiyya* einen verbindlichen Zusammenhalt im Sinn eines *Esprit de Corps* der neuen europäischen Einwanderungsgesellschaften bieten. Den Wettkampf zwischen Europäisierung und Islamisierung zu verleugnen und für Zuwanderer – vor allem islamische Migranten – keine Werteorientierung als Alternative anzubieten, hieße, Europa ohne Perspektive zu lassen.

Es ist Fakt, dass die Schari'a für orthodoxe Muslime und Islamisten eine zentrale weltanschauliche Orientierung bietet. Der organisierte Islam in Deutschland wird von einer Vision der Islamisierung als Leitkultur geleitet. Ich will keine Leitkultur gegen eine andere oder keine Leitkultur empfehlen, sondern primär unterstreichen, dass jene, die sich mit den Gottesgesetzen der Schari'a befassen und sie mit dem Grundgesetz vergleichen, wissen, dass beide sich zueinander wie „Feuer und Wasser" verhalten. Als Muslim trete ich zwar für die Aufnahme und Anerkennung des Islam als dritte Religion in Europa ein, möchte diese aber eindeutig in einen europäischen Rahmen eingeordnet sehen. Das ist die Grundlage meines Plädoyers für eine euro-islamische *Asabiyya*-Werteorientierung.

Anders als der berüchtigte Tariq Ramadan (vgl. Anm. 44) bin ich gegen jede Zweideutigkeit. Ich sage es direkt: In einer offenen Gesellschaft kann es keinen Platz für einen Schari'a- und Djihad-Islam, wohl aber für einen „zivilen Islam" geben. Bei der inhaltlichen Bestimmung dieses europäischen Islam dürfen keine Ambiguitäten zugelassen werden. Für mich ist Europa „A Beautiful Idea", weil es universelle Werte hat, die von Religion und Ethnizität frei sind und auch für mich – eben weil sie inklusiv sind – gelten. Deshalb verteidige ich in diesem Buch die westliche Gesellschaft Europas und ihr zivilisatorisches Projekt im Zeitalter globaler Migration gegen die Islamisierung.

Das Modell der aufgeklärten europäischen Identität ist auf dem Papier inklusiv, nicht aber in der Realität

Mein Einsatz für die westliche Gesellschaft erfolgt ohne Naivität. Wenn ich die niederländische Debatte über „Europe, a Beautiful Idea?" positiv aufnehme, gehe ich zunächst vom Begriff Europas aus und weiß, dass dieser nicht identisch mit den Realitäten Europas ist. Max Horkheimer schreibt, dass es darum geht, die westliche Gesellschaft

„an ihrem eigenen Begriff zu messen, sich kritisch zu ihr zu verhalten und dennoch zu ihren Ideen zu stehen, sie gegen Faschismus hitlerscher, stalinscher oder anderer Varianz zu verteidigen."[52]

Er fügt im selben Atemzug hinzu, es sei „Recht und Pflicht jedes Denkenden", die westliche Gesellschaft gegen die Feinde der Freiheit zu schützen.

In der Tat hat Europa trotz des hässlichen Gesichts von Kolonialgeschichte, zwei Weltkriegen und NS-Verbrechen auch eine andere Seite zu zeigen: Das Europa der Freiheit, der Menschenrechte und der Demokratie ist eine schöne Idee, die auch die „europäische Identität" ausmacht und deshalb wert ist, gegen den Islamismus verteidigt zu werden. Aber Europa folgt nicht immer dem Begriff seiner Bestimmung. Horkheimer weiß als Holocaust-Überlebender genug vom „verhängnisvollen Potential" des Westens, dennoch glaubte er, dass die westliche Gesellschaft

„trotz allem Unrecht im Inneren wie im Äußeren … noch eine Insel ist, räumlich und zeitlich, deren Ende im Ozean der Gewaltherrschaft auch das Ende der Kultur (der offenen Gesellschaft, B. T.) bezeichnen würde, der die kritische Theorie noch zugehört". (ebd.)

Eine Islamisierung wäre dieses von Horkheimer befürchtete Ende.

Die offene Gesellschaft, die Horkheimer und Karl Popper gegen ihre Feinde verteidigen, beruht auf der kulturellen Moderne, die wiederum auf der Aufklärung als „Entzauberung der Welt" (Max Weber) basiert. Das entsprechende Modell beinhaltet einen Werteuniversalismus, der die Idee Europas ausmacht. Im Modell ist diese weder ethnisch noch religiös und somit inklusiv, das heißt stets offen für die Aufnahme anderer. Das ist kein rein akademisches Gerede im negativen Sinn, sondern eine zivilisatorische Vision, die auch liberale Muslime annehmen können, ebenso wie mittelalterliche islamische Rationalisten den Hellenismus übernahmen.

Die eigenen Erfahrungen der Diskriminierung und Fremdenfeindlichkeit in Deutschland sowie in anderen Teilen Europas sind für mich ein Anlass, das Versprechen der Idee Europas nicht positiv zu bestätigen. In den USA ist der Slogan vom „promise of an American dream" bekannt, wo er auch ein Stück Realität ist. Ich will hier analog vom „European dream" sprechen. Der Inhalt dieses Traums wäre für Immigranten, den Bürger als *Citoyen* zu bestimmen. Danach kann ein Muslim, ohne Christ zu sein und ohne eine ethnische Verwurzelung in Europa zu haben, *Citoyen* werden. Allein die Bejahung der europäischen Werte der Renaissance, Reformation, Aufklärung und Französischen Revolution als Element einer Werteorientierung sollte hiernach ausreichen, um Europäer zu werden. Wenn ich von meiner Person als muslimischem Immigranten sprechen darf, halte ich fest: Ich habe die angeführte Leistung erbracht. In der Realität ist es mir dennoch nicht möglich, als *Citoyen* aufgenommen zu werden. An der deutschen Universität wurde ich nicht heimisch (vgl. Anm. 39), und in der westlichen Gesellschaft bin ich oftmals nur „Syrer mit deutschem Pass". Wie kann man unter diesen Bedingungen „Citizen of the Heart" als Alternative zu „Citizen of the Passport" (vgl. Anm. 47) werden? Bin ich schizophren, weil ich trotz der erlittenen Diskriminierung die westliche Gesellschaft verteidige und mich für die Identität Europas gegen die Islamisierung einsetze?

Die Antwort ist: Ich teile die Auffassung von Max Horkheimer, dass Europa eine „Insel der Freiheit" ist, die in einem „Ozean der Gewaltherrschaft" existiert. Zudem möchte ich den Europäern nicht allein die „gescheiterte Integration" anlasten. Der Vormarsch des Islamismus, der die Erweiterung des *Dar al-Islam*/Haus des Islam auf Europa als Ziel verfolgt, gibt Anlass zur Sorge. Perzeptuell wird Europa hierbei zu einem Teil der zivilisatorischen Territorialität des Islam, was von vielen Europäern nicht wahrgenommen wird. Aus Unkenntnis reagieren manche mit Indifferenz, die „Toleranz" genannt wird, während andere vor „Panikmache" warnen. Die hiermit verbundene Gefahr wird selten in den Medien thematisiert. Einige der westlichen Medien bauen sogar den mutmaßlichen Islamisten Tariq Ramadan auf, indem sie ihm ein Forum bieten. Doch hat *Die Zeit*, als Ausnahmefall, Ramadan „einen Doppelagenten" genannt. Dieser sieht Europa als *Dar al-Schahada* (vgl. Anm. 44). Das ist ein anderer Begriff für *Dar al-Islam*/Haus des Islam und steht für das Territorium der islamischen Zivilisation. Die Implikation ist mehr als klar: Solche Muslime sehen Europa als einen Teil des *Dar al-Islam*, nur weil es sich für Muslime als Zuwanderer und Asylbewerber geöffnet hat. Der verstorbene Londoner Imam Zaki Badawi argumentierte auf dem World Economic Forum in Davos unwidersprochen, dass ein Territorium, in dem Muslime leben, zu *Dar al-Islam* gehört. Das wurde sogar als Verbesserung gedeutet, weil Europa sonst in der orthodox-islamischen Zweiteilung der Welt als *Dar al-harb*/Haus des Krieges eingeordnet wird. Wenn nach dem deutschen Modell der Islam als „Kirche" zugelassen wird, arbeitet man in diese Richtung (vgl. Anm. 48). In dieser Situation stehe ich an der europäischen Front gegen den Islamismus, obwohl ich Europas Unfähigkeit nicht übersehe, die Muslime zu europäischen Bürgern zu integrieren.

Wenn hier von Europäisierung und Islamisierung als wettstreitenden Modellen die Rede ist, werden zwei konkurrierende Optionen für die Zukunft Europas vorgestellt. Die Frage lautet: Europäisiert Europa den Islam oder wird Europa von den Schari'a-Islamisten islamisiert? Hier konkurrieren zwei Universalismen miteinander auf europäischem Boden. Vor diesem Wettkampf der Modelle, der kein „Kulturkampf" ist, dürfen die Europäer die Augen nicht verschließen. Als liberaler Muslim und Horkheimer-Schüler beziehe ich Stellung für Europa und gegen den Islamismus, weil ich die Freiheit liebe, ohne zu vergessen, dass ich in Deutschland auch Negatives erfahren habe. Ich bin nicht, wie *Die Zeit* schreibt, „schwer integrierbar" (vgl. Anm. 40).

Das Problem ist nicht nur der Zustand Europas selbst, sondern auch der der Muslime, die oft Opfer der Ausgrenzung oder Ethnisierung infolge fehlender Integration sind. Hinzu kommt, dass sie in einem defensiv-kulturellen Sinn eine Selbstviktimisierung betreiben. So dreht man den Spieß um und klagt über eine Anfeindung des Islam, wenn die Problematik der Islamisierung thematisiert wird. Ich hoffe auf Aufklärung in der Islam-Diaspora, die verhindert, dass aus den Klagen gegen Europa, die berechtigt sind, eine Parteinahme für den Islamismus in einem Konflikt wird, der religionisierte Formen annimmt

Ich bin gegen Panikmache, und die Tatsache, dass ich Mitautor des Buches des ehemaligen deutschen Bundespräsidenten Roman Herzog *Preventing the Clash of Civilizations* (1999) bin, das gegen Huntington gerichtet ist, schützt gegen jede Diffamierung. Fakt ist: Das angeführte Buch von Roman Herzog enthält mein Plädoyer für eine kulturübergreifende internationale Moralität, die eine Europäisierungspolitik einschließt. Das ist Inklusion und keine Ausgrenzung. Die Muslime sind „schwer integrierbar", wenn andere sie ausgrenzen.

Das Konzept der Europäisierung bezieht sich ausschließlich auf die Geltung europäischer Werte und Standards für die Territorialität Europas selbst. Das soll kein Universalismus sein, und sie gilt nicht für die Welt des Islam. Islamisten oder orthodoxe Muslime mögen im *Dar al-Islam* Deutungshoheit beanspruchen, nicht aber in Europa. Gegen Tariq Ramadan argumentiere ich, dass Europa seine eigene Identität hat, die nicht-islamisch ist, und deshalb gehört Europa nicht zum *Dar al-Islam* oder, wie Ramadan geheimnisvoll schreibt, *Dar al-Schahada*. Die klare Botschaft lautet: Wer nach Europa will, muss zu seinem Gemeinwesen und der entsprechenden Werteorientierung als demokratischen Konsens gehören wollen, also europäisch werden wollen. Die Implikation ist, dass zugewanderte Muslime an der zivilisatorischen Identität teilhaben. Es geht also umgekehrt nicht, wie Ramadan es will, dass Europa islamisch wird. Kurz: Europäisierung ist die Alternative zur Islamisierung. Es ist jedoch ein politischer Wille dazu erforderlich, diese Europäisierung als Konzept der EU durchzusetzen, die sich „Wertegesellschaft" nennt, sich aber derzeit nicht als solche verhält. Die islamischen Enklaven der Moscheevereinskultur oder die Parallelgesellschaften in Stadtteilen, in denen vornehmlich türkische oder nichteuropäische Flaggen zu sehen sind, stellen ein Problem dar. Die Alternative zu dieser kulturellen Segregation ist die inklusive Europäisierung, nicht Ausgrenzung. Bitte kein Missverständnis: Eine euro-islamische *Asabiyya* kann vorgeschlagen, nicht aber verordnet werden. Der Rahmen für die letztendliche Implementierung ist nicht der Staat, sondern die Zivilgesellschaft, zu der auch die Muslime gehören.

Seit meinem Buch *Europa ohne Identität?* (1998) denke ich über Europäisierung nach. Innerhalb dieses Denkprozesses habe ich ein Jahrzehnt nach diesem Buch im Kontext eines von Professor Peter Katzenstein an der Cornell University getragenen Projekts über die EU und Europäisierungsprozesse in der EU gearbeitet. Im Mittelpunkt des Projekts stand die Rolle der Religion in einem erweiterten Europa. Die Religion kehrt nämlich nach Europa zurück, ohne dass das profan gewordene Europa darauf vorbereitet ist.

Unter diesen veränderten Bedingungen ist die Frage von zentraler Bedeutung, ob auf dem Territorium der EU eine Europäisierung zugewanderter Religionsgemeinschaften erfolgen kann, um sie in ein säkulares, also von Religion und Ethnizität freies Gemeinwesen integrieren zu können. Die angestrebte Synthese von Islam und Europa im Rahmen eines europäisch interpretierten Islam führt zu einem Zivilisationskonflikt mit der Moscheevereinskultur in Europa.

In einer Fernsehdebatte in der Talkshow von Sabine Christiansen im November 2004 warf mir der Islamkonvertit Murad Hoffmann vor, mein Euro-Islam enthalte mehr Europa als Islam. Meine Antwort ist: Wäre das Konzept Euro-Islam mit europäischem Dünkel kontaminiert, hätte die türkische, in Istanbul erscheinende Zeitschrift *Turkish Policy Quarterly* (vgl. Anm. 30) meinen Aufsatz zu dieser Thematik nicht veröffentlicht. In jenem Aufsatz wird artikuliert, dass nur eine Europäisierung des Islam die Aufnahme der Türkei in die EU ermöglicht. Ähnliches gilt für die Diaspora-Türken, die nur als europäische Bürger in Europa eingebunden werden können. Am Erscheinungsort Istanbul fand diese Ansicht unter liberalen türkischen Muslimen Zustimmung. Dagegen verdächtigen die AKP-Islamisten und der von Milli Görüş *beherrschte Islam-Rat Deutschlands jede Europäisierung als Assimilation, oder noch schlimmer als „islamfeindlich". Daher gehe ich noch vor den Schlussfolgerungen auf die Moscheebauten und Moscheevereinskultur ein.*

Ist die Angst der Bevölkerung vor Islamisierung und kolossalen Moscheen „islam- und fremdenfeindlich", also rechtsradikal?

Die Moscheebauten in Deutschland sind oft Gegenstand des Streits über das Potential der Islamisierung. Im Sinn der Versachlichung schlage ich vor, auf der Basis von drei Grundlagen über das Für und Wider von Moscheebauten zu diskutieren:

Erstens: Auf der Grundlage des Grundrechts auf Religionsfreiheit, das auch für Muslime gilt, soweit dieses nicht den Werten der säkularen, offenen Zivilgesellschaft widerspricht. Auch Religionsfreiheit hat ihre Grenzen in der offenen Gesellschaft. Im Namen der Religionsfreiheit können Muslime etwa Andersgläubige nicht als *kafirun*/Ungläubige diskriminieren, so wie sie dies in ihren Ursprungsländern tun.

Zweitens: Auf der Grundlage des Bedarfs an Wissen über die Bedeutung der Moschee im Islam. Jeder gut informierte Islam-Experte weiß, dass im Islam eine Moschee nicht nur einen Ort der Verrichtung des Gebets darstellt. Wer diese Dimension nicht kennt und angemessen versteht, kann nicht begreifen, welchen Stellenwert die Moschee als Instrument der Verbreitung des Islam in der islamischen Weltanschauung hat.

Drittens: Auf der Grundlage des Einbaus der Problematik des Moscheebaus in den Kontext der Integration unter Berücksichtigung der Bedingungen der globalen Migration. Es ist zu klären, ob eine Korrelation zwischen beiden Bereichen besteht oder nicht, das heißt, ist der Moscheebau ein Beitrag zur Integration?

Ich möchte in amerikanischer Manier mit einer Anekdote einleiten, auch um mich vor der Verdächtigung des „Rechtsradikalismus" und der „Islamfeindlichkeit" zu schützen, die einen unrühmlichen Schatten auf die deutsche Debatte wirft. Selbst der deutsche Jude und Holocaust-Überlebende Ralph Giordano, der ein liberaler Humanist ist, blieb hiervon nicht verschont. Bei der Entscheidung über einen kolossalen Moscheebau in Köln haben Linke, Grüne und Sozialdemokraten, das heißt Menschen, denen ich geistig nahestehe, es der CDU einerseits und den Rechtsradikalen andererseits überlassen, Vorbehalte anzumelden. Dies führte zur Konsequenz, dass jeder, der Einwände vorbrachte, in eine rechte, islamfeindliche Ecke gestellt wurde. Haben Sozialdemokraten keine Bedenken gegen die Gefährdung der offenen Gesellschaft etwa durch eine Islamisierung? Um es klarzustellen, halte ich fest: Es gibt ein Grundrecht auf die Religionsfreiheit als individuelle Ausübung von Religion, die auch den Bau von Gotteshäusern einschließt. Dies würde ich niemals bestreiten. Die Frage ist also nicht, ob dieses Recht existiert, sondern in welcher Art und Weise es wahrgenommen wird und wahrgenommen werden sollte.

Die angekündigte Anekdote ist aus Malaysia. Es handelt sich um eine multiethnische, multireligiöse Gesellschaft, die aber von Muslimen, die nicht mehr als 55 % der Bevölkerung ausmachen, politisch und kulturell dominiert wird. Dort stellen Muslime, die ethnisch Malayen sind, den Islam als Religion des Landes über alle Prinzipien der pluralistischen Vielfalt.[53] Bei meinem letzten Aufenthalt in jenem Land war mein Taxifahrer, der mich zum Schluss zum Flughafen fuhr, ein Hindu-Malaysier. Er machte einen Umweg, um mir etwas vorzuführen. Der dortige Flughafen ist vom Stadtgebiet Kuala Lumpurs etwa 70 km entfernt. Wenige Kilometer vom Flughafengebäude entfernt befindet sich eine kolossale Moschee, in der viele Tausend Menschen beten können, die aber in der Regel leer steht. Gläubige würden keine 70 km fahren, um in der Nähe des Flughafens ihr Gebet zu verrichten, und für die Muslime, die am Flughafen arbeiten beziehungsweise dort anreisen, ist die Moschee einfach zu groß. Warum wurde dann dort so eine kolossale Moschee gebaut? Der Hindu-Malaysier, der zu einer Minderheit von ca. 12 % gehört, hatte auch eine Antwort: Die muslimischen Malayen wollen mit diesem Mammutbau den Anreisenden demonstrieren, dass das Land islamisch sei. Dies sollte jedem, der in der Hauptstadt des Landes landet, gleich vor Augen geführt werden. Der Hindu-Malaysier fragte: „Und wo bleiben wir?“. Er berichtete ferner, wie sehr seine Hindu-Gemeinschaft von den malaysischen Muslimen ausgegrenzt wird. Nochmals: Der pompöse Bau der Moschee demonstriert zwar, dass das Land islamisch sei, doch widerspricht er der Realität, dass Malaysia multireligiös und multiethnisch ist. Die muslimischen Führer jenes Landes verleugnen diese Vielfalt. Welchen Sinn haben kolossale Moscheebauten? Dienen sie allein dem Grundrecht der Religionsfreiheit? Ich möchte diese

Fragen über Malaysia hinaus beantworten. Vielleicht kann die Debatte um den Bau einer Moschee in Köln hierdurch versachlicht werden. In Köln ist die geplante Moschee ebenso kolossal wie jene von Kuala Lumpur, als wäre Köln mit einer Minderheit von 120 000 Türken bereits eine islamische Stadt. Der Bau umfasst noch zusätzliche Einrichtungen, die nichts mit Religion zu tun haben und die Vermutung nahelegen, es handle sich um eine Parallelgesellschaft und nicht nur primär um ein Gotteshaus.

Zum Grundrecht auf Religionsausübung gehören nur religiöse Einrichtungen. In einem deutschen Zeitungsbericht steht: Die Moschee hat „eine massive Form mit einer 36,5 m hohen Kuppel und zwei 55 m hohen Minaretten. Diese Dimension sei eine Machtdemonstration".[54] Ich stelle die Frage: Bringt diese Kolossalität eine Weltanschauung der Überlegenheit – vergleichbar mit Kuala Lumpur – zum Ausdruck? Geht es wirklich ausschließlich um die Wahrnehmung des Grundrechts auf ungehinderte Religionsausübung?

Nun zu den Fakten und zur generellen Problematik: Auch wenn manche daran festhalten, dass sich Europa auch im 21. Jahrhundert als christliches Abendland definiere, ist die westliche Gesellschaft doch durch Säkularität im Sinn der Trennung zwischen Religion und Politik bestimmt. Dies steht nicht im Widerspruch dazu, verfassungsmäßig garantierte Grundrechte zu haben, zu denen das Recht gehört, einen religiösen Glauben zu haben und diesen frei zu praktizieren. Die Muslime, die in der westlichen Gesellschaft leben, genießen dieses Grundrecht. Hierzu gehört, Moscheen, jedoch nur nach Bedarf – ich unterstreiche dies –, zu bauen. Der Zusatz „nach Bedarf" zieht eine Grenze, womit ich Punkt Eins abschließe, um zum zweiten der drei Gesichtspunkte, nämlich welche Bedeutung die „Moschee" im Islam hat, überzuleiten:

Seit dem 7. Jahrhundert und seit der islamischen Expansion hat die Moschee im Islam eine weit größere Bedeutung, als nur Gotteshaus zu sein. Aus der Forschung von Yayha Blankinship[55] wissen wir, dass muslimische Eroberer stets eine Moschee im Kern ihrer Siedlungskolonien bauten, die sie *Amsar* nannten. Die Djihad-Krieger haben nach dem Morgengebet ihre Eroberungszüge fortgeführt. Auch der Berkeley-Architekturprofessor Nezar AlSayyad hat diese Funktion der Moschee in seiner Forschung in zahlreichen Arbeiten erläutert (vgl. Anm. 55). Zudem ist die Moschee im Islam generell auch ein politischer Versammlungsort. Daher ist einer der Namen für Moschee „Djami'", was Versammlungsort bedeutet. In Europa sollte der Bau von Moscheen auf das Grundrecht der Religionsausübung begrenzt werden. So dürfen Muslime nach Bedarf kleine Moscheen in Stadtteilen, wo sie leben, bauen, damit sie ihr Grundrecht in Anspruch nehmen können. Es besteht jedoch kein Bedarf an kolossalen Bauten mit überhöhten Minaretten, so wie dies nicht nur in Köln, sondern auch in Rom in der Nähe des Vatikan und überall in Europa geschieht. Es sei denn, man will nicht primär das Grundrecht der Religionsausübung wahrnehmen, sondern die symbolische Dominanz des Islam demonstrieren. Dieser Verdacht wird bestätigt, wenn manchen Moscheen der Name Fateh (= Eroberer, z. B. Mehmet II., der Konstantinopel eroberte und zu Istanbul machte, trug diesen Namen) gegeben wird. Solche Moscheen gibt es in Pforzheim und Bremen. Hier ist die Grenze der Toleranz erreicht.

So sind wir beim dritten Punkt: Integration. Die entsprechende Frage lautet: Bilden diese Moscheen den Kern einer Parallelgesellschaft beziehungsweise stehen sie gar in der Tradition der *Amsar*/Siedlungskolonien? Oder leisten sie einen Beitrag zur Integration?

Die *Süddeutsche Zeitung* vom 29. August 2008 führt Moscheebauten als Beweis für eine „gelungene Integration“ an. Die kolossale Moschee in Duisburg, wo „die größte Moschee Deutschlands“ steht, sowie die in Köln geplante, werden „als Erfolg, als Symbol geglückter Zusammenarbeit“ gepriesen. Jedoch lässt sich am Gegenstand der Moscheebauten genau das Gegenteil anführen.[56] Im selben Bericht der *Süddeutschen Zeitung* wird der Bielefelder Soziologe Wilhelm Heitmeyer wie folgt zitiert: „Nach seinen Untersuchungen sei jeder dritte Deutsche eindeutig islamfeindlich.“ Stimmt es wirklich, dass ein Drittel der Deutschen islamfeindlich und fremdenfeindlich, also rechtsradikal ist? Als Muslim, der seit 1962 als Immigrant in Deutschland lebt und alle Formen der offenen und latenten Fremdenfeindlichkeit kennt, bezweifle ich sowohl das Ergebnis der heitmeyerschen Untersuchung als auch die Behauptung der „gelungenen Integration“ der *Süddeutschen Zeitung*. Nach den Kriterien der zitierten Forschung wäre auch das vorliegende Buch „islamfeindlich“, weil es über die Gefahren der Islamisierung in einem Zivilisationskonflikt aufklärt. Es ist kein Rechtsradikalismus, für die offene Gesellschaft im Geist von Karl Popper einzustehen und auf ihre Feinde hinzuweisen. Es ist schlicht unfair, ein Drittel der deutschen Bevölkerung dem Vorwurf der fremdenfeindlichen „Islamophobie“ auszusetzen, weil sie ihre Angst vor Islamisierung zeigen. Ich kenne diesen Vorwurf vom „Feindbild Islam“ als islamistische Propaganda. Den Islamisten kommt die von der *Süddeutschen Zeitung* zitierte Forschung entgegen, weil sie sie missbrauchen können, um ihre Kritiker mundtot zu machen. Europäisierte Muslime aber haben Probleme mit dieser „Forschung", weil sie ihre aufklärerische Arbeit erschwert.

Schlussfolgerungen

In diesem ersten Kapitel wollte ich mit Hilfe einer Analyse der Gefahr der Islamisierung den Zivilisationskonflikt darstellen. Es ging auch darum, die Erkenntnis zu vermitteln, dass Ibn Khalduns Begriff der *Asabiyya* als *Esprit de Corps*, das heißt als Wertebewusstsein, für die Thematik des Islam und Europas heute eine große Relevanz hat und zusätzlich eine hohe Aktualität besitzt.

In aller Kürze: Die europäische Zivilisation befindet sich im Zeitalter globaler Migration in einem Zivilisationskonflikt. Dieser wird mitten in Europa aktualisiert, wenn die zugewanderten Muslime auf die Geltung ihrer Werte und auf der Schari'a fußenden Ordnungsvorstellungen bestehen. Hierbei scheint eine starke europäische *Asabiyya* im Sinn Ibn Khalduns zu fehlen. Ich will die bestehende Polarisierung überwinden und schlage vor, ein Konzept für die Einbindung Europas in eine pluralistische Welt als zivilisatorische Entität zu entwickeln. Wenn Muslime mit Europäern eine *Asabiyya*, das heißt eine zivilisatorische Werteorientierung teilen würden, könnte Europa den Zivilisationskonflikt mit der wachsenden Islam-Diaspora lösen. Dieses Konzept lautet: Euro-Islam.

Europa ist in der Tat zivilisatorisch „A Beautiful Idea". Es ist mehr als eine Wirtschafts- und Handelsgemeinschaft und in seiner zivilisatorischen Bestimmung wert, bewahrt zu werden. Doch muss Europa sich in der Realität von Religion und Ethnizität lösen, um andere wirklich auf säkularer Grundlage integrieren zu können. Die Bewahrung Europas ist heute – um an Max Horkheimer zu erinnern – eine Pflicht für jeden, der für die offene Gesellschaft und gegen die Schari'a eintritt. Europa als „Insel der Freiheit" darf im Ozean der Gewaltherrschaft nicht untergehen. Für mich als Wahleuropäer erfolgt das Eintreten für eine Europäisierung des Islam auf dieser Grundlage. Bei meinem Versuch, eine euro-islamische Identität für muslimische Migranten – so in meinem Europa-Buch von 1998 (Horkheimer gewidmet) – zu begründen, bemühe ich mich, dieses Vermächtnis (vgl. Anm. 52) neu zu beleben.

Ein europäischer Pass reicht nicht aus, um Europäer zu sein. *Citoyennité* besitzt nicht nur eine formal-legalistische, sondern vor allem eine zivilgesellschaftliche Dimension; sie umfasst jedenfalls mehr als den Rechtsstatus eines Passinhabers. Die offene Gesellschaft muss gegen die Gotteskrieger verteidigt werden, selbst wenn diese europäische Pässe besitzen, die ihnen Rechtssicherheit garantieren und somit die Arbeit der Islamisierung im Zivilisationskonflikt erleichtern.

Auch wenn man kulturelle Differenz respektvoll anerkennt, darf man die Augen vor der Gefahr der kulturellen Fragmentierung nicht verschließen. Die vorbildliche Warnung vor einer *Disuniting of America*[57] gilt auch als Warnung für Europa. Horkheimers Vermächtnis ist so aktuell wie Ibn Khalduns *Asabiyya*. Wenn kulturelle Differenz und die damit zusammenhängende Vielfalt nicht mit einem Konsens über Basiswerte (*core values*) verbunden werden, kann eine Fragmentierung nicht mehr aufgehalten werden.

Bei der Erörterung des Zivilisationskonflikts, bei dem es um Wertedifferenz und polarisierte Weltanschauungen geht, muss der Unterschied zwischen Multikulturalismus und Kulturpluralismus im Mittelpunkt stehen. Klar ist, dass der Multikulturalismus keine universellen Werte zulässt, während Kulturpluralismus[58] Vielfalt mit einem Basiskonsens über Kernwerte verbindet. Dieses Buch setzt sich dafür ein, weder Schari'a noch Djihad im Namen der Vielfalt oder der kulturellen Differenz zuzulassen. Dennoch distanziert sich mein Denken von jeder Ausgrenzung der Muslime, zu denen ich gehöre und mit denen ich fühle. Für die Lösung des Zivilisationskonfliktes schlage ich einen Islam vor, der ohne Schari'a und ohne Djihad auskommt und deshalb mit Europa in Einklang gebracht werden kann.

Kapitel II

Die Vision von der Europäisierung des Islam

Euro-Islam als Voraussetzung für die Integration der Islam-Diaspora in Europa

Trotz der vielen Bezüge auf die Vision eines europäisierten Islam in Kapitel I war die Aufgabe dort, die Problematik des Zivilisationskonflikts herauszuarbeiten. Dabei habe ich mich möglichst bemüht, die Realitäten in Europa zu Beginn des 21. Jahrhunderts zu untersuchen, ohne mich in Wunschdenken zu verwickeln. Es wurde hierbei eine doppelte Herausforderung festgestellt. Eine hiervon ist islamisch, die aus dem traditionellen missionarischen *Da'wa*-Auftrag der Religion des Islam und der entsprechenden Weltanschauung hervorgeht, während die andere islamistisch ist, die auf die moderne politisch-religiöse Ideologie des Islamismus bezogen ist. Beide Richtungen haben gemeinsam, dass sie – trotz aller Unterschiede – die Islamisierung Europas anstreben, wodurch der Zivilisationskonflikt angeheizt wird.

In diesem Kapitel gehe ich von der Sachanalyse der Realität dazu über, eine Vision für die Lösung des Zivilisationskonflikts zu entfalten, der aus beiden Herausforderungen hervorgeht. Diese Vision heißt Euro-Islam. Dieser existiert in dem Verständnis, das in diesem Kapitel entwickelt wird, nirgendwo in Europa. Seit 1992, das heißt seit meiner ersten Präsentation des Euro-Islam in Paris, arbeite ich daran, das Potential einer Europäisierung des Islam zu erkunden. Der anvisierte Inhalt eines Euro-Islam wird von der leitenden Frage bestimmt, wie der Islam mit der Identität Europas kompatibel gemacht werden kann. Ist diese hier zu entwickelnde Vision – über das Wunschdenken hinaus – realisierbar? Kann sie als eine Gegenstrategie zur Agenda der Islamisierung Europas ernsthaft verfolgt werden? Wer die Existenz von Muslimen und Moscheen in Europa mit dem Euro-Islam gleichsetzt, der verharmlost und verfolgt die Islamisierung Europas.

Die Idee eines Euro-Islam macht nur dann Sinn, wenn sie im Rahmen der islamischen Zuwanderung nach Europa als euro-islamische Identität vor allem von den islamischen Migranten angenommen werden kann. Mein Nachdenken über diese Problematik setzte ich 1998 in Berkeley fort. Einer der beiden Leiter des UC-Berkeley-Projekts „Islam and the Changing Identity of Europe“ hat das Problem so umrissen:

„Der Prozess der Globalisierung ist durch die demographische Bewegung großen Ausmaßes von den früheren Kolonien in Länder der früheren Kolonisatoren geprägt worden, die manchmal zu Konfrontationen in Bezug auf Identitätsfragen führten ... Viele Muslime leisten Widerstand gegen eine Assimilierung zu europäischen Bürgern ... In diesem Prozess ... wird die ursprüngliche Bevölkerung Europas damit konfrontiert, ihre eigene Kollektividentität zu überdenken ... Es gibt signifikante Unterschiede unter den in Europa lebenden Muslimen, solche zwischen Islamisten und säkularen Muslimen ... Bassam Tibi versucht die muslimische Identität in Europa zu überdenken, indem er eine neue Deutung des Islam empfiehlt, die er Euro-Islam nennt.“[1]

Auch das *TIME-Magazine* erörterte diesen Ansatz und hat die Herkunft des Konzepts mit folgender Formulierung angegeben:

„Bassam Tibi ..., der den Begriff Euro-Islam geprägt hat, besteht darauf, dass die Integration der in Europa lebenden Muslime von der Übernahme einer Form des Islam abhängt, welcher westliche politische Werte wie ... individuelle Menschenrechte einschließt ... Tibi sagt: Es gibt keinen Mittelweg zwischen Euro-Islam und Ghettoisierung.“[2]

Nun ist die Ghettoisierung der Muslime in Europa der fruchtbare Boden für das Gedeihen des Islamismus. Der Versuch, im vorangegangenen Kapitel die Gefahr einer Islamisierung Europas zu umreißen und zu zeigen, dass diese islamistische Agenda auf Schari'a und Djihad basiert, hat mit Panikmacherei nichts zu tun. Die Zeitung *Die Welt* berichtet über die Fakten:

„Im Verfassungsbericht 2000 steht, der extrem islamistische Verein (Milli Görüş) strebe weltweite Islamisierung an und arbeite daran, dass in Deutschland ein Leben streng nach Koran und *Schari'a* geführt werde ... ‚wir wollen nur eins‘, beteuert Erbakan, ‚nach den Gesetzen des Koran in Deutschland leben‘.“[3]

Nun ist Milli Görüş, obwohl mächtig, nicht repräsentativ. Doch ist besorgniserregend, dass beinahe alle in Europa agierenden Verbände des organisierten Islam eine ähnliche Agenda der Islamisierung verfolgen. Auf der Basis meiner Forschung denke ich, dass der Koran ein Buch der *Hidaya*, das heißt der moralischen Anweisungen, nicht aber ein Gesetzbuch ist. Es ist ein Fakt, dass das Wort Schari'a nur einmal im Koran vorkommt. Dies ist die Thematik des dritten Kapitels, auf die ich hier nicht vorgreifen will. Doch veranlasst mich der zitierte *Welt*-Bericht zu fragen: Warum wollen denn die nach Europa einwandernden Muslime wie Milli Görüş die Schari'a als Gottesgesetz durchsetzen? Das ist im Rahmen der Religionsfreiheit nicht akzeptabel. Menschen konstruieren die Schari'a und haben sie fälschlich als göttlich proklamiert[4], obwohl sie post-koranisch konstruiert ist. Ich denke, es ist für einen Muslim möglich, die falsche Deutung der Schari'a als Gottesgesetz zurückzuweisen und dennoch Muslim zu bleiben. In diesem Sinn versteht sich der Euro-Islam als eine spirituelle Religion ohne angebliche Gesetzesvorschriften. Nur ein solcher Islam ist mit Europa vereinbar. Folgendes muss offen und ohne Beschönigungen in aller Klarheit gesagt werden dürfen: Ein Schari'a-Islam trennt die Muslime von Europa. Jene unter ihnen, die zudem Djihad zur Durchsetzung der Schari'a betreiben möchten, geraten in Konflikt mit den säkularen Gesetzen der westlichen Gesellschaft. Das ist die Sachlage jenseits romantischer Idealisierung. Im Folgenden will ich diese Vision eines Euro-Islam als Ausweg aus diesem Denken vorstellen und zunächst in die Problematik einführen.

Einführung

Zu den zentralen Elementen eines Euro-Islam gehört die Anerkennung der Universalität der individuellen Menschenrechte als Berechtigungen des Individuums gegenüber Staat und Gesellschaft. Das ist ein Bestandteil der kulturellen Moderne. Nach Jürgen Habermas ist es das Subjektivitätsprinzip, auf dem die kulturelle Moderne fußt. Wahr ist, Europa hat Kreuzzüge, zwei Weltkriege und unter anderem die Kolonisation verschuldet. Doch hat es auch Gutes wie die individuellen Menschenrechte in dem soeben erläuterten Sinn hervorgebracht. Wenn sich die Vereinigten Staaten und die Europäische Union bei ihren außenpolitischen Proklamationen auf europäische Werte berufen – etwa die Menschenrechte –, diese jedoch missbrauchen, indem sie sie instrumentell zur Verteidigung ihrer Interessen einsetzen, dann muss man, wie Max Horkheimer es tat, zwischen Begriff und Taten unterscheiden. Islamisten tun dies nicht und verurteilen den Westen – etwa für die Tatenlosigkeit der Europäischen Union bei der Verletzung der Menschenrechte in Bosnien 1992–1995; sie selbst aber vertuschen den islamischen Imperialismus und zum Beispiel die Verbrechen seit 2002 in Darfur/Sudan, wo unter dem dortigen islamistischen Regime ein Völkermord begangen wird. Warum solche Anführungen? Was hat dies alles nun mit dem Konzept des Euro-Islam zu tun?

Die Tatsache, dass Islamisten als religiöse Fundamentalisten das europäische Versagen dazu nutzen, die Idee Europas insgesamt, also nicht nur das Konzept der individuellen Menschenrechte, zu diskreditieren, veranlasst mich, europäische Ideale zu rehabilitieren. Islamisten versuchen, den als Migranten in Europa lebenden Muslimen Angst zu machen, dass ihnen Ähnliches wie den Juden widerfahren könne. Damit begründen sie den Widerstand gegen die Integration der zugewanderten Muslime in das europäische Gemeinwesen. Als Alternative bieten die Islamisten ein Leben nach den Gesetzen der Schari'a in islamischen Parallelgesellschaften innerhalb Europas als Vorstufe der Islamisierung an. In Wahrheit sind Islamisten die Urheber des neuen Antisemitismus. Wie können sie es sich erlauben, die Leiden der europäischen Juden zu instrumentalisieren, indem sie propagandistisch die muslimischen Migranten in Europa als die „neuen Juden" bezeichnen? Das ist sachlich vollkommen falsch.[5]

Mit diesen Schachzügen wird der Zivilisationskonflikt verdeckt. Es ist wichtig, zu verstehen, dass die kulturelle Moderne die Substanz der zivilisatorischen Identität Europas ausmacht. Islamismus ist eine Ideologie, die kulturell und politisch eine Bedrohung für Europa darstellt, etwa wenn sie die Trennung zwischen Religion und Politik, die ein Ergebnis der Aufklärung ist, abweist. Ein europäischer Islam will genau das Gegenteil erreichen. Wenn hier der Anspruch mancher europäischer Werte – etwa der individuellen Menschenrechte – auf Universalität anerkannt wird, dann geschieht dies stets auf der Basis eines kulturübergreifenden Konsenses zwischen den Zivilisationen. Dieses Bekenntnis trage ich unermüdlich meinen muslimischen Brüdern und Schwestern vor. Als Muslim verliere ich jedoch jegliche Glaubwürdigkeit, wenn ich nicht dasselbe Europa, von dem ich viel gelernt habe, moralisch und realpolitisch anklage: Wie Horkheimer messe ich Europa am Begriff seiner eigenen Werte. Das folgende Beispiel ist dahingehend signifikant: Am Jahrestag der Französischen Revolution, dem Tag des Sturms auf die Bastille, hat der französische Präsident Nicolas Sarkozy – bis auf den „Führer" Moamar al-Qadhafi – alle Geheimdienstautokraten und Despoten des südlichen und östlichen Mittelmeerraums im Rahmen seiner Idee einer Mittelmeerunion in Paris nicht nur versammelt, sondern auf die Ehrentribüne der „Grande Révolution" eingeladen. Damit benutzte er die Ideale der großen Französischen Revolution für seine machtpolitischen Ambitionen. Wo bleiben die europäischen Werte in dieser Realpolitik?

Die Ausgangspunkte des Denkens über einen Islam in Europa, der mit den Werten der europäischen Zivilisation kompatibel ist, sind bestehende Realitäten und keine Phantasien. Es gibt demographische Verschiebungen, die durch Migration aus den muslimischen Teilen des Mittelmeerraumes in Richtung Europa entstehen. Sowohl multikulturalistische Westeuropäer als auch Muslime selbst sprechen von der islamischen Gemeinde in Europa als einer ethnischen Gruppe. Somit wird der Islam in Europa nicht nur als Religion, sondern auch im Rahmen von Ethnizität als *Umma*-Kollektiv eingeordnet. Die Zahlen sehen nach einem Bericht der *New York Times/International Herald Tribune* vom Juli 2008 so aus: Die Bevölkerung der Region des arabischen Nahen Ostens und Nordafrikas hat sich von 1950 bis 2008 vervierfacht und beträgt heute 364 Millionen. Dazu kommen weitere 70 Millionen Türken als Mittelmeeranrainer. Im Jahr 2050 wird allein die Bevölkerung des südlichen Mittelmeerraumes 600 Millionen Muslime umfassen. Das ist eine Situation, die der Bericht so in seiner Überschrift zusammenfasst: „Population Rises, Resources Dwindle, and there is no Easy Solution."[6]

Für die Betroffenen ist die einzige greifbare Lösung, nach Europa überzusiedeln. Im Jahr 2008 hat Sarkozy als Ziel seiner EU-Präsidentschaft angegeben, die illegale Migration dadurch einzudämmen, dass die europäischen Staaten sich auf eine koordinierte Einwanderungspolitik einigen. Diese soll nicht nur auf dem Papier stehen, sondern wirklich effektiv angewandt werden.[7] Aber was geschieht mit den Muslimen, die bereits in Europa leben? Es ist eine Tatsache, dass die Mehrheit dieser islamischen Migranten in einem ethnischen Ghetto-Islam lebt, während die Integrierten nur eine Minderheit bilden. Die fehlende Integration gilt sogar oft auch für jene, die dieselbe Nationalität mit den Europäern (durch den Pass) teilen. Die Muslime der *Banlieues* in Frankreich sind ein sehr anschauliches Beispiel für die Ethnisierung der Islam-Diaspora in Europa.[8] Noch ist es nicht zu spät, aus diesen Muslimen Europäer zu machen und Gewalt abzuwenden. Meine Vision eines Euro-Islam bietet einen Ausweg aus diesem weltanschaulichen Konflikt zwischen islamischer und westlicher Zivilisation. Der Euro-Islam ist keineswegs nur „eine Ein-Mann-Sekte"[9], vielmehr ist diese Vision eine Strategie gegen alle Formen von Ethnizität und gegen die Islamisierung Europas. Der Schutz von Bevölkerungsminderheiten ist nicht zu verwechseln mit der Gewährung von Rechten für die jeweiligen Kollektive. Wie die *Neue Zürcher Zeitung* berichtete, haben europäische Politiker sich auf der UN-Weltkonferenz in Wien vom Oktober 1993

„… klar von der Schaffung neuartigen *kollektiven* Rechts für Minderheitenbevölkerungen distanziert und sich damit gegen die Empfehlungen der Parlamentarischen Versammlung in Straßburg gewandt … Sonderrechte für Minoritätenkollektive widersprechen tatsächlich der klassischen demokratischen Regel.“[10]

Die *NZZ* fügt in dem zitierten Bericht hinzu, dass bei dieser Diskussion immer wieder der Eindruck entstehe,

„… es gehe politischen Vertretern von Minoritäten nicht nur darum, endlich die Nicht-Diskriminierung durchzusetzen, sondern um einen Machtanspruch, dem kollektives Volksgruppenrecht als Vehikel dient.“ (ebd.)

Die beste Illustration für diesen Machtanspruch im Prozess der Entfaltung von Parallelgesellschaften, die sich als Enklaven etablieren, ist die Forderung nach der Geltung der Schari'a. Seit den Terroranschlägen vom 11. September 2001 wissen europäische Politiker, dass Djihad in Verbindung mit Schari'a ein Sicherheitsrisiko ist und für Europa eine existentielle Bedrohung darstellt. Wenn sich Europäer nicht für ihre eigene Zivilisation einsetzen, ist zu befürchten, dass in einem multikulturellen und damit fragmentierten Europa in absehbarer Zeit die Geltung der demokratisch und individuell definierten Menschenrechte durch ethnische Kollektive gefährdet sein wird. Genau dies ist die Quelle der Wut der verstorbenen europäischen Demokratin Oriana Fallaci, die sich um die Zukunft Europas sorgte, dabei vor ihrem Tod leider den Überblick – und somit jede Differenzierung – verloren hat. Dennoch war ihr Anliegen richtig, und es bleibt so: In Westeuropa findet eine Islamisierung statt.[11]

Der einstige Harvard-Professor Daniel Patrick Moynihan, der als wissenschaftlicher Experte für Ethnizität gilt, warnt in seinem Buch *Pandaemenium. Ethnicity in International Relations* vor den globalen Gefahren des ethnischen *Wir-Bewusstseins* als einer Quelle des Unfriedens am Übergang zum 21. Jahrhundert. Er führt aus: „Ethnische Konflikte erfordern nicht das Vorhandensein großer Unterschiede, kleine tun es auch.“[12] Im Ergebnis kann es zu einer „Ethnicity of Fear“ kommen. Das Schlachtfeld hierfür ist Westeuropa, wenn die Integration im Rahmen eines Euro-Islam nicht gelingt.

Die Unterschiede zwischen der islamischen und der westlichen Zivilisation sind sehr groß, und es gilt, die daraus in Europa durch Migration und in der Nachbarschaft zu islamischen Staaten im Mittelmeergebiet entstehenden Konfliktpotentiale durch Dialog zu entschärfen. Wenn aber islamische Migrantenminderheiten in Westeuropa ethnisiert werden, können wir dieses Ziel nicht erreichen. Auf dem Balkan wurde ein Konflikt entfacht, dessen Folgen für Westeuropa höchst relevant sind. Muslime beginnen, sich im Rahmen von Ethnizität als ein Kollektiv zu definieren. Diese Entwicklung wird im 21. Jahrhundert Demonstrationseffekte haben.

Europa ist von Ethnizität als einem Gruppenbewusstsein von Kollektiven betroffen, das einige europäische Länder bereits intern kennen, so zum Beispiel durch die Basken in Spanien, die Korsen in Frankreich oder den blutigen Konflikt in Nordirland. Durch massive Immigration verbunden mit fehlender Integration wird die europäische Bestimmung des Menschen als Individuum in Frage gestellt. Europäische Politiker – besonders in Deutschland – übersehen dies und tragen zur Ethnisierung bei. Vor allem deutsche Politiker wollen alle Muslime in einem islamischen Kollektiv in Europa versammelt sehen, um hierdurch einen Gesprächspartner als Vertreter aller Muslime zu haben. Das ist der Ghetto-Islam mit seinem Anspruch auf Kollektivrechte. Damit kommt es zur Verbindung einer ethnischen Gemeinschaft mit einer spezifischen Religionszugehörigkeit: Dieser Prozess etabliert letztendlich eine Verbindung von Ethnizität und Islamismus. Das Konzept des Euro-Islam ist gegen beide gerichtet. Für Europa wäre es besser, in den Muslimen Individuen zu sehen, die die universelle Geltung der Menschenrechte großschreiben. Dies ist jedoch nicht die Praxis deutscher Politik. Bleiben wir doch in Europa. Es ist durch eine Reihe zeitgeschichtlicher Ereignisse herausgefordert, die sich vom 11. September 2001 in den USA und den Folgeanschlägen in Europa vom 11. März 2004 bis zum Karikaturenkonflikt 2006 erstreckten. Die Ereignisse sind das Ergebnis desselben Prozesses der globalen Migration. Wie im Vorgängerbuch *Die islamische Herausforderung*, in dem die Kette der Ereignisse von Madrid (2004) bis Kopenhagen (2006) im Mittelpunkt steht, wird der Fokus auch hier Europa sein. Neu ist nicht, dass ich nicht Zeitgeschichte, sondern Konzepte in den Mittelpunkt stelle. Hierbei nehme ich die USA aus meinen Überlegungen aus, obwohl ich mit Daniel Pipes und seiner Aussage „Militant Islam Reaches America“[13] übereinstimme, aber zugleich Nuancen anführe: Muslime in den USA sind weit integrierter als in Europa. Doch inzwischen hat es der institutionelle Islamismus mit Hilfe von Petro-Dollars geschafft, auch in die USA einzudringen. Islamisten sitzen dort heute an den Schalthebeln in Washington (DC), das heißt. in einem Land, das angibt „war on terror“ zu führen. In den Regierungsinstitutionen (u. a. Pentagon und State Department) dürfen Begriffe wie Fundamentalismus und Djihadismus nicht verwendet werden, und ebenso ist der Zivilisationskonflikt ein Tabuthema.

Der Islam kehrt nach dem Ende des Ost-West-Konflikts nach Europa zurück: Die Tabus

Die islamische Migration nach Europa ist nicht nur Zeitgeschichte. Denn die Muslime kamen im 20. und 21. Jahrhundert nicht zum ersten Mal nach Europa. Zwischen dem 8. und dem 15. Jahrhundert kamen die Muslime in zwei Wellen als Djihad-Eroberer nach Europa, und sie blieben als Besatzer beziehungsweise Herrscher für mehrere Jahrhunderte.[14] Im einzelnen kamen die Muslime im Jahr 711 aus dem Südwesten Europas im Rahmen der Eroberung Spaniens. Die Iberische Halbinsel wurde zu *al-Andalus*/Andalusien. Diese Djihad-Eroberer waren Araber. Auf diese folgten dann die muslimischen Türken aus dem Südosten Europas, als Sultan Mehmet II. 1453 Konstantinopel eroberte.[15] Er wurde danach *Fateh*/Eroberer genannt. Die Großmoschee von Pforzheim trägt seinen Titel: Fateh. Auf dem Balkan gibt es bis heute ein Erbe aus jener Zeit.[16] Anders als früher kommen Muslime heute nicht mehr als Eroberer, sondern als Migranten, die oft eine „Ethnic Underclass“ bilden. Die heutige Islam-Diaspora in Europa ist durch eine Armutskultur charakterisiert. Die niedrige soziale und wirtschaftliche Stellung der muslimischen Migranten ist eine Belastung für die Integration.

Die Geschichte islamisch-christlich-westlicher Begegnungen ist vielfältig.[17] Es ist aber ein Tabu, sie sachlich zu erörtern. Die Muslime behaupten, sie hätten den Islam friedlich, ohne Gewalt verbreitet; die Europäer widersprechen aus Rücksicht auf ihre Empfindlichkeit nicht. So kann man die historisch einwandfreie Feststellung: „Europa und der Islam sind alte Feinde und Freunde; sie kennen sich durch Djihad und Kreuzzug ebenso wie durch gegenseitige Befruchtung“, nicht ohne mit Sanktionen belegt zu werden aussprechen. Als der schwedische Orientalist Bengt Knutsson bei der Eröffnung des westlich-islamischen Dialogs in al-Mafraq/Jordanien im Juni 1997 eine solche Aussage wagte, verließ die Mehrzahl der dort anwesenden Muslime aus Protest den Raum. In einem islamisch-europäischen weltanschaulichen Krieg wollen gewisse Muslime bestimmen, worüber man sprechen darf und was erlaubt ist, zu thematisieren. Hätte sich Knutsson anschließend unter dem Druck seiner schwedischen Vorgesetzten für seine auf wissenschaftlich anerkannten Fakten basierende Präsentation nicht entschuldigt, wäre jene große – mit einer Million US-Dollar vom schwedischen Außenministerium finanzierte – Dialogveranstaltung schlicht geplatzt.[18] Das ist kein Dialog, sondern eine Einschüchterung.

Die für mein Denken zentrale Frage, ob der Islam europäisiert werden kann, zwingt mich dazu, die Spannung zwischen dem partikularen islamischen Djihad als Krieg zur Verbreitung des Islam und dem Bedarf an einer universellen Ethik anzusprechen. Auch John Kelsay hat diese Spannung erkannt, und er schreibt:

„Unter Berücksichtigung der zunehmenden (durch Migration) entstehenden Präsenz von Muslimen in Europa und Nordamerika entsteht eine größere Interaktion zwischen beiden Zivilisationen als je zuvor. Wir müssen diese Tatsache nüchtern zur Kenntnis nehmen.“[19]

Gegen Ende seines zitierten Buches konstatiert er dann Folgendes:

„Was ‚westlich‘ und was ‚islamisch‘ ist, lässt sich heute nicht mehr strikt geographisch definieren ... Die Schnelligkeit der islamischen Zuwanderung ... führt zu der Annahme, dass wir bald gezwungen sein werden, nicht mehr von Islam *und* Westen, sondern von Islam *im* Westen zu sprechen. Islamische Migrationsgemeinden bilden eine Art sektiererische Enklave ... im Westen, die nicht zu seiner Zivilisation gehören.“[20]

Bedeutet diese Entwicklung, der wir laut Kelsay nüchtern ins Auge blicken müssen, dass die westlichen Normen und Werte des philosophischen Diskurses selbst der kulturellen Moderne nicht nur nicht mehr universell gelten, sondern sogar im Westen selbst nicht mehr für alle eine Geltung haben?

Bengt Knutsson musste sich also für den historischen Vergleich von Djihad und Kreuzzug, das heißt für das Aussprechen einer wissenschaftlichen Aussage, entschuldigen. Sollte man daraus allgemein folgern, dass im innereuropäischen Dialog mit der Islam-Diaspora wissenschaftlich begründete Tatsachen verschwiegen werden, um das, was man „islamische Sensibilitäten“ nennt, nicht anzurühren? Ich lehne dies ab und möchte in diesem Kontext Folgendes aus der Tagespresse einbauen: Am 15. Juli 2008 wurde der Sohn von Moamar al-Qadhafi zusammen mit seiner Frau in Genf wegen einer dem Personal zugefügten Körperverletzung verhaftet. Beide kamen nicht ins Gefängnis, sondern in eine privilegierte Unterbringung. Diese Art der Unterbringung veranlasste die unabhängige Genfer Justiz. Trotz dieser Vorzugsbehandlung wurden alle Schweizer und ihr Staat prompt dafür bestraft, dass sie Schweizer Recht auf die Qadhafis angewandt hatten. Zu den Sanktionen gehörten folgende Racheakte: Verhaftung unschuldiger Schweizer in Libyen, die Einstellung der Ölversorgung der Schweiz mit libyschem Erdöl (d. h. das Brechen internationaler Verträge) und nicht zuletzt die Schließung und Versiegelung Schweizer Firmen in Libyen. Dies alles sind Einschüchterungsversuche, die gegen ein ganzes europäisches Land gerichtet sind, weil dieses das säkulare Recht gegen eine Rechtsverletzung angewandt hat. Ein Angehöriger des Qadhafi-Clans rechtfertigte diese Rachemaßnahme gegenüber einer Schweizer Zeitung mit der Schari'a-Rechtsnorm „Auge um Auge, Zahn um Zahn". Kann sich Europa diese „Schari'a-Vergeltung" ohne Aufgabe seiner Identität gefallen lassen?[21]

In die gleiche Reihe kann man auch die Regensburger Vorlesung des Papstes vom September 2006 einordnen; er besuchte anschließend die Türkei im Herbst 2006. In Ankara sagte der türkische Chef der Diyanet-Behörde vor dem Papst öffentlich und warnend: „Wer behauptet, der Islam sei durch Gewalt verbreitet worden, betreibt ein Feindbild Islam."[22] Nun bin ich Muslim und Professor für das Fach Internationale Beziehungen und weiß als Wissenschaftler aus meinem Fach, was Krieg ist. Mit diesem Vorwissen habe ich bei meiner historischen Forschung der Djihad-Eroberungen vom 7. bis zum 17. Jahrhundert zur Verbreitung des Islam den Tatbestand von Krieg festgestellt. Diese Kriege haben vom 7. bis 17. Jahrhundert als Djihad angedauert. Ist diese Forschung, bei der ich Gewalt bei der Verbreitung des Islam feststellte, nun als Ausdruck eines „Feindbild Islam" anzusehen? Muss ich die Geschichte verfälschen, damit ich eine öffentliche Akzeptanz bei den Wortführern der Religion des Islam in einer postmodernen Gesellschaft erfahre?

Nun geht es nicht nur um Geschichte, sondern auch um unsere Gegenwart. An der University of California in Berkeley stellte ein Team von Wissenschaftlern sich dem Thema „Islam and the Changing Identity of Europe". Dieses Team hat als Antwort den Buchtitel *Muslim Europe or Euro-Islam?* für die Veröffentlichung der Forschungsergebnisse gewählt, die ich einleitend (Anm. 1) zitiert habe. Gehört zu diesem Wandel Zensur? Ein europäisierter Islam sollte keine Zensur und keine Geschichtsfälschung dulden. Ist ein solcher europäisierter Islam möglich? Könnte er für die dritte Welle in der angeführten historischen Kette des Eindringens des Islam nach Europa einen Rahmen bieten? Die dritte Welle europäisch-islamischer Begegnungen in der Form von islamischer Migration nach Europa bringt Konflikte zwischen den Ansprüchen von ethnisch-religiösen Kollektiven und der Geltung der kulturellen Moderne mit sich. Muss in einer „postsäkularen" Gesellschaft[23] ein Sakralrecht zugelassen werden, damit diese neuen Muslime sich in Europa zu Hause fühlen? Oder anders formuliert: Muss die Anerkennung des Islam in Europa auf Kosten der Geltung europäischer Werte erfolgen? Gibt es nicht andere Wege?

Wenn Islamisten in der Islam-Diaspora eine Geisteshaltung verbreiten, die Europas Identität nicht respektiert (Europäer werden als „Ungläubige" verfemt), entsteht ein Konflikt. Die Frage, ob es Grenzen für die Geltung der islamischen Ansprüche in Bezug auf die Anwendung der Schari'a als *al-hall al-Islami*/islamische Lösung[24] gibt, hängt direkt mit dem Gegenstand der zivilisatorischen Identität Europas[25] zusammen. Der Ruf nach der Anwendung der Schari'a als Teil der Agenda der Islamisierung führt zu einem Zivilisationskonflikt. Wie real ist die friedliche Perspektive eines Euro-Islam, um diesen Konflikt zu regulieren?

Dieser historisch verwurzelte Konflikt lässt sich trotz aller Versuche nicht umgehen. Im Zeitraum von einem Jahrzehnt habe ich in Harvard eine Trilogie[26] zur Beleuchtung der Geschichte der europäisch-islamischen Beziehungen verfasst, in der dieser Konflikt begründet und analysiert wird. Die Geschichte der europäisch-islamischen Beziehungen hat sowohl die Gestalt von *Kreuzzug und Djihad* als auch die einer gegenseitigen Befruchtung beider Zivilisationen angenommen. Die Untersuchung dieser Grundlagen des Konflikts reicht bis in die Gegenwart hinein. Mit diesem Hinweis will ich dem möglichen Vorwurf der Polarisierung entgegentreten, indem ich auf Positives hinweise. Parallel zur Bedrohung existiert seit jeher auch eine Faszination zwischen beiden Zivilisationen. So nehme ich in dieser Trilogie die Arbeit des deutsch-jüdischen Philosophen Ernst Bloch, dem persönlich zu begegnen ich das Glück hatte, auf. Aus seinem Buch über den islamischen Rationalismus lernte ich als Zwanzigjähriger, dass es Ansätze zu einer islamischen Aufklärung gab.[27] Vorab ein Hinweis auf eine der Lehren Ernst Blochs, die er in seinem Hegel-Buch als Maxime anführt:

> „Mattes und wenig bedeutendes Denken fasst sich selten kurz. Es braucht viele Worte ... je länger das Geschwätz, desto dünner der Sinn, verräterischer die Kürzung."[28]

Ernüchternd und zugleich warnend fügt er hinzu:

> „Der schlimmste Tag im Leben eines ungezielten, unnotwendigen, hin und her irrlichternden Denkens mag es sein, auf einer halben Seite sagen zu müssen, was er will, gar was er zustande gebracht hat." (ebd.)

Im Geist des Zitierten möchte ich aus der Perspektive von drei Wellen des Islam in Europa als Resümee der angeführten Trilogie zunächst dies festhalten: Der Islam ist im 7. Jahrhundert als neue Weltreligion geboren und hat, weltgeschichtlich gesehen, sich schnell zu einer expansiven Zivilisation entfaltet. Diese globale, weltanschaulich legitimierte Ausbreitung verwendete die Djihad-Expansion als Mittel, um ein Welteroberungsprojekt in Gang zu setzen. Das ist ein Eroberungsprojekt mit einem universalistischen Geltungsanspruch. Dies wurde durch Djihad-Kriege in die Tat umgesetzt. Nach Henri Pirenne hat sich Europa als christliches Abendland, das heißt als Zivilisation, unter Karl dem Großen eben in der Auseinandersetzung mit jener islamischen Djihad-Herausforderung formiert.[29] Die kriegerisch-zivilisatorische Herausforderung umfasste erstens die Verwandlung des Mittelmeers von einem *mare nostrum* der Römer in ein islamisches Meer und zweitens die Eroberung Spaniens 711. Nach Henri Pirenne hatte Karl der Große als Begründer Europas eine kriegerische Abwehr – allerdings keine Kreuzzüge – gegen die vom West-Islam ausgehende islamische Expansion betrieben und zugleich einen Dialog mit jenem Ost-Islam geführt, der keine Gefahr für Europa war. Drei Jahrhunderte später gingen die Christen zum „Gegen-Djihad" (Hans Eberhard Meyer) in Form der Kreuzzüge über, als der islamische Druck auf Europa zunahm und das Christentum ebenfalls einen kriegerischen Charakter annahm. So beschreiben Historiker die christlich-islamischen Beziehungen und die Kreuzzüge.[30] Die Begegnung ist jedoch nicht nur eine Kriegsgeschichte, sie umfasst auch gegenseitige Befruchtungen. Hierzu gehören vor allem die Hellenisierung des Islam und der islamische Einfluss am Vorabend der europäischen Renaissance.

Erst im Rahmen der Entstehung des säkularen Westens, der das christliche Abendland ablöst, gelingt es den Europäern, den islamischen Globalisierungsversuch zu beenden und ihren eigenen in Gang zu setzen. Die Geschichte zwischen den beiden Welten, der christlich-westlichen und der islamischen, umfasst gleichermaßen Bedrohung und Faszination.

In der neueren Geschichte werden die Begegnungen zwischen Islam und Europa im Rahmen von Verwestlichung und Entwestlichung fortgesetzt. Die heute dominierenden Selbst- und Fremdbilder beider Zivilisationen sind aus dem angeführten historischen Rahmen hervorgegangen. Mit der globalen Migration wird die frühere Geschichte durch die islamische Zuwanderung nach Europa neu geschrieben. Wie bereits erwähnt, kommen Muslime heute nach Europa nicht mehr als kulturell überlegene und militärisch mächtige Eroberer, sondern als sozial Schwache, als „ethnische Unterklasse"; sie stellen dennoch – vor allem demographisch – eine Herausforderung dar. Auch diese beinhaltet Bedrohung und Faszination. Die zeitgeschichtlich neuen Ausformungen von Bedrohung und Faszination nehmen jedoch eher primitive Züge an. Die Faszination ist nicht mehr auf dem Niveau des islamischen Rationalismus eines Ibn Rushd oder Ibn Khaldun, sondern gilt eher dem Döner. Auch die Bedrohung ist nicht mehr die der Djihad-Armee, sondern die der Schlägerbanden aus der Nachbarschaft, die aus Jungs bestehen, die nicht integriert sind. Dies gehört zum Alltag in Berlin/Neukölln und auch in den *Banlieues* von Paris. Das ist neu in Europa. Kann der Euro-Islam in dieser Notsituation helfen?

Bei jedem Versuch, eine friedliche Lösung zu finden, stößt man auf die Unterstellung eines „Feindbild Islam“ parallel zu den Phantasmagorien einer „westlichen Verschwörung“. In einer säkularen Welt kann man die zunehmende Bedeutung des Islam auch für Europa feststellen, so dass solche Fremdbilder der Muslime von Belang sind, Islamisierung und Christianisierung zu kontrastieren. Es gibt Europäer, die heute von einer „postchristlichen Entwicklung“ sprechen. Manche verstehen diese Problematik nicht, ebenso wenig wie das Phänomen der Rückkehr des Sakralen und die Religionisierung der Politik im Rahmen der Rückkehr der Geschichte.

Von Jerusalem nach Athen, vom Christentum zur kulturellen Moderne: Der Euro-Islam ist ebenso säkular wie das säkulare Europa

Wer sich für Integration und Europäisierung einsetzt, muss sich zuallererst mit der Propaganda der Christianisierung der Islam-Diaspora auseinandersetzen. Es ist zentral, die von den Islamisten in der Islam-Diaspora geförderten Wahrnehmungen („Feindbild Islam“, Verschwörung, etc.) sowie Vorurteile mancher Europäer mit Fakten zu korrigieren. Daher beginne ich mit zwei auf historischen Fakten basierenden Feststellungen:

Erstens: In seiner Werteorientierung ist Europa seit der Renaissance nicht mehr christlich, sondern säkular. Meine Autorität ist der Zivilisationsforscher Leslie Lipson aus Berkeley/USA, der über den Unterschied in Bezug auf Europa vor und nach der Renaissance Folgendes schreibt:

> „Die Differenz, die den Westen vor und nach der Renaissance unterscheidet … kann in einem Satz zusammengefasst werden: Die Hauptquelle der geistigen und kulturellen Inspiration Europas wechselte vom Christentum nach Griechenland, von Jerusalem nach Athen. Sokrates, nicht mehr Jesus wurde zum Mentor Europas.“[31]

Die entscheidende Implikation ist, dass das Europa der Renaissance sein Weltbild auf dem Humanismus des Hellenismus und auf der modernen Naturwissenschaft[32], nicht mehr auf dem christlichen Weltbild und seiner Weltanschauung aufbaut.

Zweitens: Der hellenisierte islamische Rationalismus hat eine Rolle bei dem angeführten Richtungswechsel von Jerusalem nach Athen am Vorabend der Renaissance und der damit verbundenen Entwicklung gespielt. Wie Lipson weiter schreibt:

> „Aristoteles kam durch die Hintertür nach Europa. Seine Rückkehr ist den Arabern zu verdanken, die in Kontakt mit griechischen Denkern kamen … sowohl Avicenna als auch Averroes wurden von Aristoteles beeinflusst. Zu Zeiten der Gründung der Universität von Paris wurde Aristoteles aus Cordoba eingeführt."[33]

Die beiden autoritativen Zitate von Lipson zeigen, wie sich historisch in Europa nacheinander zwei unterschiedliche Zivilisationsmuster entwickelten: das christliche Abendland und der säkulare Westen. Die kulturelle Moderne, in deren Rahmen sich die *Individuation* als Durchsetzung des Subjektivitätsprinzips des Humanismus materialisierte, ist die Basis des neuen Weltbildes, in dessen Mittelpunkt der Mensch steht. Damit korrespondiert ein Zivilisationsbewusstsein. Durch die Migration aus der Welt des Islam wird das Europa des *prinicipium individuationis* mit Kollektiven aus vormodernen Kulturen konfrontiert. Die dem islamischen Feindbild von Europa zugrunde liegende Wahrnehmung sieht so aus: Europa und seine Werte seien christlich und die Europäer, die früher den Kommunismus als Feind hatten, ersetzen diesen in der Postbipolarität durch den Islam. Zusätzlich wollen sie als Christen die Muslime durch Missionierung christianisieren. Diese „auswärtige Verschwörung"[34] unterstellt, dass die Politik der Integration der Muslime in Europa die Konversion der Muslime zum Christentum als geheimes Ziel verfolgt. Es wird bestritten, dass westliche Werte heute säkular sind und damit unterstellt, sie seien christlich. Bei dieser Wahrnehmung bedeutet die Annahme westlicher Werte durch Muslime folgerichtig eine Christianisierung.

Statt „Postmodernismus" braucht Europa eine neue Besinnung auf die reichhaltige Tradition des Humanismus der Renaissance und der Aufklärung, um mit dieser Situation fertig zu werden. Nicht anders verhält es sich mit den Muslimen: Sie brauchen keinen Islamismus, sondern eine Neubelebung der islamischen Tradition des Averroismus, das heißt des kulturellen Erbes vom Rationalismus im Islam. Das Nexus Institut in den

Niederlanden hat mit dem Kongress „Grammar of European Humanism"[35] eine Brücke zwischen beiden angeführten Traditionen hergestellt.

Die Faszination, die Europa und der Islam früher füreinander hatten und die eine Brücke schlug, wird heute abgelöst durch die Bedrohung des politischen Islam. Dieser beinhaltet den Versuch, die islamische Zivilisation vor den Toren Europas, besonders im südlichen und östlichen Mittelmeerraum, politisch als Block gegen den Westen zu mobilisieren. Ich rede hier nicht vom Islam als einer monotheistischen Weltreligion, sondern von einem Prozess in einer durch die Krisen des späten 20. Jahrhunderts mitgeprägten Zivilisation, der den Weg zur Weltanschauung des Islamismus geebnet hat. Durch die Migration aus dem Mittelmeerraum strömen Angehörige dieser Zivilisation auch ins europäische Haus und bringen all diese Probleme mit sich. Vielen geht es darum, an der europäischen Prosperität teilzuhaben, die ein besseres Leben verspricht. Die organisierten Islamisten jedoch versuchen diese Islam-Diaspora zu „highjacken" und präsentieren sich als Sprecher eines selbst ethnisierten Kollektivs. Hierbei haben die Islamisten einen großen Erfolg, obwohl Islamisten eine Minderheit sind. Der herunterspielende Hinweis auf ihren Status als Minderheit täuscht. Denn es handelt sich um eine mächtige Minderheit, die über die wichtigsten Ressourcen der Propaganda, Mobilisierung und Rekrutierung verfügt. Die Analyse eines „Geo-civil War of Islam"[36] hängt eben mit der kaum zu unterschätzenden politischen Wirkung dieser Minderheit zusammen.

Die Gefahr liegt in der Religionisierung der Politik, und diese birgt Konfliktpotentiale. Dieser Hinweis deutet auf die Gefährdung der Säkularität als Ordnungsstruktur der westlichen Gesellschaft hin. Dies geschieht durch eine Diaspora in Westeuropa (2008) von ca. 23 Millionen plus ca. 12 bis 13 Millionen Muslimen in Südosteuropa, die diese Ordnungsstruktur und seine Werteorientierung nicht akzeptieren. Die in diesem Kapitel gestellte Frage, ob Europa die auf seinem Territorium lebenden Muslime mit Hilfe eines Euro-Islam europäisieren kann, hängt eng mit einer anderen Frage zusammen. Nämlich ob Muslime bereit sind, individuelle europäische Bürger zu werden oder ob sie es vorziehen, ethnisch-religiöse Kollektive zu bilden, das heißt als Erweiterung der *Umma* in Europa zu bleiben. Ohne Selbsttäuschung muss man einräumen: Bisher ist die Integration der Islam-Diaspora in Westeuropa gescheitert.[37] Das Gegenteil zu behaupten, heißt einer Lebenslüge anzuhängen.

Auf der Suche nach gemeinsamen Weltbildern und einem Wertekonsens, den ich früher „Leitkultur" nannte, ist der im Hellenismus verankerte

Humanismus, den früher Muslime und Europäer teilten, höchst aktuell und verdient es, neu belebt zu werden. Der muslimische Weg von Mekka nach Athen ist älter als der europäische Weg von Jerusalem nach Athen. Es geht nicht um Ideengeschichte, sondern um Konfliktpotentiale und um die Fähigkeit, damit umzugehen und die muslimischen Migranten durch Europäisierung in die westliche Gesellschaft zu integrieren.

Als ein Muslim, der in Europa nicht nur geographisch, sondern auch kulturell seine Heimat gefunden hat, trete ich für diese inklusive Politik der Integration ein; sie erfordert eine Synthese von aufgeklärtem Islam und europäischer kultureller Moderne. Ich nenne diese Synthese in diesem Kapitel Euro-Islam. Dieser ist säkular, wie das säkulare Europa selbst. Vor dem Krieg 1992–1995 auf dem Balkan hat es in Bosnien ein Modell für einen säkular orientierten Euro-Islam gegeben.[38] Die an Muslimen verübten Blutbäder haben eine negative Entwicklung hervorgerufen. Die bosnischen Muslime bieten nicht mehr ein Modell des Euro-Islam für das 21. Jahrhundert. Die Folgen des Bosnienkrieges haben die muslimischen Bosniaken anfällig für den Islamismus gemacht. Ihr Großmufti, Mustafa Cerić, sagt von sich, er sei ein Europäer, scheint aber durch seine defensiv-kulturelle Haltung in das Fahrwasser des Islamismus geraten zu sein, anscheinend ohne dies bewusst wahrzunehmen.

Ein auf dem Humanismus basierender Euro-Islam kann zumindest in Westeuropa verhindern, was anderswo in der Welt des Islam geschieht. Islamisten wollen dies nicht; sie nutzen, was in Bosnien geschah, um muslimische Migranten in England, Frankreich und auch in Deutschland vor Augen zu halten, dass dies ihnen auch widerfahren wird. Die Folge: Muslime nehmen sich defensiv-kulturell als ethnisches Wir-Kollektiv wahr, das heißt, sie ethnisieren sich selbst. Das Resultat einer solchen, durch den Balkankrieg initiierten Umorientierung kann dann nicht etwa die Integration der muslimischen Migranten in Europa im Rahmen eines Euro-Islam, sondern nur ein potentieller Bürgerkrieg sein, den ich als „Ethnicity of Fear"[39] bezeichne.

In diesem Zusammenhang lassen sich die drei größten Gefahren, die einem ethnisch-religiösen Konfliktszenario in Europa zugrunde liegen, wie folgt angeben:

1. Islamische Fundamentalisten lehnen die Einstufung der Muslime als individuelle Bürger im Sinne von *Citoyens* in Europa ab, weil sie die Islam-Diaspora lieber als den verlängerten Arm der Welt des Islam sehen möchten. Auf ihrer dreitägigen Sitzung in Kairo hat die Arabische Liga

die in Europa lebenden Migranten als Teil des *Dar al-Islam*/Hauses des Islam bezeichnet und das Ziel formuliert, sie als ein Instrument der islamischen *Da'wa*/des Aufrufs zum Islam zur Verbreitung des Islam in Europa einzusetzen. Mein Konzept des Euro-Islam bietet das genaue Gegenprogramm zu solch einer fundamentalistischen Strategie, weil es Muslime als Individuen anerkennt und nicht dem religiös-ethnischen Kollektiv einverleibt. Der *Da'wa*-, also der missionarische Islam, wie ihn zum Beispiel Scheich al-Ghazali vertritt, ist gleichermaßen aggressiv, universalistisch und neoabsolutistisch.

2. Zur islamischen Dimension des Balkankrieges 1992–95 gehört der Tatbestand, dass serbische Ethnofundamentalisten einen folgenreichen Völkermord an der einzigen säkular orientierten islamischen Gemeinde in Südosteuropa begingen. Zuvor gab es in Bosnien-Herzegowina weder einen ethnisierten noch einen religiös-exklusiven Islam. Eher war der bosnische Islam in einen säkularen Pluralismus eingebettet. Die islamische Dimension des Krieges ist deshalb folgenreich, weil serbische Ethnofundamentalisten den islamischen Fundamentalisten mit dem Resultat in die Hände gearbeitet haben, das feindliche Aufeinandertreffen von religiös definierten Zivilisationen anzuheizen. Die Folgen betreffen vor allem die Islam-Diaspora in Westeuropa. Zur Erinnerung: „Bosnien ist nicht Geschichte, sondern Zukunft". Diese These habe ich während des Krieges mehrfach vertreten.
3. Der Westen, der die falsche Politik in Bosnien zugelassen und offen geduldet hat, dass die Muslime in Bosnien zu einer ethnischen Großgruppe deklariert werden, hat bereits begonnen, einen hohen Preis hierfür zu zahlen. In der islamischen Gemeinde in Westeuropa glaubt man, nach dem Balkanvorbild für die Anerkennung als ethnische Großgruppe kämpfen zu müssen. Die Folgekonflikte sind hierbei vorprogrammiert. Im Rahmen von globaler Migration ist die Diskussion über Minderheiten als Kollektive mit Kollektivrechten in Europa von zentraler Bedeutung. Noch wehrt man sie ab. Der ethnisch-religiöse Separatismus ist langfristig die logische Konsequenz der Bildung von Parallelgesellschaften.

Das Mittelmeer und sein interzivilisatorischer Rahmen

Die bisherigen Ausführungen sind allgemeiner Natur und auf ganz Europa bezogen. Was für Europa gilt, betrifft auch die Bundesrepublik Deutschland, obwohl sie nicht zu den Mittelmeeranrainern gehört. Lange haben deutsche Politiker die vollzogene Öffnung der Grenzen am Ende der Bipolarität und die damit verbundene Zuwanderung ignoriert. Heute geben sie zu, dass Deutschland – ebenso wie die USA – ein Einwanderungsland geworden ist. Zu den Zuwanderern gehören auch jene, die in Booten die südliche Küste des Mittelmeers – auch in Richtung Deutschland – überqueren. Über diese Zuwanderung frei zu reden, scheint nicht ohne Folgen möglich zu sein, weil im Rahmen der Zensur der *political correctness* Grenzen gesetzt werden – zum Schaden der bereits in die deutsche Gesellschaft integrierten Ausländer. In meinem Buch über diesen Gegenstand (vgl. Anm. 37) habe ich empfohlen, zwischen Zuwanderung und Einwanderung zu unterscheiden, worauf ich noch kommen werde. Es geht um eine Steuerung der Migration, nicht darum, sie zu verhindern.

Angesichts der Prognose einer massenhaften, in absehbarer Zukunft aus dem Mittelmeerraum noch erfolgenden Migration wird die angeführte Problematik noch dramatischere Formen annehmen. Auf einem wissenschaftlich-politischen, spanisch-deutschen Expertentreffen, das die Deutsche Gesellschaft für Auswärtige Politik (DGAP) 1992 in Bonn durchführte, fiel es den deutschen Teilnehmern nicht leicht, das Argument der Spanier zu würdigen, dass die spanische Mittelmeergrenze die europäische Südgrenze zu einer anderen Zivilisation darstelle. Angesichts der geopolitischen Lage verstehen die Spanier dieses Problem besser. Zehn Jahre später, also 2002, waren EU-Politiker angesichts zunehmender illegaler Migration bereit, auf ihren Treffen in Rom, Luxemburg und Sevilla über den Schutz der Grenzen Europas nachzudenken. Ein umfassendes Konzept und konkrete Maßnahmen folgten jedoch nicht. Die propagandistische Formel der „Festung Europa" trägt ihren Anteil daran. Der französische Staatspräsident Nicolas Sarkozy hat mit seiner Mittelmeerunion, die er im Juli 2008 in Paris inaugurierte, zunächst richtig auf die Mittelmeerdimension der Problematik hingewiesen, jedoch folgte daraus keine effektive und europäisch koordinierte Einwanderungspolitik. Zudem wurden Diktatoren und Autokraten als Partner politisch aufgewertet.

Unter den Europäern wissen die Spanier am besten, dass die demographische Explosion im Mittelmeerraum mit einer Zuwanderungsproblematik verbunden ist. Die Bevölkerungsentwicklung führt dazu, dass ein erheblicher Anteil der Zuwanderer aus der Welt des Islam nach Westeuropa über den Mittelmeerraum kommt. Viele Marokkaner können auf Notbehelfen oder sogar schwimmend die 14 Kilometer bis zum spanischen Gibraltar überqueren und über Spanien nach Europa kommen. Diese Migranten identifizieren sich mit dem Islam sowohl politisch als auch kulturell; er bildet den Bezugsrahmen der „Identity Politics“ der Diaspora.

Das Mittelmeer[40] ist der Schlüssel zur Regulierung und Eindämmung der Zuwanderung der Migranten. Dazu kommt die Eingliederung. In Frankreich versucht man die Frage zu beantworten, wie Europa die eingewanderten Muslime integrieren kann. Ganz konkret gefragt: Was muss getan werden, damit islamische Migranten europäische Bürger werden können, die sich die europäische Demokratie und die Menschenrechte zu eigen gemacht haben? Die erforderliche Politik wird alles andere als die des Multikulturalismus sein. Frankreich besteht auf seine der westlichen Zivilisation entwachsenen, demokratischen kulturellen Identität. Trotz vieler berechtigter Vorbehalte ziehe ich das französische dem deutschen Modell vor. Insofern war es kein Zufall, dass mein Konzept vom Euro-Islam in Paris entstanden und gefördert worden ist.

Eine Versöhnung mit der kulturellen Moderne durch den Euro-Islam?

Die Akzeptanz der kulturellen Moderne durch die in Europa lebenden Muslime erfordert, dass die Grundlagen der aus Europa stammenden kulturellen Moderne als kulturelle Identität mit dem Islam vereinbar gemacht werden; nur dann könnte aus der Diaspora-Gemeinde eine integrierte, aus Individuen freier Staatsbürger (also nicht aus einem *Umma*-Kollektiv) bestehende Religionsgemeinschaft werden. Wenn die Muslime der europäischen Islam-Diaspora den Islam europäisieren und nicht Europa islamisieren wollten, müssten sie das Konzept des Euro-Islam annehmen. Außerdem könnten Euro-Muslime über ihre Integration hinaus durch eine Aneignung der Aufklärung zu Vorposten der liberalen Reform und Demokratie in der Beziehung zwischen Orient und Okzident werden, obwohl dies unter gegenwärtigen Bedingungen wenig wahrscheinlich ist. Die Verankerung der globalen Netzwerke des Islamismus in Europa fördert den

Zusammenprall der Zivilisationen. So hat der inzwischen verstorbene rechtsradikale Pakistani Kalim Siddiqi in London – die Freiheiten der europäischen Demokratie ausnutzend – ein islamisches Parlament gegründet, um gegen die westliche Zivilisation Front zu machen. Er macht dies friedlich, andere tun es durch Djihad.

Es schmerzt, zu beobachten, dass der Islamismus als islamische Spielart des religiösen Fundamentalismus unter den islamischen Migranten in Europa zunehmend an Einfluss gewinnt und hierdurch bei den Europäern bestehende Ängste vor dem Islam geschürt werden. Ich habe davor gewarnt, diese Ängste mit dem „Feindbild Islam" zu inkriminieren, statt sie ernst zu nehmen und politisch-kulturell zu kurieren. Klar ist, dass entsprechende Feindbilder auf beiden Seiten vorliegen. Muslime haben Angst vor der kulturellen Moderne. Das oberste Prinzip der europäischen Politik nach dem Ende der Bipolarität müsste es sein, zu verhindern, dass sich das Aufeinandertreffen der Zivilisationen durch Migration zu einem innenpolitischen Konfliktpotential entwickelt. Die Versöhnung mit der kulturellen Moderne müsste ein Bestandteil dieser Politik sein.

Im Hinblick auf die neue politisch-religiöse Dynamik in Europa muss das benötigte europäische Einwanderungs- und Integrationskonzept vor allem darauf ausgerichtet sein, die Entstehung ethnischer Ghettos nicht nur nicht anzuerkennen, sondern auch zu verhindern. Hierzu gehören Bemühungen zur Stärkung des reformerischen Islam unter den in Europa lebenden Muslimen, was gleichzeitig sicherstellen soll, dass Migranten im Rahmen eines Euro-Islam mit der kulturellen Moderne zurechtkommen.

Eine Dominanz des Ghetto-Islam in Europa, Deutschland und anderswo steht im Widerspruch zu einer Versöhnung mit der kulturellen Moderne und wirkt gegen die Integration in die westliche Gesellschaft. Auch arabische und andere islamische Regierungen haben kein Interesse daran, dass die Fundamentalisten unter dem Missbrauch von Demokratie und Asylrecht aus den europäischen Hauptstädten heraus gegen sie agitieren und gleichzeitig die Untergrundtätigkeiten in den arabischen Mittelmeerländern steuern. Meine Kritiker mögen bedenken: Islamische Fundamentalisten sind keine Demokraten. In diesem Zusammenhang ist es unnötig, wie manche westliche Islamwissenschaftler – etwa John Esposito – es tun, darüber zu debattieren, ob die Gefahren, die aus dem Islamismus hervorgehen, „Mythos oder Realität" seien.

Ethnisch-religiöse Gruppenzugehörigkeiten dürfen in einer Demokratie nicht maßgeblicher werden als die individuelle Staatsangehörigkeit, jedoch nicht nach dem legalistischen deutschen Verständnis, sondern politisch im Sinn von *Citoyenneté/Citizenship*. Zu der kulturellen Moderne gehört die individuelle Zugehörigkeit der Menschen zu einem demokratischen Gemeinwesen, nicht zu einem ethnisch-religiösen Kollektiv. Für einen Euro-Muslim müsste die Erlangung der Staatsangehörigkeit eines europäischen Landes mit der Identifikation und Loyalität zum demokratischen Gemeinwesen verbunden sein und nicht allein als nützlich für den Erwerb von Rechten angesehen werden. Integration erfolgt auf kultureller, politischer und wirtschaftlicher Basis. Sie kann allein durch den Verwaltungsakt der Erteilung eines Passes nicht gewährleistet werden. Muslimische Migranten können nur als demokratische „Bürger des Herzens", nicht als „Pass-Europäer" in Europa heimisch werden. Europa darf nicht zu einem multikulturellen Wohngebiet werden, das keine eigene Identität hat. Dies wäre nur eine Vorstufe dafür, islamisiert zu werden.

Aus den bisherigen Ausführungen dürfte klar geworden sein, dass Islamisten weltweit den Fall Bosnien im Besonderen instrumentalisierten, um in Europa im Allgemeinen am Beispiel der serbischen Ethnofundamentalisten zu unterstellen, dass kriegerische Konflikte des christlichen Lagers gegen Muslime geschürt werden.[41] Das ist der „neue Kalte Krieg", der die europäische Politik im Zeitalter der Migration im 21. Jahrhundert betrifft.[42] Bedeutende Migrationsforscher wie Myron Weiner haben gezeigt, dass Zuwanderung stets mit großen Sicherheitsrisiken verbunden ist. Die Alternative dazu ist, aus Migranten „Citizens of the Heart"[43] zu machen.

Im Gegensatz zu Jürgen Habermas denke ich, dass wir nicht in einer „postsäkularen" Zeit, sondern eher im Zeitalter des religiösen Fundamentalismus leben.[44] Der Islamismus nimmt die Gestalt eines neuen Totalitarismus an, der von den „Feinden der offenen Gesellschaft" (Karl Popper) getragen wird.

Weltreligionen bilden das Herzstück der Weltanschauungen von Zivilisationen. Religiöse Einstellungen und Loyalitäten sind zudem viel tiefer in den Menschen verankert als rein politische Bindungen. Außereuropäische, nach dem bosnischen Modell erfolgende Konflikte – beispielsweise zwischen Muslimen, Hindus und Buddhisten – können auch für Europa selbst zur Bedrohung werden, wenn diese auf die Migrantengemeinden übergreifen.

Euro-Islam als eine Perspektive für die friedliche Zukunft Europas

Die politische Kultur des Pluralismus gehört zu den Bestandteilen der säkularen Demokratie, die aus der kulturellen Moderne hervorgegangen ist. Europäische, säkular orientierte Bürger haben allen Grund, über die Zukunft der sehr erhaltenswerten europäischen Zivilisation und ihrer kulturellen Moderne besorgt zu sein. Dass manche Europäer eine Parteinahme für die säkulare und demokratische Kultur der europäischen Moderne als „Kulturrassismus" verurteilen, ist bedauerlich. Die Kultur der Wir-Gruppen ethnischer Kollektive führt zu religiös-ethnisch geführten Konflikten, die in Europa in einer „Ethnicity of Fear" resultieren können (vgl. Anm. 39). Besonders die zivilgesellschaftlich nicht integrierte Islam-Diaspora ist hiervon stark betroffen.

Was in Südosteuropa, auf dem Balkan, in Bosnien und im Kosovo geschah, kann sich auf ähnliche Weise auch in Westeuropa unter vergleichbaren Bedingungen wiederholen. Dies tritt ein, wenn der europäische Diaspora-Islam nicht integriert wird. Nicht das Modell Deutschlands gilt für die Einführung der kulturellen Moderne in die politische Kultur der Muslime, sondern das Modell des demokratischen Staates, wie der verstorbene Reinhard Bendix gezeigt hat. Dieses Modell ist nicht auf deutschem Boden gewachsen, sondern in England und Frankreich[45] entstanden. Weil die kulturelle Moderne nicht auf dem Boden des Islam entstanden ist, scheint die These von der Verwestlichung Deutschlands nach 1945 vergleichsweise auch eine Relevanz für eine Europäisierung des Islam zu haben.

Ein europäisierter Islam könnte, wenn er gefördert werden würde, die Verbreitung des islamischen Fundamentalismus in Europa unterminieren. Wir leben im „Zeitalter der Völkerwanderungen", das demographische Verschiebungen in sich birgt, die auch Konflikte zwischen den Zivilisationen bedingen. Heute ist Europa die „Hauptattraktion" und das Ziel der globalen Migration auch für Muslime aus dem Mittelmeerraum. Die Kultur einer Zivilgesellschaft muss auch für die islamischen und anderen Migranten gelten, wenn man einen weltanschaulichen *Krieg der Zivilisationen*[46] abwenden will, der aus dem Zivilisationskonflikt hervorgeht. Ein dafür notwendiger weltanschaulicher Pluralismus beinhaltet eine Verteidigung der säkularen Demokratie als der politischen Kultur Europas. Die säkulare europäische

Identität der kulturellen Moderne basiert nicht auf dem Christentum, sondern auf dem Humanismus der Renaissance.

Jenseits von Ambiguitäten: Eine klare Bestimmung des Inhalts des Euro-Islam

Dass man von einer gelungenen Integration der Muslime in Europa sprechen kann, stimmt nicht.[47] Fakt ist, dass sich parallel zur islamischen Zuwanderung islamische Enklaven in Form von abgeschotteten Parallelgesellschaften bilden, die die gescheiterte Integration veranschaulichen. Mein Hinweis darauf, dass ich der Urheber des Konzepts des Euro-Islam bin, hat verschiedentlich Häme hervorgerufen.[48] Weil heute einige Leute von einem Euro-Islam reden und Urheberschaft beanspruchen, aber einen anderen Inhalt einführen, ist mein Hinweis keine Eitelkeit, sondern ein Akt gegen Ambiguitäten. Im Kampf gegen Falschaussagen und Ambiguitäten halte ich zunächst fest: Es ist falsch, wenn unterstellt wird, dass ein europäischer Islam bereits Realität sei, weil Muslime in Europa leben, die zum Beispiel Diskotheken besuchen und modische Kleidung tragen. Im Gegensatz dazu habe ich stets darauf aufmerksam gemacht, dass die westlich-demokratische Kultur auf den Werten der kulturellen Moderne, nicht auf Konsumverhalten fußt. Das *TIME Magazine* fasst mein Konzept vom Euro-Islam korrekt so zusammen:

> „Bassam Tibi … besteht darauf, dass die Integration der in Europa lebenden Muslime von der Übernahme einer Form des Islam abhängt, welche … westliche politische Werte … einschließt."[49]

Eben die Annahme der politischen Werte der kulturellen Moderne verstehe ich unter einem europäisierten Islam, und dies liegt als Aufgabe noch vor den meisten in Europa lebenden Muslimen. Die westlichen Werte, die ich daher im Sinn habe und die das *Time Magazine* anführt, indem es mich weiter zitiert, sind:

> „Werte wie Pluralismus, Toleranz, die Trennung zwischen Religion und Politik, demokratische Zivilgesellschaft sowie individuelle Menschenrechte … Die bestehenden Optionen – sagt Tibi – sind unzweideutig: Euro-Islam oder Ghettoisierung der islamischen Minderheit." (ebd.)

Unter den Bedingungen der islamischen Zuwanderung findet die fortschreitende Entwicklung eines Ghetto-Islam in Europa statt, der sich an der Schari'a orientiert. Der ehemalige Vorsitzende des Zentralrats der Muslime, Nadeem Elyas, hatte als selbst ernannter Vertreter des organisierten Islam in Deutschland in einem Interview, erschienen unter dem Titel „Die *Schari'a* ist unverzichtbar" (*Zeitzeichen* 1/2001, vgl. Anm. 62), diese Orientierung angegeben.

In diesem Buch werde ich in Kapitel III die Inkompatibilität der Schari'a mit dem säkularen Rechtsverständnis europäischer Verfassungen erläutern und nachweisen. Damit sage ich allerdings nicht, dass der Islam mit Demokratie und Menschenrechten schlechthin unvereinbar ist. Es ist möglich, an einer Interpretation des Islam ohne Schari'a als Rechtssystem zu arbeiten, die zu einem Euro-Islam führen kann. Dies will ich hier tun. Der Euro- und der Schari'a-Islam sind zwei unterschiedliche Optionen, die sich zueinander wie Feuer und Wasser verhalten. Beide Optionen schließen sich gegenseitig aus, ebenso wie Abschottung und Integration.

Wenn hier die Europäisierung des Islam als Alternative zur Schari'a hervorgehoben wird, dann muss hinzugefügt werden: Noch ist der Euro-Islam eine Vision, leider keine Realität. In diesem Abschnitt gehe ich von der Erkenntnis aus: Es gibt keine Weltkultur.[50] Meine Vision von einem Euro-Islam wurde in Westafrika geboren. Im Sommer 1982 reiste ich im Anschluss an das Frühjahrssemester in Harvard nach Marokko, wo ich an mehreren Universitäten, vor allem in Rabat, Vorlesungen über den Kulturdialog zwischen Orient und Okzident hielt.[51] Von Marokko flog ich nach Dakar und verbrachte einige Zeit im Senegal, um dort nicht nur Vorlesungen zu halten, sondern auch Feldforschung zu betreiben. Dies war mein erster Aufenthalt in einem subsaharischen beziehungsweise schwarzafrikanischen Land. In den darauffolgenden sechs Jahren (1982–1988) gehörte Westafrika – neben Kenia und Äthiopien in Ostafrika – zu den Regionen der Welt, mit denen ich durch wiederholte Aufenthalte und Forschung vertraut wurde. So kam es, dass ich in Afrika[52] auf der Basis meiner Begegnung mit den dortigen Kulturen die Idee eines Euro-Islam in meiner Gedankenwelt entwickelte. Diese Entwicklung will ich im Folgenden darstellen.

Bei einer Diskussion über meine in Dakar gehaltene Vorlesung *L'Islam et les cultures africaines* (Der Islam und die afrikanischen Kulturen), die auf Einladung des Verbandes der senegalesischen Schriftsteller stattfand, die ihre Publikationen auf Arabisch verfassen, war ich von der Art des saudischen Botschafters sowie des Vertreters der Arabischen Liga befremdet. Letztere wollten den muslimischen Afrikanern – sozusagen kulturimperialistisch – beibringen, was „richtiger Islam", das heißt für sie ihr arabisch-orthodoxer Islam, ist. Hiervon abweichend ist in den vergangenen Jahrhunderten ein afrikanischer Islam entstanden. Der Islam kam aus Marokko nach Westafrika.[53] Dortige Afrikaner haben die neue Religion angenommen, sie aber mit ihren zahlreichen Lokalkulturen synkretistisch in Einklang gebracht, das heißt afrikanisiert. Das Ergebnis ist seitdem eine spezifische, in sich vielfältige Spielart des Islam, die kulturell afrikanisiert ist und die man sowohl in Afrika selbst als auch in der Fachliteratur Afro-Islam nennt. Die Erfahrung mit der Afrikanisierung des Islam während der 1980er Jahre hat sich in den 1990er Jahren in Südostasien (vor allem Indonesien) wiederholt. Es handelt sich um eine kulturelle Indigenisierung des Islam.

Als ein 1944 in Damaskus geborener und dort bis zum 18. Lebensjahr im arabischen Islam sozialisierter Muslim habe ich in Dakar (1982) und später in Jakarta (1995 ff.) gearbeitet und den dortigen lokal-kulturellen Islam kennengelernt, von dem ich gleichermaßen fasziniert und befremdet war. Ab Sommer 1982 in Afrika dachte ich also hierüber nach und stellte mir – da ich selbst in Europa lebe – die Frage, ob nicht auch in Europa eine spezifische Variante des Islam möglich ist. In den darauffolgenden Jahren beobachtete ich, wie in Afrika vielerorts der Islam einheimisch – fachlich ausgedrückt: indigenisiert – worden ist. Dies liegt darin begründet, dass der universelle Islam vor Ort afrikanische Züge angenommen hat und zum Bestandteil der dortigen Lokalkulturen geworden ist. So wird man in Westafrika – mit der Ausnahme Nordnigeria – kaum eine verschleierte einheimische Frau vorfinden. Dass in Nordnigeria kopftuchtragende Frauen vorzufinden sind, ist als ein von außen (u. a. von Saudi-Arabien) gesteuerter Prozess der Schari'atisierung des Islam zu deuten. In Dakar sind kopftuchtragende Frauen in der Regel Migrantinnen, die der schi'itisch-libanesischen Minderheit angehören. Im Gegensatz zu Afrika ist der Islam in Europa fremd, weil hier Ähnliches wie eine Indigenisierung bislang nicht stattgefunden hat. In diesem Sinn dient der Schleier in Europa für muslimische Migrantenfrauen als ein Instrument der zivilisatorischen Abgrenzung.[54] In Dakar bin ich hingegen bei den *Qadiriyya-* und *Tijaniyya-Sufi*-Bruderschaften weltoffenen und in höchstem Maße sympathischen Muslimen begegnet, die sich von den dortigen saudischen Diplomaten nicht bestechen ließen. Letztere missionieren im Geiste ihres orthodoxen Wahhabismus mittels Petro-Dollars und glauben, mit Geld ließe sich alles kaufen.

Zehn Jahre reifte in meiner Gedankenwelt der im westafrikanischen Dakar aufgenommene Impetus, bis ich 1992 nach Paris eingeladen wurde, um am Denkprozess teilzuhaben, dem die Franzosen den Namen *Intégration ou insertion communautaire*[55] gegeben haben. In diesem Rahmen ist mein Konzept vom Euro-Islam am Institut du Monde Arabe entstanden. Ich beteiligte mich an dem dort geführten Projekt über die Eingliederung der in Frankreich lebenden Muslime.

Auch im Fall Frankreichs ist die Mehrheit der acht Millionen dort lebenden Muslime nicht integriert, selbst wenn das Land eine muslimische Justizministerin mit Migrationshintergrund hat. Das Frankreich der „Grande Révolution“ ist durchaus auch ein *Ethnic France*[56], wie Alec Hargreaves richtig feststellt. Selbstkritisch scheinen die Franzosen zu erkennen, dass die von ihnen früher betriebene Politik der „Assimilation“ nicht mehr funktioniert. Daher hat man in Frankreich zwischen den Jahren 1992 und 1995 den neuen Begriff von Integration im angeführten Projekt aufgenommen, der den der Assimilation ablöste.

Die Franzosen sind stolz auf ihre europäisch-zivilisatorische Identität.[57] Doch obwohl sie nun das Modell der vollständigen kulturellen Anpassung – die Assimilation – aufgeben, verlangen sie positiv nach wie vor von den Menschen, die in Frankreich leben wollen, die zivilisatorische Identität Frankreichs zu respektieren und sich als *Citoyen* zu ihr zu bekennen. Im Französischen bedeutet *Citoyen* viel mehr als „Staatsbürger“ im Deutschen. Daher ist *Citoyennité* die Voraussetzung dafür, sich in das französische Gemeinwesen einzugliedern. Auch in Frankreich gibt es heute große Probleme mit den muslimischen Migranten, aber dort sind die Integrationsvoraussetzungen besser als in Deutschland, weil es so etwas wie einen Pass-Franzosen, im Gegensatz zum Pass-Deutschen, nicht geben kann. Und noch ein Unterschied zu Deutschland: Bei der Ablehnung vormoderner Kulturen sind sich linke und konservative Franzosen als Verfassungspatrioten einig. Der linke französische Philosoph Alain Finkielkraut nennt die grenzenlose Toleranz gegenüber vormodernen Kulturen im Titel seines Buches *La défaite de la pensée*[58] (Niederlage des Denkens) und verteidigt Europa dagegen. Dieser Philosoph war mehrfach Ziel der Angriffe Tariq Ramadans,[59] der unbotmäßig darauf abstellte, dass dieser Jude sei.

Die Geisteshaltung der *Citoyenneté* galt als Ausgangspunkt für das Projekt *Islams d'Europe* in Paris. Die Fragestellung: *Intégration ou insertion communautaire?* (Integration oder Ghettobildung?) schließt richtigerweise einen Mittelweg aus. In Paris habe ich während des Projektes eine Erkenntnis gewonnen, die das *TIME Magazine* (vgl. Anm. 2) mit der Formel „There is no middle way" wiedergibt. Anders formuliert: Meine in Afrika entstandene und in Paris konkretisierte Vision eines Euro-Islam ist dem Diskurs der kulturellen Moderne verpflichtet und gegen die Schari'a-orientierte Islamisierung Europas gerichtet. Wie in Westafrika die Muslime beides verbinden, Muslim und Afrikaner zu sein, können die Muslime in Europa auch Europäer im Sinn von *Citoyens* werden.

Zur Klärung von Ambiguitäten noch dies: Mein Verständnis des Euro-Islam ist dem von Tariq Ramadan diametral entgegengesetzt: Ich will Europa nicht islamisieren, sondern den Islam europäisieren.[60] In Europa heißt die Formel: *Euro-Islam versus Global Jihad*.[61] Deswegen ist mein Verständnis des Euro-Islam anders als das des Ex-Vorsitzenden des Zentralrats der Muslime in Deutschland, Elyas, der laut Interview mit der Zeitschrift *Zeitzeichen*[62] nicht von der Schari'a abrücken will, ebenso wie der Zentralrat, den er früher leitete. Nur nebenbei bemerkt: Wenn mein Konzept des Euro-Islam mit den Worten herabgewürdigt wird, dass es in Deutschland eine „ominöse Ein-Mann-Sekte namens Euro-Islam"[63] gebe, dann spricht das für sich.

Einzelne Bestandteile des Euro-Islam

Vor einiger Zeit schrieb ein Islamist einen Leserbrief, in dem er anführte, der Euro-Islam sei doch keine Währung. Darüber hinaus – so fuhr er fort – sei ein europäischer Islam „schlicht ein *Kufr*/Heidentum", weil er von den islamischen Grundsätzen abweiche. Dem halte ich entgegen: Der Euro-Islam ist eine Werteorientierung, und jede konsistente Gesellschaft, jedes unbeschädigte Gemeinwesen hat eine Identität, die auf einer verbindlichen Werteorientierung basiert. In traditionellen Gesellschaften wird die Werteorientierung durch Erziehung in Familie und Gesellschaft überliefert. In modernen demokratischen Gemeinwesen hingegen wird die jeweilige Werteorientierung durch Konsens zwischen gesellschaftlichen Gruppen gebildet und je nach Bedarf erneuert. Auch Werte unterliegen einem Wandel. Die modernen Gesellschaftsformen wie auch moderne Nationen haben zwar einen „ethnischen Ursprung"[64], wenngleich sie sich nicht mehr ethnisch, sondern als Wertegemeinschaft definieren.

Vor einem Jahrzehnt hatte ich den Begriff „Leitkultur" in meinem Europa-Buch (vgl. Anm. 25) geprägt, mit dem ich eine inhaltlich konsensuell akzeptierte Werteorientierung meinte. Nirgendwo auf der Welt gibt es eine

Gesellschaft, die keine Werteorientierung als Leitkultur im oben beschriebenen Sinn besitzt. Als mein Europa-Buch mit diesem Konzept der Leitkultur erschien, hat sich niemand darüber empört. Erst als der CDU-Bundestagsabgeordnete Friedrich Merz in einer politischen Diskussion von Migranten forderte, sich an eine „deutsche Leitkultur" anzupassen, und Angela Merkel im Verlauf der hierauf folgenden Debatte mich in einer Pressekonferenz und einem *Spiegel*-Interview als Quelle des Begriffs angab,[65] erregten sich die Gemüter, und es kam zu einer Popularisierung des Begriffs. Der damals noch amtierende Bundeskanzler Gerhard Schröder und sein Außenminister waren nicht zu einer ernsthaften Auseinandersetzung mit dem Begriff bereit. Manche wie der Alt-68er Daniel Cohn-Bendit urteilten schlicht: „Es gibt keine deutsche Identität."[66] Im Anschluss an diese Debatte stand fest: Deutschland braucht keine Leitkultur! Ich litt damals unter dieser Debatte und habe mich in diesem Buch entschieden, den Begriff „Leitkultur" nicht mehr zu verwenden. Wie sehr habe ich mir während der deutschen Leitkulturdebatte gewünscht, dass die Kritiker die Lektüre des Klassikers über Demokratie von John Stuart Mill (*On Liberty*) wagen und darüber nachdenken würden, was Freiheit ist.

Nun ist die nationale Identität[67] eines Gemeinwesens ein wissenschaftlich anerkannter Fachbegriff und eben kein polemischer Begriff. Hierüber gibt es eine internationale Debatte. Die dazugehörige Werteorientierung, die bei der deutschen Debatte gar nicht zur Kenntnis genommen worden ist, gehört zum Bestandteil kultureller Identität. Ohne Zweifel hat Westeuropa in diesem Sinn eine westlich-zivilisatorische Identität. Das Problem in Deutschland ist aber, dass die deutsche Identität angesichts der NS-Verbrechen – trotz aller Aufarbeitung – noch sehr gebrochen ist.[68] Eine Aufarbeitung des Holocaust ist nicht mit einer Selbstzerfleischung oder mit einer kulturprotestantischen Pflege der Erbschuld zu verwechseln, und sie kann nur erfolgreich auf rationaler Grundlage geschehen. Vielmehr wird die Entfaltung eines demokratischen Bewusstseins benötigt, das eine Verantwortung für die Verbrechen verankert, die in der Nazizeit begangen worden sind, um sicherzustellen, dass eine Wiederholung ausgeschlossen ist. Dies leistet mehr als jeder gesinnungsethische Kulturprotestantismus.

Nach diesem Diskurs über „die Deutschen" und über „Leitkultur" kehre ich zum Kernthema dieses Buches zurück und betone, dass die Verwestlichung Deutschlands – die seit der *ohne* Plebiszit erfolgten Verkündung des Grundgesetzes stattfand – doch vergleichbar mit der Europäisierung des Islam in Deutschland ist. Auch diese erfordert kein Plebiszit. Hierbei möchte ich die orthodoxen Muslime gar nicht erst fragen, ob sie dies wollen, sondern begnüge mich mit der Feststellung: Die Vorstellung der orthodoxen Muslime, dass sie in Europa leben wollen, aber gleichzeitig die europäische Identität zugunsten einer Islamisierung ablehnen, ist nicht möglich. Um es kurz zu sagen: Ich rede nicht von einem deutschen, sondern von einem europäischen Islam. Das deutsche Kirchenmodell ist nicht geeignet für eine Eingliederung des Islam in Europa.[69]

Der Kernpunkt ist die Erhaltung der politischen Kultur der westlichen Gesellschaft, zu der Demokratie, individuelle Menschenrechte und die Freiheit des Individuums als Berechtigung gehören. In Gedenken an meinen jüdischen Lehrer Max Horkheimer, der aus der eigenen Biographie wusste, was NS-Verbrechen sind, verteidige ich Europa und seine Zivilisation, weil es die Geburtsstätte der kulturellen Moderne ist, die die individuellen Menschenrechte gewährt. Dieses Bekenntnis zu Europa übersieht das hässliche Gesicht dieses Kontinents nicht und verteidigt Europa nur als „Insel der Freiheit", die sich in einem „Ozean der Gewaltherrschaft" befindet.

Mit diesem Vorverständnis und mit der am *principium individuationis* orientierten Bestimmung des Menschen, der Berechtigungen gegenüber Staat und Gesellschaft hat, will ich erläutern, was ein europäischer Islam als Werteorientierung umfassen müsste. Folgendes ist zu leisten:

1. Die Laizität beziehungsweise Säkularität ist im beschränkten Sinn einer Trennung zwischen Religion und Politik in das islamische Denken einzubauen. Entsprechend darf der Schari'a-Islam als „Straf-, Staats- und Wirtschaftssystem" nicht im Namen einer falsch verstandenen Toleranz Zugang nach Europa finden. Säkularisierung darf jedoch nicht zu einer umfassenden Profanisierung führen, weil diese keine Heiligtümer mehr kennt. Wir finden diese wichtige Unterscheidung zwischen „institutioneller Säkularisierung" und „kultureller Profanisierung" bei dem Harvard-Soziologen Daniel Bell.[70] Auch in einer europäisch-säkularen Gesellschaft soll es noch immer „Heiligtümer" geben: zum Beispiel die individuellen Menschenrechte und die Demokratie; sie zu verletzen, bedeutet die europäischen Heiligtümer zu schänden. Auf profaner Ebene kann dies nicht geleistet werden.
2. Die Verbindung von Laizität und säkularer Toleranz, die sich erheblich von der islamischen Toleranz unterscheidet,[71] ist zu akzeptieren.
3. Außerdem gehört dazu ein religiöser und kultureller Pluralismus,[72] der Relativismus und Neoabsolutismus gleichermaßen abweist.[73]

4. Dann zählt zu den Bestandteilen eines Euro-Islam die säkulare Demokratie, das heißt ein moderner Staat, der auf demokratisch-säkularen Grundlagen beruht[74] und parallel zu einer als Zivilgesellschaft zu definierenden „open society“ existiert.
5. Als letztes Element ist die bereits angeführte Zivilgesellschaft zu nennen, die Grenzen zwischen Öffentlichem und Privatem setzt.[75] Die Zivilgesellschaft erkennt Religion als Privatsache an und entfernt sie im Interesse des inneren Friedens aus dem öffentlichen Leben, so dass die öffentliche Sphäre streng säkular ist.

Die mit diesen fünf Bereichen verbundenen Inhalte machen den Kern meiner Vision vom Euro-Islam aus. Das Plädoyer für einen Euro-Islam ist gerichtet an die islamischen Migranten, die eine demokratische Brücke zwischen Orient und Okzident sein können, wenn sie dies wollen. Wenn die deutsche Islam-Diaspora sich dagegen sträubt und die Perspektive der Schari'a im Kontrast zu der diametral entgegengesetzten kulturellen Moderne bevorzugt, dann verschließen sich die Muslime für Europa. Ohne es zu wollen, nähren sie hierdurch jede Form der Islamophobie, weil sie Europa fremd bleiben.

Muslime in Europa. Wie schützt man sie vor der Instrumentalisierung durch die Islamisten und wie schützt man Europa vor der Hinterlandsfunktion?

Heute ist Fakt, dass der Islam in den meisten Ländern des Westens, in Europa[76] und Nordamerika[77] gleichermaßen, durch die Migration zur dritten großen Religion neben Christentum und Judentum geworden ist. Die Islam-Diaspora geriet nach dem 11. September 2001 in Verruf, und sie wurde herausgefordert, um klarzustellen, dass sie Partei für den Westen – in dem sie existiert – und gegen den Djihadismus ergreift. Ambiguitäten sind hier nicht zuzulassen. Den Kollektivverdacht gegen die Muslime zu zerstreuen, erfordert von der Islam-Diaspora mehr, ja anderes zu tun, als sich in der Opferrolle selbst zu bemitleiden. Der wiederholte Hinweis der Muslime auf ein „Feindbild Islam“, bei gleichzeitigem Verschweigen des „Feindbildes Westen“, eignet sich nicht, Vertrauen zu erwecken. Die Doppeldeutigkeiten in Bezug auf die Akzeptanz von säkularer Demokratie, Pluralismus und individuellen Menschenrechten als Kern der kulturellen

Moderne, die die Identitätsbasis der Zivilisation Europas bilden, ist von muslimischen und auch allen anderen Migranten zu überwinden. Für eine Überwindung der Spannung zwischen dem Islam und der kulturellen Moderne – zunächst auf dem europäischen Kontinent – müssen Muslime religiöse Reformen und kulturelle Veränderungen unternehmen. In aller Klarheit formuliert: Es geht nicht um Missverständnisse, sondern um einen Wertekonflikt. Der Konflikt muss friedlich ausgetragen werden, um Lösungen zu suchen und zu finden. Die Islamisten wissen dies besser als die Europäer und nutzen diese Situation zu ihrem Vorteil. Das Leben in einem islamischen Ghetto fördert die kulturellen Vorstellungen und die Weltsicht des Islamismus, wohingegen eine gelungene Integration dem Islamismus den Boden unter den Füßen entzieht.

Der Ghetto-Islam der Parallelgesellschaften ist eines der größten Hindernisse für einen Euro-Islam. Der Islam könnte, wie es der tolerante *Sufi*-Muslim Ibn al-Arabi im hochentwickelten islamischen Mittelalter getan hat, eine Religion als *Mahabba* (Liebe) sein. Für Ibn al-Arabi kann „Glaube" eine islamische, christliche oder jüdische Form annehmen. Damit werden Religionen als gleichberechtigt anerkannt. Das ist der islamische Geist des zwischen 1165 und 1241 lebenden Ibn al-Arabi in seinem Werk *Turdjuman al-aschwaq* (Interpret der Sehnsüchte). Die Muslime können in diesem Sinn im freiheitlichen Europa ungehindert ihre Religion ausüben, parallel dazu sollten Moscheen keine Vereine und Zentren der Indoktrination sein.

Innerhalb des Islam kann man in diesem Kontext den toleranten Islam im einst arabischen Spanien[78] mit dem Kosovo-Islam der Gewalt kontrastieren. Welcher Islam wird in den Moscheen gepredigt? Viele Moscheen in Europa sind nicht nur ein Gotteshaus zur Pflege des Glaubens. So gibt es eine Moschee in Hamburg, von der nach dem 11. September berichtet wurde, sie sei ein Sammelort für Terroristen gewesen.

In gedachten, noch zu errichtenden und vom Euro-Islam geprägten Moscheen soll das öffentliche Leben der westlichen Gesellschaft und religiöse Toleranz gemäß dem Verständnis der säkularen Kultur der Moderne bejaht werden. Kurz, Muslime, die in Europa leben, müssen aus vollem Herzen akzeptieren, dass alle, europäische Bürger und demokratische Verfassungspatrioten, gleichwertig sind. Für mich steht der Euro-Islam als ein mit der kulturellen Moderne versöhnter Islam nicht im Widerspruch zu meinem Glauben an die göttliche Religion und zu meiner islamischen Identität. Da ich ein Demokrat bin, kann ich weder den politischen Glauben an eine

Überlegenheit des Islam noch an einen Herrscher als *Zhul Allah* (Schatten Allahs), der die Geltung der Schari'a garantiert, teilen.

Das Eintreten für einen Euro-Islam ist eine Agenda, nicht nur eine geistige Einstellung. Der Islam in Deutschland[79] wird nach außen, vor allem von den Vertretern des organisierten Islam in den beiden Islam-Räten, die sich zu einem Koordinationsrat vereinigten, repräsentiert. Diese akzeptieren den Euro-Islam nicht. Das ist auch der Grund für meinen Ausschluss von der Islam-Konferenz der Bundesregierung, die Islamisten und Salafisten nicht verärgern wollte, für die der Euro-Islam ein „Heidentum" ist. Ihnen sei aber gesagt, dass in Europa die Alternative zum Euro-Islam das islamische Ghetto ist. Wenn dieser Kreis Letzteres will, bleiben die Muslime in Europa weiterhin fremd, und sie verwirken damit jedes Recht, sich zu beklagen. Erschwerend kommt hinzu, dass die Gegner des Euro-Islam den islamischen Fundamentalisten in die Hände spielen.

Was kann man tun, um normale Muslime vor der Ideologie der Islamisten, zu schützen? Diese fügen dem Islam Schaden zu und treiben auch einen Keil zwischen die Welt des Islam und die westliche Gesellschaft. Die Islam-Diaspora in Europa ist heute ein Schlachtfeld hierfür geworden.

In Europa kann man heute nicht von Euro-Islam reden und über den Islamismus, der ein großes Hindernis für die Integration ist, schweigen. Es gibt zwei Formen des Rechtsradikalismus: die Ausländerfeindlichkeit mancher Deutschen, die ihre Parallele in dem ethnisch-religiösen, islamischen Rechtsradikalismus der Islamisten findet. In der autoritativen deutschen Extremismusforschung wird der Islamismus seit den Terroranschlägen vom 11. September in diese Kategorie eingeordnet. Ausländische Rechtsradikale dürfen nicht aus der kritischen Reflexion ausgenommen werden, nur weil sie Ausländer und damit potentielle Opfer sind. Als ein zwischen den Fronten lebender Mensch bin ich mir vollauf bewusst, wie schwierig es ist, unter den Bedingungen der Polarisierung in Bezug auf diesen sensiblen Gegenstand ohne Tabus zu denken und zu schreiben. In meiner vorangegangenen Bemerkung habe ich bereits ein Tabu gebrochen, als ich anführte, dass sich unter den in Deutschland lebenden Muslimen, die hierzulande ein Drittel aller Ausländer ausmachen, Fundamentalisten befinden, die jeder informierte und urteilsfähige Beobachter der rechtsradikalen Szene zuordnen würde. Dass Fundamentalismus gleichbedeutend mit Rechtsradikalismus ist, gilt zwar inzwischen als eine wissenschaftliche Erkenntnis, ist aber noch nicht in das Bewusstsein der deutschen Öffentlichkeit eingegangen. Eine Waffe der Islamisten ist der von manchen Europäern verbreitete Vorwurf an Islamismuskritiker, sie schürten ein „Feindbild Islam". Von einer aufgeklärten islamischen Position aus betrachtet, sind jedoch die Fundamentalisten die wahren Feinde eines toleranten Islam, obwohl sie ihre Ideologie eindeutig auf einer Interpretation des Islam aufbauen.

Anders formuliert: Die notwendige Auseinandersetzung mit der deutschen Ausländerfeindlichkeit als einer Form des Rechtsradikalismus darf nicht von der Auseinandersetzung mit dem islamischen Fundamentalismus, der auch rechtsradikal ist, entbinden.[80] Die politische Richtung des Islamismus behindert die Entfaltung eines demokratischen Euro-Islam, schadet dem Ruf des Islam unter Nicht-Muslimen und ebnet den Weg für neue Phantasien eines islamischen Djihad in Europa, der sich an der Schari'a orientiert. Angesichts der Popularität des Islamismus in der Islam-Diaspora muss man daher die in der Überschrift dieses Abschnitts enthaltene Frage stellen: Wie schützt man ordentliche Muslime, vor allem hier geborene und durch soziale Marginalisierung gezeichnete Muslime, vor der Indoktrination durch die Islamisten? Der Wettkampf ist hart, und er ist an der University of California/Berkeley und später in Cornell durch die Kontrastierung *Islamic Europe or Euro-Islam*[81] festgehalten worden. Einen Zwischenweg zwischen Europäisierung und Islamisierung gibt es nicht! In diesem Zusammenhang muss man näher auf die Zuwanderung aus den islamischen Mittelmeerländern nach Europa eingehen. Unter den Migranten, die die europäischen Staaten aufnehmen, befinden sich politisch einflussreiche Islamisten. Wie reagiert das demokratische System der Bundesrepublik Deutschland auf diese schwierige Aufgabe angesichts der Tatsache, dass die Zuwanderer aus vormodernen Kulturen kommen, die keine Demokratie kennen und eher den Islamismus als die Demokratie der deutschen Gesellschaft annehmen würden?

Das politische System Deutschlands tut sich schwer, sich an wandelnde politische Bedingungen anzupassen. Die europäischen Nachbarstaaten haben damit begonnen, ihre Systeme umzustellen, nachdem sie erkannten, dass Europa heute ein Ziel globaler Migration geworden ist, die als moderne „Völkerwanderung" betrachtet werden kann. Dagegen diskutieren die Deutschen bis heute über das politische Asyl entweder formal-legalistisch oder gesinnungsethisch. Als Folge davon kommen die Islamisten nach Europa, beantragen Asyl, und man gewährt es ihnen. Ein der Kooperation mit *al-Qaida* verdächtigter Islamist kann aus formalrechtlichen Gründen nicht angeklagt werden. Der deutsche Rechtsstaat schützt ihn, was diesen dazu veranlasste, dem Nachrichtenmagazin *Der Spiegel* gegenüber offen zu sagen: „Ich habe Vertrauen in das deutsche Rechtssystem."[82] Das muss zum Nachdenken veranlassen, weil es für Deutschland alles andere als ein Lob ist! Wenn der Rechtsstaat die Freiheit der „Feinde der offenen Gesellschaft" – gleich ob Nazis oder Islamisten – verteidigt, begräbt er sich selbst. Der Rechtsstaat muss parallel zur Bewahrung aller rechtsstaatlicher Standards und einem Nein zu rechtswidrigen Gefangenenlagern wie dem US-Lager Guantanamo Zähne zeigen. Das Spiel mit den Feinden der „offenen Gesellschaft"[83] (Karl Popper) muss ernst genommen werden. Die Worte des Grundgesetzes müssen die Grundlage einer wehrhaften Demokratie[84] sein, und diese müssen in die Praxis umgesetzt werden. Ich möchte den formalen Legalismus der Deutschen bei der Diskussion über Zuwanderung mit Bezug auf die Schari'a kritisieren und an einem konkreten Beispiel mit Praktiken der Schari'a vergleichen: *Riba* (Zins) ist nach der Schari'a streng verboten, dennoch hat es in der islamischen Geschichte immer Zinserhebungen gegeben.[85] Muslime berufen sich auf die Norm des Zinsverbotes, um die Realität der verdeckten Zinserhebung abzustreiten. Ähnlich argumentierten früher deutsche Juristen auf diese Weise: Deutschland sei rechtlich kein Einwanderungsland, so gebe es daher keine Einwanderung.

Ich habe in diesem Kapitel den Unterschied zwischen Ein- und Zuwanderung en passant angeführt und möchte ihn hier näher erläutern: Einwanderung ist gesetzlich und politisch geregelt, Zuwanderung hingegen ungeregelt. In Deutschland findet Zuwanderung jeden Tag statt, weil es – trotz Zuwanderungsgesetz – formal-juristisch immer noch schwierig ist, nach Deutschland – wie in die USA – regulär und damit rechtlich und politisch geregelt einzuwandern. In der Logik des deutschen Legalismus wird nicht zwischen Gesetz und Realität unterschieden; das Gesetz steht auf dem Papier und kann nicht immer die Realität prägen. Das Zuwanderungsgesetz von 2002 räumt nun ein, dass Migration stattfindet. Doch da es „Zuwanderungsgesetz" und nicht „Einwanderungsgesetz" heißt, wird zwischen beiden Mustern offensichtlich auch in der Norm nicht unterschieden; zudem fehlt noch immer ein Konzept für die Integration der bereits Zugewanderten, obwohl so viel hiervon im politischen Alltag gesprochen wird.

In der Schari'a gibt es die Kategorie der *Hiyal* (Rechtskniffe), mit deren Hilfe Muslime die Schari'a selbst umgehen können. In Deutschland können Islamisten *Hiyal* – wie etwa den Rückgriff auf politisches Asyl – einsetzen, um ihre Belange durchzusetzen. Die Berufung auf das deutsche Recht erfolgt hierbei legalistisch einwandfrei. Obgleich ich an dieser Stelle die Scheinasylbewerber in den Mittelpunkt stelle, weil sie nach der staatlichen

Statistik die Mehrzahl der Asylsuchenden bilden, übersehe ich nicht diejenigen unter ihnen, die wirklich politisch verfolgt werden und Schutz verdienen. Diese machen jedoch unter den Antragstellern nach offizieller Statistik weniger als zehn Prozent aus. Als Menschenrechtsaktivist befürworte ich von ganzem Herzen das Asylrecht für politisch Verfolgte, obwohl ich es vorziehen würde, dieses an Kriterien demokratischen Verhaltens zu binden. Wenn zum Beispiel Algerier, die im August 1992 einen terroristischen Anschlag auf den Flughafen von Algier verübt haben, in der Bundesrepublik Deutschland politisches Asyl finden, weil sie in ihrem Land verfolgt werden, fällt es mir schwer, das einzusehen.

Unter den muslimischen Migranten in der Bundesrepublik befinden sich nicht nur normale Muslime, sondern auch zahlreiche Islamisten (etwa 100 000 von ca. 4 Millionen). Diese haben keinerlei Vorlieben für Europa, nutzen dennoch die demokratischen Freiheiten für die Verfolgung totalitärer Ideologien und Praktiken, um eine Freizone für sich in der westlichen Gesellschaft zu schaffen. Da ich für ein besseres Gesetz als das 2002 verabschiedete „Zuwanderungsgesetz" eintrete, sage ich offen: Wie die anderen europäischen Länder – vor allem Frankreich –, so kann auch die Bundesrepublik die Probleme des wirtschaftlichen Elends auf dieser Welt nicht durch die Öffnung der Grenzen für eine uneingeschränkte Zuwanderung lösen. Auch kann kein Land der Erde die Probleme der politischen Verfolgung durch uneingeschränkte Aufnahme von Asylsuchenden mildern. Die Folgerung ist, dass Zuwanderung geregelt werden und in eine Einwanderung überführt werden muss. Das neue Gesetz leistet diese Aufgabe nicht, und es unterscheidet auch nicht zwischen Einwanderungspolitik auf der einen und humanitärer Politik auf der anderen Seite, obwohl dies zwei unterschiedliche Bereiche sind. Will sich Europa vor dem Zusammenbruch bewahren, muss es per Gesetz und Einwanderungspolitik gleichermaßen die Zahl von Migranten kontingentieren und nur denjenigen, die wirklich und nachweisbar politisch verfolgt werden, Asyl gewähren. Im südlichen und östlichen Mittelmeerraum findet eine demographische Explosion statt (vgl. Anm. 6), die zu einem Zustrom von Zuwanderern führen wird. Diese Realität zu tabuisieren, wäre ein Fehler.

Die stattfindende und noch zu erwartende Zuwanderung aus dem Mittelmeerraum birgt schwerwiegende Folgen für die Aufnahmeländer, weil sie aus islamischen Ländern stammt. Dort blüht der Islamismus als Antwort auf die bestehende Krisensituation. Islamische Fundamentalisten bemühen sich, die historischen Belastungen zwischen der islamischen und der westlichen Zivilisation im Sinn ihrer antiwestlichen Haltung zu politisieren; sie verschärfen somit das Konfliktpotential zwischen den Zivilisationen. Zu den Schwierigkeiten der wirtschaftlichen, arbeitsmarktabhängigen Integration der Migranten in Europa kommt so noch das Problem der Integration des Islam. Dieses besteht darin, dass die islamische Religionsgemeinschaft laut Koran (Sure 3, Vers 110) für ihre Angehörigen gleichermaßen Exklusivität und Überlegenheit gegenüber allen anderen beansprucht. Es ist bedauerlich, dass islamische Fundamentalisten diese auf rein religiöse Bekenntnisse bezogene Lehre in unserer Krisenzeit politisieren. Oft fördert das Verhalten solcher islamischer Fundamentalisten (zum Beispiel die frühere Bildung des islamischen Gegenparlaments 1992 in London[86]) bei den Europäern ein Feindbild vom Islam, das der Integration der Muslime im Weg steht. Andere Europäer sprechen von Toleranz und bestätigen damit den Muslimen deren Vorurteil, dass die Europäer auch noch die andere Wange hinhalten, wenn man sie auf die eine schlägt!

Nicht die Kritiker des Islamismus tragen zu einem „Feindbild Islam" bei, sondern die in den Medien verbreiteten, intoleranten und totalitären Äußerungen der Islamisten. Hierzu gehören die Aussagen des inzwischen verstorbenen Kalim Siddiqi, der die britischen Muslime zu vertreten glaubte. Wenn man den Islamismus als neue totalitäre politische Ideologie kritisiert, feindet man nicht die Weltreligion des Islam an. Ich unterscheide weiterhin zwischen Orthodoxie und Islamismus; beide sind nicht identisch, obwohl Salafisten und Islamisten geistesverwandt sind. So muss man redlicherweise einräumen, dass orthodoxe Muslime Formen des Neoabsolutismus entfalten, die bei einer Politisierung in einen Islamismus münden, der eine Spielart des religiösen Fundamentalismus ist. Somit sind die Grenzen zwischen Salafismus und Islamismus fließend; beide existieren in Europa in der Moscheevereinskultur.

Unter den Europäern scheinen heute die Franzosen besser im Umgang mit den Migranten abzuschneiden als andere Europäer. In Frankreich wird nüchtern zur Kenntnis genommen, dass eine massenhafte Migration nach Europa stattfindet. Auch werden die hiermit zusammenhängenden soziokulturellen, politischen und wirtschaftlichen Integrationsprobleme relativ tabufrei diskutiert. So wie die Deutschen nach 1789 Ideen von den Franzosen übernahmen, könnten sie sich auch heute, im 21. Jahrhundert, im Umgang mit dem Islam und den Islamisten an Frankreich orientieren. Es besteht eben nur die Wahl zwischen Integration und der Bildung von Parallelgesellschaften als islamischen Enklaven.

Es liegt mir fern, Frankreich zu idealisieren. Auch dort leben Muslime in Ghettos in einer Republik, die in Wirklichkeit ein *Multi-Ethnic France* ist.[87] Doch gibt es einen historischen Unterschied zwischen Frankreich und Deutschland, also zwischen einem westlichen Land mit einer langen demokratischen Tradition und einer „verspäteten Nation“ (Helmut Plessner), die sich immer noch in einem Verwestlichungsprozess befindet.[88] Dies ist nicht mit Amerikanisierung zu verwechseln. In diesem Prozess gibt es sowohl Fortschritte als auch Widerstände gegen die Entfaltung einer westlich-demokratischen politischen Kultur, die gleichermaßen von links und rechts kommen. Dagegen fällt bei den Franzosen etwa das Fehlen gesinnungsethischer und moralisierender Töne beim Umgang mit dem Islam angenehm auf. Die Franzosen gehen von der Tatsache aus, dass Prozesse der Migration stattfinden, aus denen Integrationsprobleme und Gefahren für Europa entstehen, die demokratisch zu bewältigen sind.[89] Migration wird in Paris daher als ein Gegenstand der Europapolitik betrachtet.

Auch in den USA wird diese Problematik ohne viel Lärm und schrille Gesinnungsethik öffentlich diskutiert. Einerseits wird konzediert, dass die Einwanderung zum Reichtum der amerikanischen Gesellschaft beigetragen hat und dass die Migranten zu Amerikas Ökonomie, Wissenschaft und anderen Bereichen des Lebens beitragen. Andererseits wird fernab jeder Ausländerfeindlichkeit und jeden Rassismus auf die Gefahren hingewiesen, die – wie Arthur Schlesinger sagt – *The Disuniting of America*[90] (Die Auflösung der gesellschaftlichen Einheit Amerikas) zur Folge haben können. Die Bildung von ethnischen Kollektiven ist der Motor dieses Auflösungsprozesses. In den USA ist die Vorstellung eines „American Islam“ eine Normalität, die eines „Euro-Islam“ indessen in Deutschland nicht.

Die europäisch geprägte Kultur Nordamerikas ist in dieser Hinsicht weder ethnisch noch rassisch, weil ihre theoretische Bestimmung sich exklusiv ohne Ansehen der Hautfarbe und Religion an Werten orientiert. Der *American Citizen* wird nach säkular-demokratischen Kriterien bestimmt. Meine Vision vom Euro-Islam sieht vor, eine an die kulturelle Moderne Europas angepasste Religion in die westliche Gesellschaft aufzunehmen. Die Franzosen beispielsweise verlangen von den Migranten, sich zu der französischen *Citoyenneté*[91] zu bekennen. Die historische Entwicklung des Konzepts der *Citoyenneté* beziehungsweise der *Citizenship*[92] und die damit korrespondierenden politischen und zivilgesellschaftlichen Realitäten Europas gehören zu den Elementen der westlichen Zivilisation und ihrer kulturellen Identität. Der *Citoyen* ist kein Christ und kein „stofflicher" Bürger, sondern Teilhaber eines säkularen Gemeinwesens.

Für die Franzosen steht der Islam[93] im Mittelpunkt der Einwanderungsproblematik, weil ein erheblicher Anteil der Zuwanderer aus der Welt des Islam kommt; letzteres ist auch in Deutschland der Fall. Die Migranten aus dem Mittelmeerraum haben überwiegend den Islam als politische und kulturelle Referenz ihrer Identität. Die Franzosen müssen mit acht Millionen Muslimen leben und haben große Probleme mit ihnen. Nach offizieller Statistik gehören 70 Prozent der Gefängnisinsassen Frankreichs der dortigen Islam-Diaspora an. Man muss mit dieser Problematik pragmatisch umgehen und die Migranten in Europa als eine soziale Tatsache im soziologischen Sinn einer *fait social* einordnen. Entsprechend werden Politiker mit der Frage konfrontiert, wie Europa die eingewanderten Muslime integrieren kann. Diese Frage orientiert sich an den zwei faktisch bestehenden, jedoch einander ausschließenden alternativen Optionen für die Muslime in Europa, die ich eingangs anführte: Werden die Muslime im Sinn einer demokratischen politischen Kultur integriert, das heißt, werden sie die oben angeführten Grundlagen der europäischen Moderne, die alle westeuropäischen Gesellschaften prägen, innerhalb eines europäisierten Islam annehmen? Oder werden sie als Bestandteil des *Dar al-Islam*/Hauses des Islam in Europa, sozusagen als ein Ghetto im Rahmen einer *insertion communautaire*, unintegriert bleiben? Ich habe bereits angemerkt, dass es gänzlich unmöglich ist, die beiden Optionen miteinander zu vereinbaren und lehne deswegen die „Charta" des Zentralrats der Muslime in Deutschland ab, weil sie über die bloße Rhetorik des Bekenntnisses zum Grundgesetz nicht hinausgeht und der Schari'a verpflichtet bleibt. Die Charta beschönigt letztlich die Entscheidung für eine Enklave mit Bekenntnissen zur Integration. Die Islamische Liga, die von Saudi Arabien gefördert wird, hat auf ihrer Sitzung in Kairo Ende Juli 1993 ein Arbeitspapier verabschiedet, das offen für den auf der Schari'a fußenden Ghetto-Islam eintritt[94] (vgl. das Motto zur Vorrede). Warum verbitten sich die demokratisch gewählten Politiker Europas nicht die Einmischung Saudi-Arabiens in die Innenpolitik der EU? Wie würde Saudi-Arabien reagieren, wenn sich die EU in die inneren Angelegenheiten jenes Landes einmischte? Es liegt keineswegs im Interesse des wahhabitischen Saudi-Arabien, dass Muslime integrierte Individuen beziehungsweise freie Staatsbürger (also nicht ein *Umma*-Kollektiv) in Europa werden.

Im Gegensatz zum salafistischen Wahhabismus und Islamismus kann der Euro-Islam helfen. Hierdurch können Brücken zwischen Orient und

Okzident geschlagen und es den Muslimen ermöglicht werden, Laizität anzunehmen.[95] Diese Option scheint heute im Konflikt zwischen den Zivilisationen nicht sehr populär zu sein. Europa ist auch von dieser Wahl betroffen, weil es mit dem Potential einer Islamisierung konfrontiert ist.[96] Die Funktionäre des organisierten Islam sprechen vom hohen Bedarf an muslimischer Identität und machen daraus eine ideologisch aufgeladene Identitätspolitik, die auf Segregation der Muslime von der westlichen Gesellschaft hinausläuft.

Nicht der Islam, sondern der totalitäre Islamismus ist eine Gefahr für die westliche Gesellschaft

Zur Abwendung von Vorurteilen über den Islam und die Muslime stelle ich klar, dass die westliche Gesellschaft vom Islamismus, nicht von den islamischen Migranten bedroht wird. Das unterstellte „Feindbild Islam" hat jedoch eine Funktion im Dienst des islamischen Fundamentalismus. „Stoppt die Fundamentalismus-Debatte"[97] zu fordern, ist ein Ausdruck einer mit den Ergebnissen der internationalen Forschung nicht zu vereinbarenden „Fremdenliebe".[98] Der Leser dieser Zeilen kann meine Freude ahnen, wenn die auflagenstarke deutsche Zeitschrift *Stern* schreibt:

> „… es gibt auch hierzulande … ernsthafte Mahner wie den Göttinger Islamwissenschaftler (sic!) Bassam Tibi, der seit Jahren ratlos ist angesichts der ‚deutschen verordneten Fremdenliebe', die alles Fremde heroisiert und die Gefahrenquelle des islamischen Fundamentalismus totschweigt."[99]

Abgesehen davon, dass ich Islamologe und nicht Islamwissenschaftler bin, macht das Zitat Folgendes klar: Eine moralisierende Gesinnungsethik ist angesichts dieser brisanten Problematik unbrauchbar; ein realistisches politisches Konzept auf europäischer Ebene ist dringend nötig. Eingedenk der angeführten Prognosen, dass die Migration aus den islamischen Mittelmeerländern nach Europa in absehbarer Zukunft dramatische Formen annehmen wird (vgl. die Anm. 6 und 7), ist es wichtig, folgende Politik zu betreiben:

1. eine restriktive, das heißt am Arbeitsmarkt orientierte Einwanderungspolitik auszuüben,
2. ein kulturelles Integrationskonzept daran zu koppeln. Arbeitslose muslimische Zuwanderer würden nicht die ökonomische Situation, sondern ein „Feindbild Islam" als Erklärung für ihre Situation heranziehen.

3. Weil die größte Einzelgruppe unter den Zuwanderern muslimisch ist, ist es notwendig, einen europäisierten Islam zu fördern.
4. Die Religionisierung der sozialen Konflikte durch Islamisten ist abzuwenden.
5. Die Diaspora-Islam-Gemeinde, die Gemeinde in den Ursprungsländern und das europäische Gastland bilden ein konfliktbeladenes Dreieck der Konfrontation unterschiedlicher Zivilisationen. Der hieraus erwachsene Zivilisationskonflikt erfordert von Europa nichts anderes als konkrete politische Konzepte.

Und was tut Europa? Im *Newsweek*-Artikel „Tolerating the Untolerable" steht zu lesen:

„Fundamentalistische Gruppen haben die liberale Gesetzgebung, die nicht zwischen Religion des Islam und fanatischen Islamisten unterscheidet, ausgenutzt, um in den Genuss europäischer Freiheiten (und auch Sozialleistungen) zu kommen und dadurch Vorteile für ihre Sache zu erlangen und diese voranzutreiben. Sie missbrauchen die Toleranz, um Intoleranz zu predigen. Sie verbreiten offen Hasspropaganda, rekrutieren Mitglieder unter jugendlichen Zuwanderern und schüchtern jene ein, die sich ihnen widersetzen."[100]

Anstatt zwischen Islam und Islamismus zu unterscheiden, wehrhafte Demokratie großzuschreiben und den realen Zivilisationskonflikt in der angeführten Dreiecksverbindung anzusprechen, gewährt Europa den Fundamentalisten Schutz. Diese kapern den Ghetto-Islam und unterminieren die Vision eines Euro-Islam.

Heute, vor dem Hintergrund der Erfahrung des 11. Septembers (vgl. mein Buch aus dem Jahr 2004: *Der neue Totalitarismus*) und der Folgeterroraktionen in Europa, die ich im Vorgängerbuch *Die islamische Herausforderung* aus dem Jahr 2007 untersucht habe, wird keiner mehr bestreiten, dass das islamische Ghetto eines antiwestlich gesinnten Kollektivs zum potentiellen Sicherheitsrisiko für Europa geworden ist. Nach dem 11. September ist der Islamismus (nicht der Islam!) ohne Zweifel zu einer Frage der Sicherheitspolitik geworden.[101] Das ist kein Ausdruck eines „Feindbild Islam", sondern Europapolitik.

Das Problem ist nicht nur die europäische Politik, auch die US-amerikanische Außenpolitik ist ein Problem. Vor dem 11. September haben die USA in realpolitischer Manier mit den islamischen Fundamentalisten (zum Beispiel in Afghanistan) als den Herrschern von morgen gegen den Kommunismus zusammengearbeitet. Dieses „Spiel mit dem Feuer"[102] betreiben die USA heute weiter, und dies trotz der Ereignisse des 11. September. Die Außenpolitik der USA hat sich wenig verändert, obwohl die Bin-Laden-Connection[103] die USA erschütterte. Heute unterstützen die USA sogenannte gemäßigte Islamisten – zum Beispiel die AKP in der Türkei – oder sogar die Muslimbrüder in Ägypten.

Die Vision eines Euro-Islam und die Abwehr von Islamisten sind das Modell für Europa. Der Schutz der westlichen Gesellschaft ist eine Frage der Identität für diese Zivilisation, es geht nicht nur um die Zahl der zugewanderten Muslime.[104]

Schlussfolgerungen: Das demokratische Europa gegen Kollektive verteidigen

Im Prozess des Denkens über eine Europäisierung des Islam bin ich als ehemaliger Schüler Max Horkheimers seinem geistigen Erbe verpflichtet. Ich mache die Verteidigung der westlichen Zivilisation zu meiner eigenen Sache. Nach Horkheimer sollte dies „Recht und Pflicht jedes Denkenden" sein. Der Grund hierfür ist: Die westliche Gesellschaft ist „im Augenblick noch eine Insel, räumlich und zeitlich, deren Ende im Ozean der Gewaltherrschaft auch das Ende der Kultur bezeichnen würde, der die kritische Theorie noch zugehört."[105] Dies ist ein eindeutiges Bekenntnis zur westlichen Gesellschaft als einer „open society". Das Erbe Horkheimers ist meine Richtschnur bei der Verteidigung Europas und seiner kulturellen Moderne gegen die Agenda der Islamisierung.

Nach diesem Rekurs auf das Erbe Horkheimers möchte ich die Argumente dieses Kapitels zusammenfassen. Zunächst halte ich fest, dass eine Integration der Muslime ohne die von ihnen zu erwartende Anerkennung des europäischen politischen Gemeinwesens nicht möglich ist. Die Vision vom Euro-Islam bietet eine Option für einen Ausweg aus dem bestehenden Dilemma. Ein Euro-Islam ist die Antithese zum Ghetto-Islam vormoderner Kulturen, denen unter dem Deckmantel der Fremdenliebe und im Rahmen kultureller Kollektivrechte Geltung in Europa eingeräumt wird. Die meisten Zuwanderer aus dem Mittelmeerraum sind Angehörige solcher vormodernen Kulturen. Der Konflikt zwischen ihrer Weltanschauung, den modernen Normen und Werten und den korrespondierenden Weltsichten steht auf der Tagesordnung als ein Zivilisationskonflikt.

Undemokratische Sitten und Bräuche vormoderner Kulturen (zum Beispiel Ehrenmord) können in einer demokratischen Gesellschaft nicht zugelassen werden. Tut man dies, duldet man nicht nur eine Unterhöhlung der Demokratie, sondern betreibt auch eine falsch verstandene Toleranz. Das Gerede von „andere Kulturen – andere Sitten“[106] vertuscht den Zivilisationskonflikt, und man sollte es nicht zulassen. Das ist keine Diskriminierung von islamischen Minderheiten, wie behauptet wird.[107]

Die benötigte Doppelstrategie besteht aus Folgendem: Dialog mit dem liberalen und demokratischen Islam bei gleichzeitiger Aufklärung über den totalitären Charakter des Islamismus zu seiner Abwehr. Die westliche Gesellschaft kann man am besten verteidigen, wenn man hilft, dass die Vision vom Euro-Islam, die Muslime und Europäer friedlich miteinander verbindet, Realität wird.

Wenn das Szenario der Versöhnung des Islam mit der säkularen Demokratie und den individuellen Menschenrechten in einem Euro-Islam nicht gelingt, dann ist die Alternative dazu das feindliche Aufeinandertreffen der Zivilisationen mitten in Europa. Muslime können nur in der Eigenschaft als freie Individuen demokratische und europäische Bürger werden, deren Euro-Islam zum Mosaikstein des europäischen Pluralismus gehören könnte. Die Bildung von Kollektiven entlang eines Konflikts zwischen den Zivilisationen behindert die Europäisierung des Islam zu einem Euro-Islam.

Aus dem eigenen Leben als muslimischer Migrant in Deutschland seit 1962 weiß ich, dass die reale politische Kultur Deutschlands nicht dem hohen Niveau des Grundgesetzes entspricht. Angesichts der mehr als vier Millionen in Deutschland lebenden Muslime besteht neben dem Bedarf an einem europäischen Islam ein ähnlicher Bedarf an einem stärker an europäischen Werten orientierten Deutschland. Nur beides zusammen kann eine Europäisierung garantieren. Es ist kein Widerspruch, für einen europäischen Islam, der die individuellen Menschenrechte umfasst, mit allem Nachdruck einzutreten und parallel nicht nur die Geltung der Schari'a in Europa, sondern auch die Idee des deutschen Kirchenmodells zurückzuweisen.

Der orthodoxe islamische Sakraljurist Ibn Taimiyya[108] (1263–1328), der als Erster nach dem Niedergang des islamischen Rationalismus die Schari'a-Orientierung für die Politik verkündete, ist heute das Ideal der Islamisten. Hier darf es keinen Platz für jedwede Romantisierung des Islam geben. Unpassende Sprüche wie „Allah, Sonne über dem Abendland“ und die ebenso falsch angebrachte Toleranz gegenüber „fremden Wahrheiten“

(Jürgen Habermas) lassen sich nach Alain Finkielkraut als Niederlage des Denkens (vgl. Anm. 58) diagnostizieren. Die säkulare, kulturelle Moderne ist freiheitlicher als jede Dritte-Welt-Romantik.[109] Die westliche Gesellschaft ist nicht durch eine „postsäkulare Gesellschaft“ auszutauschen (vgl. Anm. 23). In einem anderen Zusammenhang verwendete Max Horkheimer den Begriff „Eclipse of Reason“, der auch auf jene anzuwenden ist, die die Idee Europas und ihrer westlichen Gesellschaft preisgeben und somit gegen die Europäisierung des Islam im Namen des Respekts für andere Kulturen stehen.

Kapitel III

Der Euro-Islam ist keine Schari'a für Europa

Von der traditionellen Schari'a zur Schari'atisierung des Islam

Wer weiß, was Schari'a heute im Zeitalter des Islamismus bedeutet, der kann ahnen, dass deren Einführung das Ende Europas durch eine schleichende Islamisierung bedeuten würde. Um die Leser aufzuklären, will ich in diesem Kapitel erstens erklären, was die klassisch-traditionelle Schari'a ist[1] und hiernach auf dieser Basis zweitens den Unterschied zeigen, der aus der zeitgeschichtlichen Schari'atisierung des Islam[2] hervorgeht. Der heutige Islamismus ist ein Ergebnis der Politisierung der Religion des Islam. Die neue islamistische Schari'a führt zu einem Zivilisationskonflikt. Dies mag wie eine provokative Prognose klingen, dennoch versichere ich den Lesern, dass differenziertes Denken die zentrale Maxime meiner Arbeit bildet. Die Schari'atisierung des Islam begleitet die Rückkehr des Sakralen im Rahmen der Erfindung der Tradition. Dies bringt auch einen Prozess der Desäkularisierung zum Ausdruck.[3]

Einführung

Multikulturalisten, die für die Duldung der Schari'a eintreten, romantisieren existierende Parallelgesellschaften als „multicultural communities"; mit dieser Beschönigung meinen sie es oft gut: Die Muslime sollen sich in der westlichen Gesellschaft autonom etablieren, um sich in ihr wohl und heimisch zu fühlen. Damit meinen Multikulturalisten, dass Muslime ihre Sitten und Bräuche als Kultur beziehungsweise als Schari'a in Europa praktizieren dürfen. Oft denken diese Leute – wie beispielsweise der höchste britische Richter (vgl. Vorwort) unterstellt – pragmatisch an die Beilegung von Streitigkeiten innerhalb der islamischen Gemeinde nach den Richtlinien der Schari'a, um die westliche Gesellschaft von dieser Last zu entbinden. In der Tat bedeutete die traditionelle Schari'a Zivilrecht in diesem Sinn; sie regelt Eheschließung, Scheidung, Erbangelegenheiten und dergleichen mehr. Jenseits dieser „Toleranz" beziehungsweise dieses Pragmatismus werden von den westlichen Schari'a-Befürwortern drei Implikationen der Anwendung der Schari'a in der westlichen Gesellschaft völlig übersehen, da sie die Schari'a weder in ihrer klassischen noch in ihrer heutigen islamistischen Gestalt kennen. Die angeführten drei Implikationen sind:

Erstens: Die Existenz von islamischen Enklaven[4] – oder klarer formuliert: *Hidjra*-Siedlungskolonien innerhalb der westlichen Gesellschaft – wird durch autonome Strukturen verfestigt, die durch die Geltung der Schari'a untermauert wird.

Zweitens: Durch die Einführung der Schari'a würde duales Recht zugelassen: eine Rechtsstruktur für Europäer und eine andere für zugewanderte Muslime. Dies wäre zunächst, offen gesagt, nichts anderes als Apartheid und zugleich in einer längeren Perspektive die Forcierung der Islamisierung Europas.

Drittens: Nur wenige Westler scheinen zu wissen, dass Schari'a heute nicht länger die oben angegebene traditionelle Bedeutung hat. Es findet ein Prozess der Schari'atisierung des Islam im Schatten des Islamismus statt, den man offensichtlich in Europa nicht kennt und dennoch zulässt. Im Rahmen der Schari'atisierung ist die Schari'a nicht länger auf ein Zivilrecht beschränkt. Die Schari'atisierung des Rechts durch den politischen Islam erfindet die Schari'a neu als Rahmen für eine politische Ordnung, die mit Demokratie nicht vereinbar ist, weil sie totalitäre Züge trägt.

Die angegebenen drei Implikationen zusammen stellen eine Tendenz in der Islam-Diaspora dar, die sich gegen den religiösen Pluralismus und gegen die Toleranz zwischen den Religionen richtet. In der islamischen Welt selbst macht die Schari'atisierung aus der Schari'a ein Staatsrecht im Rahmen der fundamentalistischen Bestimmung des Islam als *din-wa-dawla*, das heißt Einheit von Religion und staatlicher Ordnung.[5] Eine nach diesem Verständnis der Schari'a angestrebte Ordnung ist eindeutig als ein Totalitarismus zu qualifizieren. Das ist eine Gefahr für die Welt des Islam selbst, nicht primär für Europa. Doch bleibt die Verbreitung dieser politisch-religiösen Gesinnung nicht ohne Folgen für Europa, weil sie auch in ihre Islam-Diaspora eindringt.

In dieser Einführung wird eine sachliche Erörterung der anstehenden Problematik angestrebt. Die Forderung nach Anwendung der Schari'a, die sich auf Identitätspolitik beruft, erschwert die Integration der Diaspora.[6] Identitätspolitik schließt eine hierzu gehörige ethnische beziehungsweise religiös-exklusive normative Ordnung ein, die von der entsprechenden zivilisatorischen Weltsicht sowie der hiermit korrespondierenden kollektiven Weltanschauung bestimmt wird. Die Schari'a ist in diesem Prozess, bei dem eine Politisierung des Glaubens stets in Abgrenzung zu dem Anderen geschieht, nicht nur ein partikulares Recht für eine Kulturgemeinschaft als eine kollektive Religionsgemeinde, sondern auch eine exklusive Weltanschauung, die aggressiv und expansiv ist. Die Vertreter politischer Religionen[7] der religiösen Minderheiten stellen sich als Opfer der Mehrheitsgesellschaft dar, um ihre Forderungen mit moralischer Legitimität zu untermauern. Dieser Sachverhalt darf nicht mit der tatsächlich bestehenden sozialen Diskriminierung verwechselt werden

Die Neubelebung der Schari'a durch den politischen Islam erfolgt zunächst durch Muslime in Gesellschaften, die mehrheitlich islamisch sind, das heißt in dem perzeptuell von Muslimen als Einheit begriffenen *Dar al-Islam*/Haus des Islam. Dieses Verständnis wird bar jeglicher Logik auf Muslime übertragen, die als Minderheit in nichtislamischen Ländern leben. Wenn Nichtmuslime oder Minderheiten innerhalb der *Umma* in der Welt des Islam unterdrückt werden, herrscht Schweigen. Wer über die Unterdrückung von religiösen Minderheiten im Islam, seien diese nichtislamisch (Sudan) oder einer anderen Richtung des Islam zugehörig (Irak, Iran, Pakistan), spricht, riskiert den Vorwurf „Feindbild Islam". Angesichts des Schweigens wirkt es wie eine Heuchelei, wenn Muslime den Diskurs der Selbstviktimisierung nicht nur dann kultivieren, wenn sie sich als Opfer von Nichtmuslimen sehen, sondern auch für sich monopolisieren. Dabei verurteilen sie niemals, was Muslime Nichtmuslimen (z. B. muslimische Malayen den malaysischen Hindus) in der Welt des Islam antun. Mich als liberalen Muslim empörte es, 2007 in Malaysia zu sehen, wie Muslime gegen Unrecht protestierende Hindus nicht nur als Rassisten verfemten, sondern auch mit Gewalt niederschlugen. Dabei feiern sie sich selbst als Modell der Toleranz.

Dieses Kapitel ist ambitioniert und will nicht nur Schari'a und Schari'atisierung in den Mittelpunkt stellen, sondern generell die Frage nach dem Verhältnis von Recht und Religion in Bezug auf Macht und Deutungshoheit sowohl in der islamischen Welt[8] als auch in ihrer Diaspora in Europa erläutern. In dieser Einführung spreche ich zunächst über die Neubelebung der Schari'a, um zu zeigen, dass diese nichts anderes als eine „Invention of Tradition“[9] ist. Das bedeutet, dass die Schari'a heute neu erfunden wird; dies geschieht in einem Prozess der Schari'atisierung des Islam. Diese ist eingebettet in die Religionisierung der Politik durch die Islamisten und Salafisten. Diese unterstellen, der Islam habe entsprechend seiner Bestimmung als Rechtskorpus für globale Gerechtigkeit in der islamischen Geschichte gesorgt. Die „Kreuzzügler und Juden“ hätten in einer breit angelegten „Verschwörung gegen den Islam“, nämlich seit der Auflösung des Kalifats 1924 – so lautet das Argument weiter – die islamische Tradition der Gerechtigkeit unterminiert, ja sogar zerstört. Heute erhebt sich das „Haus des Islam“ gegen das „Haus des Krieges“, das in der islamischen Weltanschauung[10] durch den Westen verkörpert wird. Die Neubelebung der Schari'a werde alle heutigen Übel wie Unterdrückung, Armut, Ignoranz, Ungerechtigkeit und alle anderen Erscheinungen der Rückständigkeit in der Welt des Islam beheben. Allein die Abwesenheit einer Geltung der Schari'a erklärt nach islamistischer Sicht die gegenwärtige Krisensituation. Der Schari'a-Islam wird im Rahmen einer „Rückkehr der Geschichte“ diesen Kurs korrigieren.

Der heutige Islamismus ist der Ausdruck einer neuen „Revolte gegen den Westen“[11], wie der Vordenker der „Englischen Schule“, der verstorbene Oxford-Gelehrte Hedley Bull, bereits vor dem Ende des Ost-West-Konfliktes richtig erkannte. Bull war einer der wenigen, die verstanden haben, dass sich diese Revolte nicht nur gegen die westliche Globalisierung und ihre hegemonialen Strukturen richtet, sie gilt vor allem dem Widerstand gegen westliche Werte. Heute gibt es zwar globale wirtschaftliche und politische Strukturen, doch keine damit korrespondierende Weltkultur, die universell gilt. Jede Zivilisation hat ihre eigenen Normen und Werte. Doch allein zwei Zivilisationen, nämlich die des Westens und die des Islam, beanspruchen für sich sowie für ihre Weltanschauung Universalität. In der postbipolaren Weltzeit wird dies zum Problem, wenn beide miteinander konkurrieren. Dies verhindert den wünschenswerten Konsens darüber, welches Rechtsverständnis für alle gilt. Hedley Bull hat diesen Tatbestand in folgenden Worten festgehalten:

> „Das Zusammenschrumpfen der Welt durch Globalisierung schafft von sich aus noch keine einheitliche Sicht der Welt. Es ist ein Fakt, dass dies bisher nicht geschehen ist.“[12]

Diesen Zustand nenne ich „Gleichzeitigkeit von struktureller Globalisierung und kultureller Fragmentation“.[13] Auf der Basis dieser Argumentation vertrete ich die Auffassung, dass die postbipolare Weltpolitik von einem Zivilisationskonflikt bestimmt wird. Dies betrifft auch die Problematik des Pluralismus der Religionen und die Frage, ob deren Vertreter die benötigte Toleranz für Minderheiten garantieren. Dieser Konflikt ist bereits zu Beginn von Kapitel I angesprochen worden (vgl. dort Anm. 1). Gegen den weltanschaulichen Krieg der Zivilisationen schlage ich vor, eine „Cross-Cultural International Morality“[14] als Konsens über Basiswerte anzustreben. Ich führe den englischen Begriff an, der kulturübergreifende Moralität bedeutet, weil die Begriffsbildung zuerst in einer US-amerikanischen Veröffentlichung erfolgte. Ein gemeinsames Rechtsverständnis ist hier von zentraler Bedeutung. Scheitert dies, dann könnte der angesprochene weltanschauliche Zivilisationskonflikt, der *nicht* militärisch ist, doch zu einem gewaltförmigen Konflikt eskalieren. Im Wesentlichen geht es um den Wettbewerb zwischen Europäisierung und Islamisierung; Gewalt tritt auf einem Nebenschauplatz auf. Dies ist der Djihadismus, der nicht mit kriminellem Terror zu verwechseln ist. Solch ein Verständnis würde vom Wertekonflikt ablenken. Der Terrorismus ist ein Mittel, kein Zweck für sich.

Die Alternative zu einem Wertekonsens über ein universelles Rechtsverständnis ist die Forderung islamischer Minderheiten, eine eigene „rechtsstaatliche Ordnung“ für Angehörige ihrer Zivilisation, auch in der Diaspora, einzurichten. Muslime verstehen darunter nicht das positive Recht, sondern den Schari'a-Staat als *Hakimiyyat Allah*/Gottesherrschaft.[15] Hierdurch entstehen Konflikte in der Welt des Islam unter den Muslimen, die durch Spill-over-Effekte global werden. John Brenkman spricht in diesem Zusammenhang von „Islam's geo-civil war“. Dieser erweitert sich auf die Diaspora in Europa, in der die Welt des Islam als eine Zivilisation mit eigener Werteorientierung und Weltanschauung besteht. Diaspora-Muslime berufen sich auf Rechtstraditionen, die den Zivilisationskonflikt sichtbar machen.[16]

Im Mittelpunkt des angesprochenen weltanschaulichen Zivilisationskonflikts steht der Wettbewerb zwischen zwei Modellen für die Zukunft der Welt, der durch Konkurrenz um die Geltung von Schari'a und europäischem Recht ausgefochten wird; beide prallen folglich aufeinander. Hierbei geht es keineswegs um Missverständnisse, wie manche – den Konflikt damit verleugnend – behaupten. Auch ist es verfehlt, die Ablehnung der Schari'a als „Kulturrassismus“ zu diffamieren. Klar, „Rasse“ ist Ideologie, die Menschen in eine biologische Hierarchie einordnet. Nur sind Kulturgemeinschaften keine Rassen. Es geht um kulturelle Unterschiede, die heute in den Kontext einer *World Time*/Weltzeit eingebettet sind. Wenn ich von den Prozessen des „Cultural Turn“[17] ausgehe, bei denen ethnische Kultur und der Prozess der Politisierung der Religion im Mittelpunkt stehen, essentialisiere ich weder „Kultur“ noch die damit zusammenhängenden Unterschiede. Eindeutig betreibe ich keinen Kulturalismus. Dies tut genau der Islamismus, der eine rigide Schari'a als unveränderbare *lex divina* essentialisiert. Hierbei wird die Trennung zwischen der öffentlichen und der privaten Sphäre nicht nur abgelehnt, sondern diese Ablehnung auch zur Essenz des Islam gemacht. Die Religion wird organisch gedeutet, so dass sie mit ihren Vorschriften alle Bereiche des Lebens umfasst.

Es ist besorgniserregend, dass der bereits begonnene, hier als Schari'atisierung des Islam bezeichnete Prozess eine Erscheinung geworden ist, die man heute nicht nur in fundamentalistischen Staaten wie dem Iran und Sudan – oder früher Afghanistan unter den Taliban –, sondern auch selbst in gemäßigten Ländern wie Pakistan oder gar Indonesien beobachten kann. So wird in Aceh nach der Übernahme der Macht durch die Islamisten die Nichtbefolgung der totalitären Schari'a-Regeln von der Polizei mit körperlichen Strafen nach den *Hudud*-Vorschriften der Schari'a geahndet, die den zentralen Normen der individuellen Menschenrechte auf allen Ebenen widersprechen. Die körperlichen *Hudud*-Strafen der Schari'a sind nach europäischen Maßstäben barbarisch.[18] Es ist kein Rassismus, diese Schari'atisierung des Islam, die diese Strafe befürwortet, zu kritisieren und zu fordern, dass sie vor Europa haltmachen müsse. Eben aus diesem Grund gehe ich auf die theologische Frage ein, wie islamische Lehren zum *Hudud*-Recht und zu der Stellung der nichtislamischen Religionsgemeinschaften stehen. In Bezug auf Nichtmuslime sowie Minderheiten müssten folgende Schwerpunkte gesetzt werden, die in diesem Kapitel jedoch nicht erschöpfend erörtert werden können:

Erstens: Es ist die theologische Einordnung der Minderheiten im Islam anzuführen, die sowohl die *Dhimmi*/Schutzbefohlenen[19] (das heißt nur die Monotheisten: Juden und Christen) als auch alle Angehörigen nicht-monotheistischer Religionen anspricht. Heute ist diese Theologie in der realen Welt auf nicht-islamische Minderheiten nicht mehr anwendbar. Die Welt hat sich seit dem Ende der islamischen Dominanz geändert.

Zweitens: Es ist das Ideal von der *Umma*/Gemeinschaft der Gläubigen zu problematisieren. Danach bilden die Muslime immer die Mehrheit. Der neu etablierte Zweig *Fiqh al-Aqaliyyat*/Sakraljurisprudenz der Minderheit ist deshalb konstruiert worden, um sich mit den Muslimen als Minderheit, vorrangig in Europa (auch in Indien), zu befassen. Diese neue *Fiqh*-Disziplin ist nicht nur eine völlige Neuschöpfung, sondern auch durch eine ungeheure Heuchelei vorbelastet, denn sie ist gekoppelt an Doppelstandards. So werden Rechte für als Minderheit lebende Muslime gefordert, die die islamische *Fiqh*/Sakraljurisprudenz[20] nichtmuslimischen Minderheiten unter Muslimen niemals gewährt hat.

Drittens: Man muss über Minderheiten innerhalb der islamischen Welt als ein zentrales Problem sprechen, das nicht nur die Beziehung von Muslimen und Nichtmuslimen betrifft. Diese Problematik umfasst die Beziehung der Sunna zur Schi'a und umgekehrt sowie generell Sekten im Islam.[21] Somit existiert trotz der doktrinären Rede von einer einheitlichen Religion des Islam in der Realität keine einheitliche islamische *Umma*. Im Verlauf einer Entwicklung von mehr als fünfzehn Jahrhunderten islamischer Geschichte hat eine Binnendifferenzierung im Islam stattgefunden. Unter Sekten werden alle von der Mehrheitsrichtung der Sunna abweichenden religiösen Ausrichtungen eingeordnet und entsprechend massiv diskriminiert. Wenn diese Sekten jedoch an die Macht kommen, so wie die Schi'a im Irak nach der Befreiung durch die USA[22] die Regierungsgewalt eroberte, dann drehen diese den Spieß um. Im Namen der US-Demokratisierung wurde die Sunna-Diktatur durch eine Schi'a-Diktatur abgelöst.

Viertens: Aus den in den Punkten 1 bis 3 unternommenen Differenzierungen geht hervor, dass die unterstellte Toleranz des Islam in Wirklichkeit anders aussieht, als Muslime sie in ihrer apologetischen Deutung darstellen. Muslime verstehen sich nach ihrer Theologie als tolerante *Umma*-Mehrheit, die andere stets als Minderheiten duldet. Dieses Weltbild lässt sich an folgender Anekdote illustrieren: Der einst in Kopenhagen tätige sunnitische Imam Abu Laban, der inzwischen verstorben ist, war derjenige, der zunächst den Karikaturenkonflikt inszenierte. Er hielt öffentlich der dänischen Regierung vor, sie repräsentiere eine Minderheit von fünf Millionen, während er eine weltweite *Umma* von 1,6 Milliarden Muslimen vertrete! Die Toleranz des Kopenhagener Imam, der als palästinensischer Asylant nach Dänemark kam und dort vom Sozialsystem lebte, bestand darin, dass er die Dänen in ihrem eigenen Land – so glaubte er – als Minderheit duldet. Das ist eine weltanschauliche Wahrnehmung, die man nicht „politisch korrekt" verschweigen darf.

Bis heute sind die islamischen religiösen Dogmen in den oben umrissenen vier Schwerpunkten kaum revidiert oder gar neu gedacht worden. Immer noch verstehen gläubige Muslime unter *Salam*/Frieden einen Zustand, der nur innerhalb des *Dar al-Islam,* das heißt dort, wo der Islam innerhalb der eigenen Territorialität dominiert, gilt. Krieg als *Qital* hingegen ist erlaubt gegen die Ungläubigen, um diese unter islamische Herrschaft zu bringen.[23] Wenn es je eine Revision gab, dann besteht sie bestenfalls darin, dass man heute statt von *Dar al-Harb* doch von *Dar al-Kuffar*/Haus der Ungläubigen spricht. Für Nichtmuslime dürfte die umrissene Weltanschauung kein überzeugender Ausdruck einer Friedensreligion sein. Die angeführten traditionellen Schari'a-Vorschriften stehen im Widerspruch zum demokratischen Verfassungsgedanken.

Heute geht es im Wesentlichen darum, die Schari'a zu entjuridifizieren, das heißt nicht mehr als Recht zu betrachten, sondern allein so zu deuten, wie sie im Koranvers: „und wir haben einen Weg/Ritus festgelegt, so folge ihm" (Sure 45, Vers 18) verstanden wird. Damit ist offensichtlich eine Moralität, kein Rechtssystem gemeint. Anders sieht heute die Realität aus: Nicht nur wird die traditionelle Schari'a neu erfunden, es wird auch eine Schari'atisierung des Islam betrieben, woraus eine totalitäre Ideologie hervorgeht. Eben diese Schari'atisierung des Islam trennt die Muslime von Nichtmuslimen und erzeugt gewaltförmige Verhältnisse unter ihnen selbst (vgl. Irak seit 2003). Die Reform der Schari'a hat sich als aussichtsloses Unterfangen erwiesen. Einer der prominenten Schari'a-Reformer, Abdullahi An-Na'im, ist heute ein Befürworter der Schari'a.[24]

Auf der Basis aufrichtiger religiöser Toleranz könnte man in Europa für die Islam-Diaspora Platz für die Schari'a als Moralität, aber niemals als rechtliche Doktrin im Rahmen eines dualen Richtsystems einräumen. Auch Muslime, die sich selbst als liberal ansehen, müssen in Europa für die Freiheit der offenen Gesellschaft gegen die Schari'a eintreten, wenn ihre Glaubwürdigkeit als „Liberale" nicht in Frage gestellt werden soll. Bei den Optionen Europäisierung/Islamisierung vertrete ich mit Karl Popper die Auffassung, dass es nicht zur Toleranz gehört, die Intoleranz zu tolerieren, und wähle daher den Weg der Europäisierung[25] als Weg der offenen Gesellschaft. Dies geschieht nicht nur in der Auseinandersetzung mit den Islamisten, sondern auch mit den Multikulturalisten, die die Europäisierung des Islam verhindern. Statt Wertebeliebigkeit benötigt Europa Pluralismus. Dieser ist eine Säule der kulturellen Moderne und steht in Kontrast zum Neoabsolutismus der islamistischen Schari'a. Die Multi-Kulti-Toleranz[26] schweigt über den Völkermord in Darfur und toleriert sogenannte gemäßigte Islamisten, die im Namen ihrer Schari'atisierung Nichtmuslime (Indonesien, Nigeria, Sudan, Iran etc.) verfolgen. Dies zeigt die Verlogenheit der islamischen Toleranz.[27]

Der Ruf nach der Schari'a als Öl im Feuer des Zivilisationskonflikts

Wenn eine Schari'a für Europa durch Teile der Islam-Diaspora gefordert wird, sind Europäer mit dem Anspruch der Schari'a auf universelle Geltung konfrontiert. Ich ordne diese Problematik in die Entwicklung nach dem Ende der Aufteilung der Welt in die feindlichen Blöcke des Ost-West-Konflikts ein. Unter den neuen Bedingungen des „Cultural Turn" (vgl. Anm. 17) scheint eine andere Konfrontation einzutreten, die der Etablierung einer kulturübergreifenden Werteorientierung im Weg steht, nämlich die Verleugnung des säkularen Rechts universeller Geltung. Für das Zusammenleben der Menschen als Angehörige unterschiedlicher, oft feindlicher oder zumindest in ihrer Werteorientierung rivalisierender Kulturen und Zivilisationen ist ein Konsens über ein universelles Rechtsverständnis im Verständnis der kulturellen Moderne als kulturübergreifende Moralität erforderlich. Es sei klargestellt, dass darunter nicht ein illusionäres Weltethosprojekt gemeint ist, das willkürlich alle Fakten übersieht. Es steht jedoch fest: Jede Kultur hat ihre eigenen Werte und Weltsichten, und deshalb ist es angesichts des Fehlens einer geteilten Universalität beziehungsweise eines Weltethos erforderlich, anstehende reale Konflikte friedlich miteinander im Dialog zu regulieren. Hierzu gehört es, mit dem Ziel eines Konsenses über Formen und Inhalte des Zusammenlebens zu verhandeln und sich über die Geltung von Basiswerten, vor allem im Bereich des Rechts, zu einigen. Der angestrebte Wertekonsens ist kein Weltethos.

Muslime verstehen unter Recht Schari'a, die „Auge um Auge, Zahn um Zahn" vorschreibt. Die libysche Regierung hat sich nach der rechtmäßigen Verhaftung des Qadhafi-Sohnes Bilal (genannt Hannibal) im Juli 2008 nach dieser Rechtsvorstellung verhalten. Der Vorfall war keine tagespolitische Sensation, sondern ein eklatantes Beispiel für einen Zivilisationskonflikt (vgl. dazu Anm. 21 in Kapitel II). Im Bereich des Rechts geht es darum, die kulturelle Vielfalt mit einer Werteorientierung zu verbinden, die die Kernwerte der Zivilgesellschaft der offenen Gesellschaft verbindlich macht, um auf dieser Basis einen kulturübergreifenden Konsens zu begründen. Die Annahme, dass Weltfrieden im kantschen Sinn ein „Democratic Peace“[28] sein muss, der die Universalität des Rechts als Konsensus voraussetzt, wird durch die Anführung folgender Tatsache erschüttert:

Heute existiert eine kulturelle Fragmentation im Bereich der Werte, die auch den Rechtsbereich betrifft. Diese Fragmentation hängt mit der „Heterogenität der Zivilisationen“ (Raymond Aron) als Konfliktursache zusammen, und sie ist nicht als „Rechtspluralismus“ zu vernebeln. Schon während des Kalten Krieges hat der große Philosoph und Soziologe Raymond Aron dies erkannt, und er nannte die Bipolarität den „Schleier“, der „reale Konflikte verdeckt“.[29] Daher argumentiere ich, dass „Cultural Identity Politics“ zu einem Zivilisationskonflikt führt, weil sie „Identität“ an die Geltung eines partikularen Rechts bindet. In der Welt des Islam und in Europa kann dies am Beispiel der Schari'a veranschaulicht werden. Der politische Islam steht mit seiner Agenda im Widerspruch zu der Vision eines demokratischen Friedens, den ein Euro-Islam zulassen würde.[30]

Eine Schwierigkeit ergibt sich bei der Thematisierung von kulturellen Differenzen, die durch etablierte Tabus, die man nicht brechen darf, zum Konflikt führen. Friedenspolitische Absichten bleiben reine Rhetorik, wenn man nicht über die Grenzen der Toleranz sprechen darf. Nicht nur im Verhältnis zwischen Mann und Frau, sondern auch in dem der Religionsgemeinschaften zueinander steht das islamische Verständnis von Recht als Schari'a im Widerspruch zu allen Grundsätzen des modernen Verfassungsrechtes. In der offenen Gesellschaft, das heißt in einer Demokratie, kann es daher keinen Platz für die islamische Schari'a geben. Religiöse Minderheiten können nur in einer rechtsstaatlichen Ordnung Rechte einfordern, das heißt Gleichberechtigung, nicht aber Separatismus. Das ist eine andere Agenda als die der Schari'atisierung des Islam, die eine exklusiv für Muslime gültige Rechtsstruktur fordert.

Kurz, Rechte sind individuell; aus der Zugehörigkeit zu Religionen, Kulturen und Zivilisationen können keine Rechte abgeleitet werden. Die Frage lautet nun: Verstehen sich islamische Migranten vorrangig als Muslime in Europa oder als europäische Bürger? Die Kollektividentität dieser Migranten ist zivilisatorisch; nur oberflächlich fühlen sich diese an eine Staatsangehörigkeit – auch nach der Einbürgerung – gebunden. Ein Pass macht noch keine Bürgeridentität. Somit birgt der Islam der Minderheiten das Potential für eine Identitätspolitik (vgl. Anm. 6), die wiederum Quelle von Konflikten und Spannungen ist.

Wie behandeln nun Muslime ihrerseits Minderheiten? Für Muslime gelten ausschließlich Juden und Christen als Minderheiten, die als *Dhimmi*/Schutzbefohlene beschränkt toleriert werden. Laut islamischer Doktrin begreifen sich Muslime als *Umma*/Islam-Gemeinde, die stets die Mehrheit bildet. Für die Buddhisten, Hindus sowie Anhänger anderer nicht-monotheistischer Religionen sowie Atheisten und Agnostiker räumt die islamische Doktrin keinen Status ein. Zudem riskieren Muslime, die die Islam-Gemeinde verlassen möchten, den Tod, weil die Apostasie (*Ridda*/Abfall von der Religion) nach der Schari'a mit der Todesstrafe zu ahnden ist. Das sind Vorschriften der islamischen Schari'a. Heute gelten Toleranz, Aufklärung, Freiheit und Respekt gegenüber anderen Glaubensrichtungen und Weltanschauungen, gleich ob diese religiös oder säkular sind, als höchste Werte der kulturellen Moderne. In diesem Sinn stehen die Ansprüche der Schari'a auf universelle Geltung und auf die Dominanz des Islam im Widerspruch zu den Normen und Werten eines Kulturpluralismus.[31] Muslime in Europa können sich auf einer euro-islamischen Grundlage von einer imaginären *Umma*[32] abkoppeln. So müssten Muslime lernen, nichtmuslimischen Minderheiten Gleichwertigkeit einzuräumen. Das ist in der traditionellen Schari'a nicht möglich und noch weniger bei einer Schari'atisierung des Islam.

Um die Schari'atisierung des Rechts zu verstehen, muss man wissen: Was ist „Schari'a"?

Die bereits angeführte These von der Gleichzeitigkeit struktureller Globalisierung und kultureller Fragmentation wird auf das Recht bezogen. Mir geht es dabei auch um praktische Fragen wie etwa um die Realität des Verhältnisses von globaler Geltung und Akzeptanz universellen Rechts. In der Welt des Islam kann man Bestrebungen zur Schari'atisierung des Rechts beobachten. Um dies zu verstehen, muss man wissen, was universelles Recht und was Schari'a-Recht ist.[33]

An manchen eurozentrisch orientierten juristischen Fakultäten in Europa wird den Studenten vermittelt, es gebe nur ein universell gültiges Rechtsverständnis: nämlich das europäische Recht mit seinen römischen

Wurzeln. Fakt ist jedoch, dass jede Zivilisation ihre eigene Rechtstradition hat. So wird beispielsweise im Islam Recht mit Schari'a schlechthin gleichgesetzt. Im Rahmen von Kolonisation und Verwestlichung fand das europäische Recht Eingang in die Welt des Islam. Heute wird die Globalisierung von Muslimen als Fortsetzung jener Kolonialisierung wahrgenommen. Ihre Reaktion darauf lässt sich als die ihr entgegengesetzte Tendenz im Zeitalter des „Cultural Turn" beschreiben, nämlich die Forderung nach Entwestlichung des Rechts auf der Basis von *Tatbiq al-Schari'a*/Anwendung der Schari'a. Somit wird nicht nur der Islam, sondern es werden auch Politik („Schari'a-Staat") und Ökonomie schari'atisiert, das heißt nach islamischem Recht geordnet (Beispiel: „Islamic banking and economics"). Sprecher des organisierten Islam in Deutschland fordern, dass Muslime ihr Vermögen und ihre Ersparnisse nur nach der Schari'a verwalten. Das ist ein Separatismus.

Europäisches Recht ist ein positives, von Menschen in demokratischen Institutionen verabschiedetes Recht, das – nach Max Weber – die „Berechenbarkeit" sozialer Interaktion garantiert. Jede Gesetzgebung ist nach Bedarf veränderbar. Im Kontrast zu dieser einfachen Beschreibung ist Schari'a-Recht nicht so leicht zu erklären. Schlicht zu sagen, es handele sich um „Gottesrecht", kommt dem Charakter des Schari'a-Rechts nicht nah. Zwar ist im offiziellen Islam tatsächlich allein Allah der *al-Schari'*/Gesetzgeber, also nicht der Mensch, die Angelegenheit ist jedoch weit komplexer. Trotz des heutigen Selbstverständnisses des Islam, ein Schari'a-Islam zu sein, ist es eine Tatsache, dass der Korantext nur eine einzige Stelle in der Sure *al-Djathiya* enthält, in der das Wort „Schari'a" vorkommt, die ich nochmals zitiere: „Und wir haben dir einen Weg/Ritus festgelegt, so folge ihm nun" (Sure 45, Vers 18). Dieser Weg heißt „Schari'a". Warum glauben dann heute Muslime, dass der Koran ein Rechtssystem vorschreibe, wenn der geoffenbarte Text diese Angabe nicht enthält? Der Anspruch, ein Schari'a-Recht auch in Europa zu etablieren, unterminiert die Geltung des europäischen Rechts als rechtsstaatliche Ordnungsstruktur. Dies gilt nicht nur international in einem Zivilisationskonflikt, sondern auch innerhalb Europas. Die europäische Rechtsordnung wird im eigenen Haus angefochten. Dieser Ruf nach Schari'a ist heute auch mit der Forderung nach einer Schari'atisierung von Kultur, Politik und Wirtschaft sowie aller Bereiche des Lebens verbunden. Das Ergebnis sind Konflikte zwischen Muslimen und Nichtmuslimen in aller Welt auf allen Ebenen. Das ist, was ich mit dem Begriff kulturelle Fragmentation anspreche. In einer Zeit globaler Migration kommen all diese Konflikte auch nach Europa, ohne dass die Europäer darauf vorbereitet sind. Aufgrund dessen ist eine sachliche Diskussion vonnöten.

Erfahrungsgemäß ruft die Fokussierung auf den Islam bei der Erörterung postbipolarer Konflikte die Bezichtigung, ein „Feindbild Islam" zu verbreiten, hervor. Ich erwidere hierauf mit dem Hinweis, dass die Wortführer der Diaspora-Muslime als Voraussetzung zum friedlichen Zusammenleben – ich zitiere, das ist nicht meine Meinung – die Akzeptanz der Schari'a für nötig erachten. Weder liberale Muslime noch Nichtmuslime akzeptieren dies. Die Auffassung, dass Schari'a und säkulare europäische Gesetze sich wie Feuer und Wasser zueinander verhalten, beruht auf Tatsachen. Im globalen Rahmen trennt die Schari'a die Muslime vom Rest der Welt und verursacht Zwist unter den Muslimen selbst. Europa ist für diese Konfliktszenerie die Welt *en miniature*. Wenn der Islam aber nur als „kulturelles System"[34] zugelassen würde und die Schari'a gegen die islamische rationalistische Tradition ausgetauscht würde, könnten sich Muslime und andere besser verstehen. Bleiben wir aber zunächst bei der Realität, das heißt bei der Forderung nach Anwendung der Schari'a, bei der eine Schari'atisierung des Islam ansteht.

Die Welt des Islam bildet eine islamische Zivilisation.[35] Zu dieser Zivilisation gehört eine islamische Rechtstradition. Diese kennt den Begriff des Individuums, das Rechte gegenüber Staat und Gesellschaft hat, nicht. Einerseits gibt es Kulturen, die vom Kollektiv, aber andererseits auch solche, die vom Individuum ausgehen. Die islamische Zivilisation geht vom Kollektiv, also von der *Umma*, nicht von den individuellen Muslimen aus. Das Verständnis des Individuums als Rechtssubjekt mit Individualrechten im Sinn von Berechtigungen gegenüber dem Staat und der Gesellschaft gibt es im Islam schlicht nicht. Für jeden Gläubigen bestehen gegenüber Allah und dem *Umma*-Kollektiv *Faraid*/Pflichten. Dazu kommt der Anspruch des islamischen Rechts, universell zu gelten, also für die ganze Menschheit Gültigkeit zu haben. Folglich treten zwei Rechtstraditionen, die islamische und die westliche, gegeneinander an, die jeweils für sich universelle Geltung in Anspruch nehmen. Diese Konfliktsituation, die mit dem Schari'a-Recht als Bestandteil der islamischen Weltanschauung korrespondiert, nährt heute den religiösen Fundamentalismus. Der Vordenker dieser Richtung ist Sayyid Qutb.[36]

Ist der Islam identisch mit Recht/Schari'a? In dem autoritativen Buch über das islamische Recht von Joseph Schacht, *An Introduction to Islamic*

Law, das international als Standardwerk über dieses Thema gilt, steht auf Seite 1: „Islamic law is the epitome of Islamic thought … It is impossible to understand Islam without understanding Islamic law."[37] Dieser Satz übersieht den Sachverhalt, dass dieses Recht konstruiert ist, also nicht im Koran enthalten ist. Über diese theologische Klärung hinaus und aus der Perspektive der Gegenwart ist festzustellen, dass die islamische Revolte gegen die Globalisierung auch die Gestalt der Neubelebung des islamischen Rechts annimmt.

Der Konflikt darüber, welche Rechtstradition einen Geltungsanspruch hat, ist zwar eine politische Angelegenheit, sie wird jedoch religionisiert. Die neue Rolle der Religion verstehen viele nicht. Die Problematik ist aber zentral für die Auseinandersetzung mit dem Islam als Rechtskultur und Rechtstradition in Bezug auf die Konflikte, die im Kontext der Globalisierung entstehen. In diesem Buch interessiert es, dass Muslime der Diaspora die Schari'a als eigenes Recht für sich beanspruchen. Dies ist kein Rechtspluralismus, wohl aber duales Recht, was inakzeptabel ist: Recht ist für alle gleich. Es ist eine Fälschung der Tatsachen, von Rechtspluralismus zu sprechen, falls die islamische Diaspora in Europa die Schari'a praktiziert.

Die Aktualität der Schari'a ist erklärungsbedürftig; sie besteht darin, dass die Neubelebung dieser Rechtstradition mit ihrem Anspruch auf universelle Geltung einhergeht. Das Bestreben, eine „Entwestlichung des Rechts" zu betreiben, macht deutlich, dass die Zivilisationskonflikte unseres Zeitalters auch Rechtskonflikte sind. Ich wiederhole: Jede Zivilisation hat eine eigene Ethik und auch ihr eigenes Recht.

Ich wiederhole zum besseren Verständnis die Grundposition: Erstens ist es auf der interkulturellen Ebene notwendig, sich auf ein System von „Core Values", das heißt auf einen Konsens über Werte, zu verständigen, der vor allem eine universelle Geltung ermöglicht. Zweitens kann diese Verständigung einen Zusammenprall zwischen westlichen und islamischen Ansprüchen in einem Zivilisationskonflikt bändigen. Von Zivilisationskonflikt zu reden ist nicht der Spleen eines Harvard-Professors (Samuel P. Huntington), sondern eine historische Realität. Diese hat es stets in der Geschichte gegeben, und sie ist nicht mit einem „Kampf der Kulturen" zu verwechseln. Mehrere Jahrzehnte vor Huntington hat der Begründer des als Islamismus bekannten politischen Islam, Sayyid Qutb, in seinen beiden mehrfach zitierten Schriften *Wegzeichen* und *Der Islam und das Problem der Zivilisation* eine Sterbensdiagnose für den Westen vorgelegt; somit hat er den Zivilisationskonflikt lange vor Huntington vorausgesagt. Dieser tritt zunächst als *Harb al-afkar*/Krieg der Weltanschauungen auf. Hierbei beansprucht der Islam, den Westen in der Führung der Welt abzulösen. Das *Umma*-Kollektiv beansprucht, die Welt auf der Basis des islamischen Schari'a-Rechts neu zu gestalten und dieses Ziel in einer „islamischen Weltrevolution" (Qutb) zu verwirklichen. Das ist die islamische Antwort auf die Globalisierung, und sie führt nicht nur zur kulturellen Fragmentation, sondern auch zu gewaltförmigen Konflikten, von denen der Djihadismus Zeugnis ablegt.

Die Feststellung, dass das islamistische Streben nach einer umfassenden Schari'atisierung der Welt in einer weltpolitischen Konfliktsituation zur kulturellen Fragmentation führt, lässt sich keineswegs als eine Polarisierung zurückweisen. Weil ich stets mit diesem Vorwurf konfrontiert werde, pflege ich nicht nur die beschriebene Strömung des Islamismus vom Islam zu unterscheiden, sondern auch Originalstellen aus der islamistischen Literatur zu zitieren, um die angeführte Feststellung authentisch zu belegen. Damit will ich zeigen, dass der Ruf nach der Schari'a die Muslime nicht nur vom Rest der Menschheit absondert, sondern auch innerislamische *Fitna*/Unruhe[38] verursacht.

Die Unterscheidung zwischen Islam und Islamismus bedeutet nicht, dass beide miteinander nichts zu tun haben. Die Hauptkraft der Opposition in der islamischen Welt bilden heute die Islamisten, die sich auf die Schari'a berufen. Schlussendlich sind die Islamisten auch Muslime, so dass man aus der obigen Differenzierung nicht die falschen Schlussfolgerungen ziehen sollte. Die politisierte Religion des Islamismus ist nicht eine andere Religion, sie beruht auf einer Interpretation des Islam, gleich ob diese richtig oder falsch ist. In aller Kürze: Wie der Islamismus aus dem Islam hervorgeht, so ist die Schari'atisierung eine moderne Lesart der traditionellen Schari'a.

Schari'a im Islam: Was bedeutet die Forderung nach ihrer Anwendung?

Es wurde bereits angeführt, dass der Ausdruck Schari'a im Koran nicht Recht, sondern Moralität bedeutet. Das islamische Rechtssystem ist den historischen Fakten gemäß nicht im 7. Jahrhundert parallel zur islamischen Offenbarung, sondern erst im 8. Jahrhundert entstanden. Somit handelt es sich um eine postkoranische Konstruktion. Parallel zur Offenbarung zwischen 610 und 632 hat der Prophet niemals von Recht geredet. Erst im 8. Jahrhundert fingen Islamgelehrte an, die sich *Faqihs* nannten, ein Rechtssystem zu konstruieren; sie taten dies auf der Grundlage ihrer eigenen Interpretation des Koran. Das auf diese Weise entstandene Schari'a-Rechtssystem ist nie kodifiziert worden.

Wichtig ist es zu wissen, dass es im Sunna-Islam vier Rechtsschulen gibt: die Hanbaliten, Malikiten, Hanefiten und die Schafiiten; diese haben jeweils unterschiedliche Interpretationen des islamischen Rechts, so dass die Schari'a – selbst als Zivilrecht – kein einheitlicher Rechtskorpus ist.

Die bereits vorgenommene Unterscheidung zwischen dem Begriff *Fiqh* und dem der Schari'a hindert die Sakraljuristen, Deutungshoheit über den Text des Koran zu beanspruchen. *Fiqh* ist also das, was ein Mensch denkt, wohingegen die Schari'a von Gott im Koran offenbart worden ist. Konstruierte Rechtsnormen sind *Fiqh*, wohingegen das, was von Gott selbst stammt, als Schari'a gilt. Im Bewusstsein der Mehrheit der Muslime ist diese Vergöttlichung des Rechts in der islamischen Rechtstradition durch die Verwischung der strikten Unterscheidung zwischen *Fiqh* und Schari'a nicht verankert. Somit werden beide miteinander verwechselt. Wenn zum Beispiel ein Sakraljurist ein Rechtsurteil auf der Basis des Koran fällt, ist das eine *Fetwa,* also eine menschliche Rechtsinterpretation. Er beansprucht aber dafür die Qualität eines essentiellen Gottesrechts. Wer dem widerspricht, riskiert, als *Kafir*/Ungläubiger aus dem *Umma*-Kollektiv ausgeschlossen und getötet zu werden, eben weil göttliches Recht widerstandslos hinzunehmen ist. Somit ist jedem Ruf nach Anwendung der Schari'a Willkür und Diktatur inhärent.

Kehren wir nun zum Streit, ob islamisches Recht *Fiqh* oder Schari'a, menschlich konstruiert oder göttlich ist, zurück. Bei diesem Thema geht es keineswegs um einen akademischen oder theologischen Streit. Die Gleichsetzung von *Fiqh* und Schari'a hat in der islamischen Rechtsgeschichte zu folgenden Auswirkungen geführt:

1. Die Vergöttlichung des Rechts trägt zur Essentialisierung bei und schließt somit einen Rechtswandel aus.
2. Der Rest der Menschheit wird vom islamischen *Umma*-Kollektiv ausgeschlossen.
3. Der Widerstand gegen dieses „Gottesrecht" wird mit dem *Takfir* belegt, das heißt Kritiker werden zu Ungläubigen erklärt und damit aus der *Umma* „exkommuniziert". Somit ist *Takfir* zur Quelle der Intoleranz im Islam geworden. Diese Tradition ist leider viel älter als der Islamismus,

sie geht bis auf den Mord am dritten Kalifen Othman zurück, der die erste *Fitna* (innerislamischer Krieg, vgl. Anm. 38) hervorrief.

Sowohl durch das Fehlen eines einheitlichen Schari'a-Verständnisses als auch durch das Schisma zwischen Sunna und Schi'a ist eine innerislamische Spaltung der islamischen Rechtstraditionen entstanden. Die innerislamischen *Fitna*-Kriege gehören in diesen Rahmen, der heute mit der Forderung, die Schari'a anzuwenden, auch das europäische Recht betrifft. In der europäischen Tradition wird das Recht kodifiziert. In einer Demokratie kann das Parlament es revidieren oder durch anderes Recht ersetzen. Im Islam ist Recht ausschließlich interpretativ. Die Rechtsgelehrten interpretieren den Koran und das, was der Prophet gesagt hat (das ist: *Hadith*). Auf dieser Basis entwickeln sie entsprechende Rechtsnormen, die als Gottesrecht gelten. Obwohl die Doktrin einen Wandel des Rechts ausschließt, unterscheidet sich das islamische Recht des 8. Jahrhunderts von dem des 9. Jahrhunderts, ganz zu schweigen von dem des 21. Jahrhunderts. Dennoch glauben die Muslime, dass das islamische Recht überzeitlich und universell ist; sie erkennen den Wandel in der Geschichte nicht an. Das ist bis heute das Problem im Islam. Wie andere Reform-Muslime versuche ich, die Begriffe von Geschichte und Wandel in den Islam einzuführen und deute in diesem Rahmen das Recht historisch. Hier handelt es sich um einen innerzivilisatorischen Konflikt zwischen Historisierung und Absolutismus. Dieser Konflikt findet auch nach außen zwischen den Zivilisationen statt. Auf der Basis der bisherigen Ausführungen werden die wesentlichen Rechtsunterschiede zwischen zwei Zivilisationen deutlich. Im Islam glaubt man, Recht sei nur das, was Allah offenbart hat. Es gilt deshalb als absolutes Gottesrecht.

Wie gehen Muslime mit einer veränderten Welt um, wenn sie keinen Wandel anerkennen? Sie dürfen die Offenbarung zwar interpretieren, aber sie dürfen der Sakraljurisprudenz nicht widersprechen, auch nichts ändern. Recht darf *nicht* von einer Institution – wie etwa dem Parlament – verabschiedet werden. Hieraus erwächst die Schwierigkeit, Islam und parlamentarische Demokratie in Einklang miteinander zu bringen. Diese birgt den in der zentralen These dieses Buches problematisierten Zivilisationskonflikt: Weil die Globalisierung der Wirtschaft und Politik nicht mit der Universalisierung der europäischen Werte gleichgesetzt werden kann, ist die universelle Geltung des Rechts nur formal etabliert. Ganz im Gegenteil, sie führt – wie der Oxford-Gelehrte Hedley Bull es genannt hat – zu einer weltanschaulichen „Revolte gegen den Westen" (vgl. Anm. 11). Das ist der Rahmen, in dem die islamische Rechtstradition neu belebt wird. Hierbei wird der Konflikt mit Europa religionisiert. In dieser Abhandlung über die Religionisierung des Konfliktes zwischen einer Mehrheitsgesellschaft und religiösen Minderheiten steht deshalb das Beispiel der Islam-Diaspora in Europa als ein durch Migration entstandenes Phänomen im Mittelpunkt. Diese globale Migration hat mehr mit Konflikten und Sicherheit[39] als mit einer mitunter projektierten Idylle zu tun.

Ein Problem ist die Tatsache, dass die Schari'a sich fortentwickelt hat und nicht bloß Zivilrecht geblieben ist. Das klassische islamische Recht der Schari'a umfasst neben *Ibadat*/Kult und *Mu'amalat*/Zivilrecht auch das *Hudud*/Strafrecht. Aber Staatsrecht und Verfassungsrecht existieren in der klassischen Schari'a nicht. Heutige islamische Fundamentalisten behaupten, der Islam sei *Din wa Daula*/die Einheit von Religion und Staat. Nun kommt der Begriff *Daula*/Staat kein einziges Mal im Koran vor. Und der klassische Islam kennt den Begriff Staat nicht, dafür steht der Begriff der *Umma*/Gemeinde im Mittelpunkt. Die politische Ordnung des klassischen Islam ist das Kalifat. Heute könnte man jeden Muslim, der die Auffassung vertritt, die Schari'a sei ein Staatsrecht, als Islamisten einordnen. Im klassischen Islam gab es dieses Rechtsverständnis noch nicht.

Aus der bisherigen Analyse dürfte klar geworden sein, dass Islamisten die Schari'a im Rahmen einer „Invention of Tradition" (Eric Hobsbawm), das heißt Erfindung von Tradition, neu beleben; sie machen sich die alte Aufteilung der Welt in *Dar al-Islam*/Haus des Islam und *Dar al-Harb*/Haus des Krieges zu eigen, um alles, was außerhalb des *Dar al-Islam* ist, als feindliche Welt einzuordnen. Das *Dar al-Harb*/Haus des Krieges ist im Islam die Welt der Ungläubigen. Nach dem eigenen Selbstverständnis ist der Islam eine Religion des Friedens, aber Frieden gilt nur dann, wenn der Islam dominiert. Leider wird im Dialog zwischen Christen und Muslimen in Bezug auf Frieden getäuscht. Viele Muslime behaupten ohne nähere Erläuterung: „Der Islam ist eine Friedensreligion." Dabei lassen sie unerwähnt, dass der Frieden nur im *Dar al-Islam* gilt, nicht aber für die nichtislamische Territorialität, die unter *Dar al-Harb* subsumiert wird. Nun gibt es im islamischen Rechtsdenken eine Art Zwischenlösung, das *Dar al-Ahd*/Haus des Vertrages. Wenn die Muslime in einer schwachen Position sind, dürfen sie temporäre Friedensverträge mit ihren Feinden schließen. Der hier geschlossene Frieden ist aber kein dauerhafter Weltfrieden, weil er nur auf Zeit geschlossen wird. Ist diese Rechtstradition kompatibel mit den Bedürfnissen des 21. Jahrhunderts?

In unserer heutigen Welt fordert man „Sicherheit und Gerechtigkeit" für alle Kulturen. Heißt dies, dass das islamische Recht unter den Bedingungen der Befreiung von europäischem Einfluss als Nebenwirkung des Islamismus in der Zukunft zugelassen wird? Hier ist eine historische Perspektive von Nutzen. Bei dem zivilisatorischen Schari'a-Projekt geht es auch um den Ruf nach der Rückkehr der Geschichte. Würde dies wirklich zu einem besseren Verhältnis zwischen den Kulturen führen?

Zwischen dem 19. Jahrhundert, als die Europäer die Welt des Islam rechtlich zu beeinflussen begannen, und der heutigen Entwicklung im Zeichen des Islamismus haben Muslime nach der Auflösung des Kalifats von 1924 ihr Globalisierungsprojekt, das heißt die Erweiterung von *Dar al-Islam* auf die ganze Welt, vorläufig aufgegeben. Dies war das erste Globalisierungsprojekt der Geschichte. Denn der islamische Versuch, vom 7. bis 17. Jahrhundert das eigene Ordnungsmodell auf die ganze Welt zu übertragen, war der erste seiner Art in der Weltgeschichte.[40] Das Christentum verfolgte bei seinen Kreuzzügen kein Globalisierungsprojekt, wie die Muslime fälschlicherweise behaupten, erst die europäische Expansion beinhaltete dies. Historiker wissen, dass die Kreuzzügler nicht die ganze Welt erobern wollten. Sie wollten nur nach Jerusalem, zu ihren heiligen Stätten, nicht mehr und nicht weniger.

Der entscheidende Wandel trat erst nach dem Aufstieg der westlichen Zivilisation ein, die sich zwischen 1500 und 1800 zu entfalten begann. In Europa wurde die Vision eines universellen Projektes Realität. Hierbei wurde das Globalisierungsprojekt des Islam abgelöst. Zunächst hat der Westen den Islam aus Europa zurückgedrängt und daraufhin selbst die Welt des Islam ins Visier genommen – eine Demütigung für die Muslime; die einstmaligen Eroberer fanden sich nun in der Position der Eroberten wieder. Zunächst haben sich die Muslime dem gefügt, westliches Recht angenommen und sich verwestlichen lassen. Viele Krisen haben jedoch dazu beigetragen, dass diese Modernisierung gescheitert ist, woraus der heutige Islamismus hervorgegangen ist; er ist also das Produkt einer Modernisierungskrise.

Es wurde bereits gezeigt, dass die Schari'a die Lehre der *Fara'id* als Kern hat. Djihad zur Verbreitung des Islam ist als *Fara'id*/Pflicht zentral. Heute wird Djihad gegen den Westen als Djihadismus innerhalb eines veränderten Rechtsdenkens neu interpretiert. Islamisten behaupten, islamisches Recht sei nicht nur ein Zivilrecht, sondern auch Staatsrecht. Tatsache ist, dass die Schari'a geschichtlich nie ein Staatsrecht war; die Schari'a ist eine

Kombination von *Mu'amalat*/Zivilrecht und *Hudud*/Strafrecht. Das Zivilrecht dient der Regelung von Angelegenheiten der Menschen untereinander. Das islamische Strafrecht ahndet jede Übertretung von Gottesrechten. Die Islamisten kündigen aber nicht nur eine Rückkehr der Geschichte an, sie berufen sich heute auch auf die Schari'a als Staatsrecht. Damit bringen sie Elemente in den Islam ein, die es früher nicht gegeben hat, vor allem die Idee einer islamischen Weltordnung, und betreiben mit der Erhebung der Schari'a zum Staatsrecht eine Erfindung von Tradition.

Euro-Islam oder Schari'a-Islam für Europa

Die Rückkehr der Schari'a als Schari'atisierung aller Lebensbereiche, das heißt im neuen totalitären Gewand, sondert die Muslime von den Nichtmuslimen ab, weil sie die bestehende Globalisierung wirtschaftlicher und politischer Strukturen und die Universalisierung der Werte durch eine kulturelle Fragmentation unterminiert. Im Interesse des Weltfriedens muss man dem Ruf nach der Schari'a eindeutig widersprechen. Vor allem darf dieser in Europa nicht für die Zuwanderer zugelassen werden. Dort besteht eine Islam-Diaspora von ca. 23 Millionen Muslimen. Zusätzlich leben etwa 12 Millionen Muslime in Südosteuropa. Integrationswillige Muslime können diesen Ruf nach der Schari'a nicht teilen.

Diejenigen, die unter Bedingungen des Rufes nach der Schari'a von Religionsfreiheit reden, übersehen, dass gerade die Religionsfreiheit durch die Anwendung der Schari'a gefährdet wird. Auch Europa und der gesamte Westen sind hiervon betroffen. Der Westen erscheint politisch, wirtschaftlich und militärisch mächtig, aber nur bedingt moralisch. Die Reaktion auf die Rückkehr der Schari'a im Rahmen der Rückkehr des Sakralen verdeutlicht dies.

Das größte Problem, das Europa in seinen Begegnungen mit Menschen aus unterschiedlichen Zivilisationen hat, ist, dass diese nicht dieselben Werte haben. Eine kulturrelativistische Wertebeliebigkeit bietet keine Lösung für Konflikte. Ganz im Gegenteil, parallel zur Globalisierung ist sie folgenreich. Europa ist heute die Hauptattraktion für Menschen aus unterschiedlichen Kulturen geworden.

Die Werteorientierung der Toleranz gehört zum Bestandteil der politischen Kultur einer Zivilgesellschaft. Damit ist aber keine kulturrelativistische, multikulturelle Toleranz gemeint, die Gefahren für das Gemeinwesen nicht wahrnimmt. Zu diesen Gefahren gehört der islamische Ruf nach der Schari'a. Wer die pluralistische Zivilgesellschaft[41] ablehnt, entzündet einen Zivilisationskonflikt mit Europa, das auf dieser Idee fußt. Können die in Europa lebenden Muslime die zivilgesellschaftlichen Grundlagen des Pluralismus einschließlich des dazu gehörigen Rechtsverständnisses akzeptieren? Ein promovierter türkischer Muslim, Şerif Mardin (vgl. Anm. 41), glaubt die Antwort zu haben; sie lautet: Nein, die Zivilgesellschaft sei ein „Western Dream", den die Muslime nicht annehmen könnten. Nicht alle Muslime denken wie Mardin. Ich gehöre zu diesen Muslimen, die widersprechen, und denke, dass ein aufklärerischer Kulturpluralismus, der in Kontrast zur totalitären Ideologie des Islamismus steht, in den Islam integrierbar ist. Jedoch kann nur ein Reform-Islam sich in die Zivilgesellschaft integrieren. Auf dieser Basis können Muslime eine rechtsstaatliche und internationale Ordnung, die auf der modernen Toleranz der Aufklärung sowie ihren Normen und Werten fußt, annehmen. Die Voraussetzung hierfür ist, dass sie religiöse Reformen und kulturelle Veränderungen zulassen, die sie befähigen, die Zivilgesellschaft zu bejahen.

Im ersten Kapitel habe ich argumentiert, ein friedliches Zusammenleben von Menschen erfordere die rationale Bewältigung der Unterschiede und das Vorhandensein eines Konsenses über einen Normen- und Wertekatalog; beides bildet den Rahmen für die Ausübung von Toleranz. Nur wenn wir Unterschiede erkennen und über sie sprechen dürfen, versetzen wir uns in die Lage, den nötigen Konsens zu erreichen. Mit Hilfe dieses Konsenses wird ein friedliches Zusammenleben von Menschen, die unterschiedliche Selbst- und Weltbilder haben, ermöglicht. Die kulturelle Moderne wird im Dienst des inneren und sozialen Friedens in Europa als Grundlage für Wertegemeinsamkeiten in Anspruch genommen. Die wichtigste Säule dieser Gemeinschaft ist ein geteiltes Rechtsverständnis. Heute bin ich als Brückenbauer nicht nur gezwungen, mich von der Assimilationspolitik der CDU zu distanzieren, sondern sogar von meinem von den entsprechenden Politikern verhunzten Begriff der Leitkultur.[42] In Zukunft ziehe ich es vor, meine Intention durch den Begriff der kulturübergreifenden Werteorientierung zum Ausdruck zu bringen.

Ich fasse zusammen: Innerhalb Europas wird eine mit den Migranten zu teilende Werteorientierung als Wertekonsens benötigt, außerhalb Europas eine internationale Moralität. Der Wertekonsens muss europäisch, die internationale Moralität kulturübergreifend geprägt sein. In beiden Fällen sind in unserer Weltzeit säkulare Toleranz und Pluralismus der Religionen ein Schutz für religiöse Minderheiten gegen die Schari'atisierung, die keine Religionsfreiheit anerkennt. Im Namen der Toleranz – dies schreibe ich als Muslim – darf kein Platz für die Schari'a eingeräumt werden. Doch fordern die Islamisten unter den nach Europa eingewanderten Muslimen im Namen kommunitaristischer Rechte und im Rahmen eines Anspruchs auf eine eigene, allerdings konstruierte kulturelle Identität die Geltung der Schari'a. Die säkulare Identität Europas kollidiert damit und steht in diametralem Widerspruch zum Neoabsolutismus der Islamisten. Bei der Suche nach Gemeinsamkeiten sind als Zeichen der Dialogfähigkeit auf beiden Seiten ein Zivilisationsbewusstsein und zugleich Kompromissbereitschaft erforderlich. Die Trennung von Religion und Politik und die Geltung individueller Menschenrechte dürfen nicht im Namen der Toleranz verhandelt werden, weil die Aufgabe dieser Werte eine Selbstaufgabe Europas wäre.

Doch scheint Europa der Herausforderung durch den totalitären Islamismus macht- und ratlos gegenüberzustehen. Der aufgeklärte Journalist Henryk M. Broder ist ein Polemiker und prägte in diesem Geist seine Formel *Hurra, wir kapitulieren.*[43] Auf der Suche nach einer Antwort hierauf trete ich für einen „europäischen Islam" ein. Aber auch hier gibt es Fallstricke: Der Nachkomme von Hasan al-Banna, der Begründer der Muslim-Bruderschaft, präsentiert seinen Islamismus erfolgreich als Euro-Islam – zum Beispiel in Skandinavien. Über ihn sind Bücher wie *Frère Tariq*, *Soldiers of Jihad* oder *Ramadan und die Islamisierung Europas* veröffentlicht worden.[44] Trotzdem wird er von Politikern und Medien als Berater herangezogen. Die Vertreter des organisierten Islam präsentieren ihren Islamismus des *Din wa-Daula*, der Einheit von Religion und Staat, als religiösem Glauben, fordern für die Schari'a Toleranz und gefährden Europa im Namen des Schutzes religiöser Minderheiten, deren Unterdrückung in der Welt des Islam sie selbst unterstützen. Wer ihnen widerspricht, wird mit dem „Feindbild Islam" angegangen. Dies machen Gesinnungsethiker und Kulturprotestanten mit. Im verhängnisvollen Zusammenspiel mit dem Vorwurf, ein „Feindbild Islam" zu schüren, wird von diesen Kreisen der aufklärerische Hinweis unterdrückt, dass im Islam ein „Feindbild Christentum" besteht.[45] Die Islamisten rufen nach ihrer Aufnahme in Westeuropa als Flüchtlinge nach der Einführung der Schari'a im Namen europäischer Werte, die sie ablehnen, aber doch instrumentalisieren; und man hört ihnen zu. Auf europäischem Boden führen sie ihren Krieg der Weltanschauungen gegen die Ideale der Idee Europas.

Der Übergang zum zweiten Schwerpunkt in diesem Kapitel ist die Diskussion über Kultur und Religion unter Bedingungen des „Cultural Turn". Menschen denken und handeln entsprechend ihrer kulturellen Werte; sie sind aber eingebettet in die Globalisierung. Sie reagieren hierauf mit konstruierten Kollektividentitäten (z. B. „islamische Identität"). Der Begriff „Identity Politics" (vgl. Anm. 6) darf nicht aus der Ökonomie und Politik abgeleitet werden. Denn kulturelle Kollektividentitäten hindern die Betroffenen daran zu erkennen, dass sie aus freien Stücken vom Zug der Globalisierung abspringen, der ohne sie weiterfährt und sie als Verlierer zurücklässt. China und Indien, die auf den Zug der Globalisierung aufspringen, gehört die Zukunft. Jene Muslime, die in der Revolte gegen die Globalisierung verharren, bleiben zurück. Mit ihrer Antiglobalisierungs-Djihad-Rhetorik stellen sie sich als Opfer dar und verschweigen dabei, wie Muslime in der Welt des Islam mit Minderheiten umgehen.

Im Folgenden will ich die Auswirkungen der hier angesprochenen Entwicklungen auf das Recht durch die Schari'atisierung des Islam erläutern. Diese Problematik wird im Licht meiner These von der Spannung zwischen Globalisierung und Fragmentierung (vgl. Anm. 13) thematisiert.

Der Universalismus des Rechts und der Partikularismus der Kulturen

Innerhalb der Prozesse der europäischen Expansion wurde eine eurozentrische Illusion gepflegt, wonach durch eine globale Verwestlichung auch das Recht standardisiert wurde.[46] Heute scheint das Gegenteil im Kontext von „Identity Politics" (Anm. 6) einzutreten, wobei die Rückbesinnung auf die eigene Kultur und die Entfaltung lokaler Identitäten zur Ablehnung universeller Modelle führen. Dieser Prozess nimmt bei nichteuropäischen Kulturen die Gestalt eines Neoabsolutismus[47] an, der den europäischen Universalismus in Frage stellt. Die europäische Antwort auf diese Herausforderung darf deshalb nicht Kulturrelativismus heißen.

Die heutige Welt ist durch kulturelle Vielfalt gekennzeichnet, jedoch ist es völlig falsch, daraus zu schließen, dass aus kulturellen Unterschieden Grundrechte zu folgern und gegenüber universellen Normen und Werten anzuerkennen sind. Diese Entwicklung hätte konsequenterweise zur Folge, dass jedes Konzept eines universellen Rechtes bestritten und daraufhin kulturrelativistisch argumentiert würde, dass jede Zivilisation ihre eigene Rechtstradition habe.

Der Oxford-Rechtsgelehrte H. L. A. Hart[48] sowie andere haben die Zustimmung nichtwestlicher Staaten zum westlichen universellen Recht nach der Dekolonisation als äußerlichen Vorgang gesehen. Hierbei wurde argumentiert, dass nichtwestliche Kulturen den im Westen verankerten Rechtsuniversalismus durch Eintritt in die Weltgemeinschaft formal übernehmen, aber nicht verinnerlichen. Die Tatsache, dass jede Lokalkultur ihren Partikularismus – auch im Recht (z. B. *customary law*) – hat, negiert die Geltung eines Rechtsuniversalismus. Wenn die Perspektive auf den Islam und Europa eingeengt wird, wird man mit dem Umstand konfrontiert, dass ein westlich-säkularer Rechtsuniversalismus von einem religiösen, auf der Schari'a basierenden neoabsolutistischen Universalismus angefochten wird. Sollte man deshalb die Idee eines universellen Rechts aus Respekt für den Partikularismus der Kulturen aufgeben? Oder ist es kulturübergreifend möglich, eine globale Ordnung für die Welt mit Rechtsgrundlagen in Gestalt eines Konsens über Rechtswerte (*legal values*) zu begründen, die für alle gelten und legitimiert sind? Ist dies nicht möglich, dann könnte die Fragmentation in eine Anarchie – eben als Gegensatz zur Ordnung – münden, in die unsere Welt dann verfiele.

Es ist besorgniserregend, dass im „Cultural Turn" des 21. Jahrhunderts durch die Kombination von „Identity Politics" und kulturellem Erwachen von Partikularismen ein zunehmender Zerfall des internationalen Konsens entsteht. Es ist zu beobachten, dass dies parallel zur Diffusion der Macht stattfindet.[49] Die Postmodernisten verstehen diese Entwicklung nicht, und sie verwenden Kultur und Recht in einer kulturrelativistischen Bedeutung, ohne hierbei die damit zusammenhängenden Folgen zu bedenken. Aus der Perspektive der anstehenden Thematik wird zunächst ein Emporsteigen der Kultur zu einem zentralen Faktor der Weltpolitik festgestellt und dann argumentiert, dass dieser Prozess folgenreich für die Rechtsordnung der Welt ist. Heute steht Kultur gleichrangig mit Ökonomie, Politischem und Sozialem. Hierbei gelten Religion und Recht als kulturelle Konzepte und werden durch den „Cultural Turn" neu bewertet. In diesem Kontext findet die „Rückkehr des Sakralen"[50] statt, in der das Recht religiöse Gestalt annimmt; es entsteht der Anspruch auf *lex divina*/Gottesrecht, das bestehendes, säkulares, als universell gültiges Recht ersetzen soll. Für Postmodernisten ist das eine der vielen „Narratives", die alle im Geist eines kulturellen Relativismus gleichgesetzt werden und denen ein Recht auf Geltung gewährt wird. Diese Sichtweise wird selbst auf den „Ruf nach der Schari'a" übertragen, dem ein Neoabsolutismus zugrunde liegt, der aber dennoch in

Europa und den USA aus der Perspektive des Rechtsrelativismus Anerkennung findet.[51] Dabei wird nicht nur der Anspruch der Islamisten übersehen, dass die Schari'a als ein Rechtssystem nicht nur für Muslime, sondern auch für die gesamte Menschheit Geltung beansprucht, auch wird der damit verbundene Zivilisationskonflikt im 21. Jahrhundert nicht erkannt. Dieser Konflikt besteht zunächst allein mit dem Islamismus, nicht mit dem Islam. Ein genereller Konflikt kann vermieden werden, wenn Muslime die historisch belegbare Tatsache akzeptieren, dass die Schari'a im Koran kein Rechtssystem darstellt. Was heute als islamisches Rechtssystem angesehen wird, ist nichts anderes als eine postkoranische Konstruktion.

Die Japanese Association of Comparative Constitutional Law hat 2005 auf ihrem Kongress die Problematik des Anspruches der Schari'a, Verfassungsrecht zu sein, als Gegenstand eines der zentralen Referate zugelassen. Das Anliegen dieses Referates ist die zeitgenössische islamistische Herausforderung an die Universalität des Rechts.[52] Im 21. Jahrhundert beansprucht die Schari'a, das europäische Recht im Allgemeinen als Universalismus abzulösen. Konzeptuell ist das Problem so einzuordnen: Ein Partikularismus beansprucht eine universelle Geltung. Anders formuliert: Die Schari'a als *lex divina* erhebt den Anspruch, nicht nur für die Welt des Islam das gültige Recht zu sein, sondern auch für den Rest der Welt. Somit treten zwei Rechtsuniversalismen in einen Wettbewerb miteinander. Der Islamismus erscheint als Neoabsolutismus in der islamischen Zivilisation, während sich im Westen ein kulturrelativistischer Postmodernismus ausbreitet. Ein Kulturrelativismus predigt Selbstverleugnung und ist somit der Verlierer gegenüber dem Neoabsolutismus. Der Träger dieser neu erfundenen Schari'a ist der politische Islam. Die Unterscheidung von Islam und Islamismus ist daher von entscheidender Bedeutung bei der Bewältigung des Konflikts.

Der Wettkampf der zwei Universalismen ist in die Spannung zwischen Globalisierung und Universalisierung eingebettet, die die universelle Geltung des Rechts belastet. Die Begriffe „Globalisierung" und „Universalisierung" werden leider oft missverständlich gebraucht und fälschlicherweise miteinander gleichgesetzt. Das erste Konzept, also die Globalisierung, bezieht sich auf die Verbreitung von Strukturen auf dem Globus, während Werte – zum Beispiel Rechtsnormen – nicht globalisiert, sondern eben universalisiert werden. Unter Fragmentation verstehe ich, dass ein Wertekonsens parallel zum Zustand der Globalität fehlt. Am Beispiel der Neubelebung des Schari'a-Rechts in einer konstruierten Form will ich im Folgenden die Fragmentation erläutern, die von manchen vollkommen falsch als Rechtspluralismus dargestellt wird.

Kulturell geht aus der Globalisierung keine Standardisierung, sondern eher eine Fragmentation hervor. Diese wurde bisher exemplarisch am Gegenstand der Neubelebung der islamischen Schari'a gezeigt. Daher sind die These von der rechtlichen oder kulturellen Standardisierung sowie die des Rechtspluralismus falsch. Diese These übersieht den Konflikt der Schari'a mit der universellen Geltung des Rechts, der weltanschauliche Formen annimmt.

Rechtsuniversalismus, Globalisierung und Fragmentation

Halten wir fest: Globalisierung[53] ist ein Prozess der Übertragung von partikularen Strukturen einer Zivilisation auf die gesamte Welt; Globalität ist der heutige Weltzustand, der eben aus diesem Prozess hervorgegangen ist. Diese beiden Begriffe sind nicht konstruiert und beziehen sich auf Realitäten, die aus der europäischen Expansion hervorgegangen sind. Anders hingegen der Begriff „Globalismus", der lediglich eine Ideologie zum Ausdruck bringt, die zudem fälschlicherweise unterstellt, dass der angesprochene Prozess der Globalisierung die Kulturen einander angleicht und alles standardisiert. Das ist falsch, nur eine Konstruktion, die nirgendwo eine Entsprechung in der Realität hat. Die im Rahmen der europäischen Expansion anvisierte Europäisierung der Welt ist gescheitert, und genau das Gegenteil ist heute eingetreten, nämlich dass die Globalisierung gerade kulturelle Fragmentation hervorgerufen hat. Die strukturelle Angleichung konnte nicht verhindern, dass ein „Cultural Turn" als Erwachen von Partikularismen stattfindet, der als Ausdruck einer Revolte gegen die Auswirkungen des umfassenden Globalisierungsprozesses zu deuten ist.

In diesem Zusammenhang lässt sich die Neubelebung der Rechtstradition der Schari'a als ein Beispiel für den „Cultural Turn" und für die kulturelle Revolte gegen das europäisch bestimmte universelle Recht anführen. Kurz: Der Ruf nach der Schari'a ist ein kulturell-politischer Widerstand gegen die westlich geprägte Globalisierung und gegen die Universalisierung aller dazugehörigen Werte und ist somit auch gegen das universelle Recht des Westens gerichtet. Das ist der Inhalt und die Richtung der neuen „Revolte gegen den Westen".[54]

In allen meinen Arbeiten gehe ich wie Clifford Geertz davon aus, dass

Religion ein „kulturelles System“[55] ist, das subjektiv ein Gefühl der Sicherheit (das heißt von Identität) in einer Situation bietet, in der Globalisierung als objektive Tatsache Unsicherheit hervorruft und Identitäten bedroht. Es steht hierbei eine Wahrnehmung an, dass die Globalisierung eine Entwicklung ist, die mit Bedrohungen einhergeht. Hierbei erhebt man sich gegen die Werte – zum Beispiel das Recht –, die damit verbunden sind. Gegen sie werden eigene kulturelle Werte und Traditionen revitalisiert, die für die Mobilisierung gegen den Globalisierungsprozess gebraucht werden – so zum Beispiel das Schari'a-Recht. Diese sind aber nicht die alten Werte, sondern Werte werden neu erfunden (vgl. Anm. 9). Die Neubelebung der Schari'a ist in diesem Kontext der Angelpunkt. Die hiermit erfolgte „Invention of Tradition“ resultiert in einer Schari'atisierung des Islam. Es entsteht eine perzeptuelle Spannung zwischen zwei Rechtssphären, die eine der Schari'a, die andere des westlichen Rechts, die dann zu realen Konflikten führt.[56] Zwar gibt es ein nur formal gültiges universelles Recht, aber parallel hierzu weder eine Weltkultur noch eine technisch-wissenschaftliche Weltzivilisation. Nur die Vertreter der Ideologie des Globalismus unterstellen solche Konstrukte, die es in der Realität gar nicht gibt. Unsere Welt ist von kultureller und zivilisatorischer Vielfalt gekennzeichnet, die trotz Globalisierung die Menschheit fragmentiert. Nun trägt die Religionisierung der Politik und des Rechts zu einer weiteren Vertiefung der kulturellen Fragmentation bei, in der Vielfalt zu einer Quelle des Konfliktes statt des Reichtums wird. Es ist daher kein Widerspruch, wenn gerade in unserem Zeitalter intensiver Globalisierung von den neuen Phänomenen des „Cultural Turn“ und der fragmentierenden „Identity Politics“ (vgl. Anm. 6) gesprochen wird, die diese Konfliktsituation fördern und intensivieren.

Es ist wichtig, nochmals zu betonen, dass der schwer übersetzbare, hier nicht im postmodernen Sinn verwendete Begriff „Cultural Turn“ (vgl. Anm. 17) uns hilft, den Rückgriff auf kulturelle Zugehörigkeiten und die damit verbundenen Werteorientierungen im 21. Jahrhundert, das heißt in einer Situation der perzeptuellen Bedrohung durch Globalisierung, zu konzeptualisieren. In diesem Prozess des „Cultural Turn“ erlangt Kultur den Rang von Wirtschaft und Politik. Dies lässt sich am Beispiel der Neubelebung des islamischen Schari'a-Rechts beweisen, wobei der nur formalrechtlich bestehende Rechtsuniversalismus zugunsten eines anderen Universalismus in Frage gestellt wird.

Oft wird der Vorwurf des Kulturalismus erhoben, wenn eine Analyse Kultur ebenso wie Ökonomie und Soziales ernst nimmt. Der Vorwurf trifft nicht auf das Thema dieses Buches zu. Denn keineswegs wird alles mit Kultur und Religion erklärt, obwohl die Menschen den „Cultural Turn" so denken und entsprechend handeln. In der vorliegenden Analyse werden die kulturellen Werte in einen Gesamtkontext eingebettet. So wird erkannt, dass die Erhebung gegen die Globalisierung von einer Hervorhebung konstruierter Kollektividentitäten (z. B. „islamische Identität") begleitet wird, die dann in Fragmentation endet. Diese Aspekte stehen in einem Gesamtkontext. Dennoch: Trotz der Erkenntnis wirtschaftlicher Ungerechtigkeiten darf der Begriff „Identity Politics" nicht aus der Ökonomie und Politik abgeleitet werden. Denn kulturelle Kollektividentitäten hindern die Betroffenen daran, zu erkennen, dass sie aus freien Stücken den Zug der Globalisierung verlassen, der ohne sie wegfährt und sie dann zu den Verlierern zählend hinter sich zurücklässt. Anders als Inder und Chinesen verharren Muslime in der Revolte gegen die Globalisierung und bleiben durch ihre Selbstghettoisierung zurück. Ihre Antiglobalisierungs-Djihad-Rhetorik führt zu nichts. Die Behauptung „Der Islam ist die Lösung"[57] blockiert die Erkenntnis einer sich verändernden Welt sowie die Suche nach einer realen Lösung. Die Muslime pflegen die ideologische Perzeption des *Islam under Siege*/Islam unter Belagerung, so dass sie sich durch eine „Revolt against the West" (vgl. Anm. 11) wehren müssen. Kurz, die Neubelebung der Schari'a in Gestalt einer Schari'atisierung des Islam unterminiert den bestehenden, säkularen Rechtsuniversalismus, trägt zur Fragmentation bei und geht nicht über den Charakter einer defensiv-kulturellen Protestbewegung hinaus, das heißt eine innovative Veränderung wird nicht geboten.

Aus der bisherigen Analyse lässt sich schlussfolgern, dass die Schari'atisierung des Rechts im Islam gegen den Bedarf der Menschheit an einem Konsens steht. Dieser ist die Geschäftsgrundlage für eine globale Geltung und Akzeptanz von universellem Recht. In der Welt des Islam trifft dieser Bedarf heute auf Ablehnung, die sich in intensivierenden Bestrebungen nach einer Schari'atisierung des Rechts ausdrückt. Dies deutlich zu machen, erfordert eine Vorarbeit, nämlich zu erklären, was unter universellem Recht und was unter Schari'a-Recht zu verstehen ist. Dies ist bereits geleistet worden, wodurch verständlich geworden ist, warum Schari'a beansprucht, als universelles Recht zu gelten, zugleich aber gegen den bestehenden Rechtsuniversalismus gerichtet ist.

Im Rahmen des „Cultural Turn" und der damit zusammenhängenden „Identity Politics" entdecken Nichteuropäer ihre eigenen Rechtstraditionen als Kulturgut neu. Im Islam ist die revitalisierte Schari'a, die schlechthin mit Recht gleichgesetzt wird, das prominenteste Beispiel für solche Bestrebungen in einem Prozess der Entwestlichung der Welt, durch den Wertekonflikte zu politischen Konflikten werden. Durch Migration nach Europa werden diese auch innenpolitisch wirksam. Hierbei wird beanstandet, dass ein universelles, für alle gültiges Recht gilt.

Diese Schari'atisierung steht im Widerspruch zum Modell einer europäisch-westlichen Gesellschaft und verleugnet ihren Rechtsuniversalismus. In der postbipolaren Welt fühlen sich Muslime unter „Belagerung" in einer Geopolitik des Islam.[58] Diese Wahrnehmung gilt auch für viele Teile der Islam-Diaspora in Europa.

Wie kommt es, dass Muslime mit Verweis auf das Schari'a-Recht das aus Europa stammende universelle Recht als Ordnungsstruktur für die Globalisierung ablehnen und hierbei einen Zivilisationskonflikt des Islam mit der europäischen Rechtsordnung entfachen? Die sachliche Antwort lautet, dass Schari'a im Koran nur Moralität bedeutet und dass das Rechtssystem, das mit der Schari'a gleichgesetzt wird, postkoranisch konstruiert worden ist.[59] Dies wird weiterhin durch den Islamismus verkompliziert, der die traditionelle Schari'a neu erfindet und zur Grundlage einer politischen Ordnung erhöht.

Mit diesem Bestreben ist auch eine „Entwestlichung des Rechts"[60] mit einer „Revolte gegen den Westen" verbunden. Hierbei steht eine Werteorientierung an, die den Zivilisationskonflikt entfacht. Es sei wiederholt, dass „Clash" und „Konflikt" nicht dasselbe sind. Den „Clash of Civilizations" hat ein Islamist, Sayyid Qutb, in seinen beiden Schriften „Wegzeichen" und „Der Islam und das Problem der Zivilisation" lange vor dem Harvard-Professor Huntington verkündet.[61] Qutb legte darin eine Sterbensdiagnose für den Westen vor. Dieser Zivilisationskonflikt ist alles andere, als der in Deutschland geprägte Ausdruck „Kulturkampf" unterstellt. Der Islam beansprucht, den Westen in der Führung der Welt abzulösen. Ich erinnere an meine Ausführung, dass Qutbs Schriften heute in der Welt des Islam so wie früher das „Kommunistische Manifest" von Karl Marx in Europa gelten. Bei diesem Denken nimmt das Kollektiv der transnationalen *Umma* als islamische Weltgemeinde den Platz des alten Proletariats ein. Das *Umma*-Kollektiv beansprucht, die Welt auf der Basis des islamischen Schari'a-Rechts neu zu gestalten. Das ist die islamische, defensiv-kulturelle Antwort auf die Globalisierung.

Im Ergebnis kann man feststellen, dass strukturelle Globalisierung nicht nur zur kulturellen Fragmentation in einem weltanschaulichen Krieg der

Zivilisationen[62] führt, auch verursacht sie gewaltförmige Konflikte und behindert darüber hinaus die Integration der Muslime in die säkulare offene Gesellschaft Europas. Qutbs Ruf nach einer islamischen „Weltrevolution" richtet sich auch gegen die Geltung des Völkerrechts. Das ist der Zivilisationskonflikt im Bereich des Rechts,[63] bei dem zwei unterschiedliche Verständnisse des Rechts aufeinander prallen.

Wie gehen Muslime mit einer veränderten Welt um, wenn sie keinen „Wandel" des Rechts außer bei Uminterpretationen zulassen oder anerkennen? Sie dürfen die Offenbarung zwar interpretieren, aber sie dürfen der Sakraljurisprudenz nicht widersprechen, auch nichts ändern. Nach der Doktrin darf Recht *nicht* von einer Institution – wie etwa dem Parlament – verabschiedet werden.

Die Frage, wie es damals war und wie es heute aussieht, deutet auf die Entwicklung zwischen dem 19. Jahrhundert, als die Europäer die Welt des Islam rechtlich zu beeinflussen begannen, und der Popularität des Islamismus im 21. Jahrhundert hin. Die Muslime haben nach der Auflösung des Kalifats von 1924 formal ihr Globalisierungsprojekt, das heißt die Erweiterung des *Dar al Islam* auf die ganze Welt, wenn auch vorläufig, aufgegeben. Die Leser seien daran erinnert, dass die islamische Expansion das erste Globalisierungsprojekt der Weltgeschichte war.[64] Islamisten betreiben einen „Return of History", wodurch der Anspruch auf ein „Ende der Geschichte" (Fukuyama) Lügen gestraft wird.

Schlussfolgerungen

Die „Rückkehr der Geschichte" mit dem Streben nach einer Entwestlichung des Rechts ist nicht die Rückkehr zu einem gestrigen Modell. Das Ziel der Islamisten besteht in der Implementierung einer ganz neu gedeuteten Schari'a: Sie sehen eine neue, islamische Ordnung für die Welt vor, herbeigeführt durch eine „alternative Globalisierung". Auf dieser Grundlage entstehen Konflikte zwischen politischem Islam, der traditionellen islamischen Schari'a und dem Modell der westlichen Gesellschaft. Die Geltung des europäischen Rechtsdenkens wird in einem weltanschaulichen Rechtskonflikt selbst in Europa beanstandet. Das pluralistisch-demokratische Recht, das die europäische Rechtstradition verkörpert, und das Rechtsverständnis des islamistischen Neoabsolutismus prallen auch in der Diaspora des Islam in Europa aufeinander. Schari'a und westliches

Verfassungsrecht können nicht in einem Rechtspluralismus nebeneinander existieren.

Die in diesem Kapitel untersuchte Rückkehr der Schari'a als Schari'atisierung des Islam unter Bedingungen von Globalisierung und kultureller Fragmentation schadet dem Weltfrieden und bedroht – angesichts einer Islam-Diaspora in Europa – auch den innereuropäischen Frieden. Unter diesen Bedingungen müssen integrationswillige Muslime Abstand von der Schari'a demonstrieren. Tun sie dies nicht, weil sie es bevorzugen, auf der Basis der Schari'a zu leben, dann entfremden sie sich von Europa und dem Rest der Welt; sie sind dann Verlierer der Globalisierung. Wenn die Ablehnung eines universellen Rechtes im Namen der Entwestlichung – zum Beispiel auch durch Multikulturalismus, falsch verstandene Religionsfreiheit und Rücksicht auf die Privatsphäre der Migranten – zugelassen wird, dann entfachen Konflikte, die nicht reguliert werden können und die Gewalt hervorrufen. Dies wäre eine Fortsetzung der Islamisierung Europas.

Unter den Bedingungen des Rufes nach der Schari'a von Religionsfreiheit zu reden, heißt zu übersehen, dass auch die Religionsfreiheit ihre Grenzen hat. Die Konflikte im Bereich des Rechtes betreffen auch das internationale Völkerrecht und zeigen die Grenzen der Globalisierung. Europa und der gesamte Westen sind politisch, wirtschaftlich und militärisch mächtig, aber die Geltung ihres Rechts wird auf globaler Ebene herausgefordert. Die Neubelebung der Schari'a im Rahmen der Rückkehr des Sakralen als Schari'atisierung steht dem Projekt einer „Islamic Reformation" im Rahmen von Kulturwandel im Weg. Die Vision eines europäisierten Islam, das heißt eines Islam ohne Schari'a, verspricht mehr als diese Schari'atisierung.

Kapitel IV

Djihad für Europa?

Religion und Gewalt im Islam in Geschichte und Gegenwart

Dieses Buch ist keine allgemeine Abhandlung über Muslime und ihre Welt, sondern ein Beitrag zur Diskussion, der sich speziell mit dem Islam in Europa befasst. Es endet mit einem Kapitel über ein viel belastetes und oft falsch dargestelltes Thema: den Djihad. Ich habe dieses Kapitel in der Hoffnung geschrieben, mit der Islam-Diaspora und ihren europäischen Partnern einen gleichermaßen offenen und ehrlichen Dialog ohne Gewalt, ohne Ausflüchte (islamische Sensibilitäten) und ohne Verdrehungen (Djihad hat mit Gewalt nichts zu tun) zu führen. Hierbei gibt es aber auch auf europäischer Seite Probleme. Während der Rushdie-Affäre, die weltweit Wellen schlug, wurde der Islam von Europäern mit dem islamischen Begriff *Fetwa* assoziiert; seit dem 11. September 2001 in den USA und dem 11. März 2004 in Madrid wird der Islam eng mit einem anderen Begriff, dem des Djihad, verbunden. Das ist das eine Extrem. Das andere Extrem ist: Muslime, die einen gewaltförmigen Djihad als religiöse Politik betreiben, werden im christlich-islamischen Dialog völlig vom Islam dissoziiert, und zwar mit der Rechtfertigung, sie hätten mit dem Islam nichts zu tun; sie werden als „verrückt" inkriminiert. Denn Djihad sei friedlich und bedeute „nur" „Selbstanstrengung". Diese Argumentation führte sogar dazu, dass ein leitender *Zeit*-Redakteur einen Leitartikel mit „Djihad für Demokratie" betitelte – ein aussagekräftiges Beispiel für den Bedarf an Aufklärung.

Einführung: Religion und Gewalt im Islam

Dieses Kapitel will erklären, was der klassische Djihad und was der zeitgenössische Djihadismus sowohl religiös als auch historisch bedeuten. Beide Begriffe haben nicht dieselbe Bedeutung. Natürlich hat der klassische Djihad[1] nichts mit „Terror" zu tun, ebenso wenig wie *Fetwa* Todesurteil bedeutet. Diese beiden heute populärsten islamischen Begriffe erhalten nicht nur in den westlichen Medien, sondern auch bei den Islamisten eine gänzlich andere Bedeutung, als ihr Ursprung nahelegt. Hierbei lassen sich die beiden Extreme festhalten, die ich im Vorspann anführte: Die Gleichsetzung von Djihad mit „Terror" hat sich im Westen neben der Rehabilitierung des Djihad als „friedliche Selbstanstrengung" durch europäische Moralisten und durch die sie täuschenden Islamprediger etabliert. Beide Deutungen sind falsch. Anhand von Fakten und Originalquellen möchte ich in diesem Kapitel näher darauf eingehen – jenseits von islamophober Panikmacherei und islamophiler Naivität.

In wenigen Worten kann man den Inhalt von Djihad vorab folgendermaßen zusammenfassen: Anstrengung für die Verbreitung des Islam, die friedlich durch *Da'wa*-Mission erfolgen, aber auch *Qital*/Gewalt einschließen kann. Dieser klassische Djihad ist deshalb kein Terror, weil er in der ursprünglichen Bedeutung – wie jeder reguläre Krieg – an Regeln gebunden ist und die Angriffsziele einschränkt. Der Djihad ist aber auch keine bloße „friedliche Anstrengung", weil er ebenso *Qital*, das heißt Gewaltanwendung, einschließt.[2] Für die Verbreitung des Islam ist diese als Krieg erlaubt, und daher kann von islamischem Pazifismus nicht die Rede sein, ohne bestehende Fakten zu ignorieren oder gar zu fälschen und zu verdrehen.

Die angeführte Verbindung von Djihad und *Qital* im Islam hat historisch während der islamischen Expansion, die als *Futuhat* bezeichnet wurde, die Form von Djihad-Kriegen angenommen. Diese Gewalt zur Verbreitung des Islam ist eine historische Tatsache.[3]

Aus der Perspektive der Gegenwart beschäftigen sich viele Theologen und Religionswissenschaftler, aber auch Sozialwissenschaftler, die über internationale Beziehungen forschen, mit der Djihad-Problematik und erkennen dabei die zunehmende politische Bedeutung von Religion im 21. Jahrhundert. Die Neubelebung der Religion führt jedoch nicht – wie manche glauben – zu einer religiösen Renaissance, sondern vielmehr zu einer Religionisierung der Politik[4], die Konflikte auf lokaler, regionaler, weltpolitischer Ebene und gleichermaßen in den Diasporakulturen im Zeitalter globaler Migration entfacht.

Auch ist die angesprochene Rückkehr des Sakralen mit Gewalt verbunden. Hierdurch werden politische Positionen unangreifbar gemacht. Dies ist eine Nebenwirkung der Religionisierung der Politik. Diese Verbindung der Religion mit Gewalt in Konflikten geschieht im Kontext der Religionisierung der Weltpolitik. Es stellt sich in diesem Zusammenhang die Frage, wie die angesprochene Problematik „Religion und Gewalt" Europa betrifft. Anders als in George W. Bushs „War on Terror" wollen die Europäer lieber im Dialog mit dem Islam Gewalt kulturübergreifend ächten, als Muslime einem Generalverdacht auszusetzen. Die Tatsache, dass die internationale Debatte hierüber sich auf den Islam konzentriert, erweckt bei manchen entweder den Eindruck, dass diese Problematik ein spezifisches Problem der Religion des Islam sei oder dass eine Anfeindung des Islam intendiert wird. Im Westen wird es vermutlich kaum jemanden geben, der niemals etwas von Djihad oder *Fetwa* gehört hat. Trotz dieser Popularität frage ich offen: Wie viele Menschen verstehen wohl, was Djihad im Islam wirklich bedeutet?

Nach dem 11. September 2001 in den USA und dem 11. März 2004 in Europa (Madrid) entstand das neue Image „Djihadismus/Terrorismus", das nicht vom klassischen Djihad differenziert wird. Die Problematik Islam und Gewalt rückte in diesem Kontext wieder in den Blickpunkt der Medien. Im September 2006 folgte dann die Regensburger Vorlesung von Papst Benedikt XVI.[5], in der er über Religion und Gewalt mit Fokus auf dem Islam sprach. Er schien jedoch nicht zu beachten, dass er nicht als Professor der dortigen Universität auftrat, sondern sich als internationale, politisch-religiöse Autorität zur Thematik äußerte. Unter Inanspruchnahme der akademischen Freiheit zitierte er eine mittelalterliche Quelle und übersah, dass er von Medien mit globaler Wirkung umgeben war. Die Folge war ein Konflikt – der in diesem Buch wiederholt angesprochene Zivilisationskonflikt. Formal hatte der Papst Recht, als er es wagte, offen über den Djihad und das Verhältnis von Religion und Gewalt im Islam zu reden. Die Wahl der Quelle, auf die er sich berief, war sehr unglücklich. Sie bringt die Stimme eines verängstigten, byzantinischen Kaisers zum Ausdruck, dessen Reich seinerzeit durch die Bedrohung des Djihad vor dem Untergang stand. Kaiser Manuel II. sprach 1391. Einige Jahrzehnte später, 1453, griffen Djihad führende Muslime erneut die Hauptstadt Konstantinopel an, waren diesmal erfolgreich, nahmen sie ein und lösten das Byzantinische Reich auf.[6] Das war nur eines der zahlreichen historischen Beispiele dafür, wie sehr eine Verbindung von Religion und Gewalt bei der Verbreitung des Islam bestand. Der Hinweis war von den Fakten her zwar richtig, das Problem war aber, dass der Papst auf diese Thematik einging, ohne sie fundiert in den übergeordneten Kontext zu stellen.

Dies sorgte, wie nach dem Karikaturenkonflikt im selben Jahr, für einen neuen Vorwand für die orchestrierte Mobilisierung gegen die vermeintlichen „Kreuzzügler", die es auf die Welt des Islam als ihren Feind abgesehen haben. Selbst der Ober-Imam der Diyanet-Behörde (Amt für religiöse Angelegenheiten) der säkularen Republik der Türkei, die als Vollmitglied in die EU aufgenommen werden möchte, nannte den Papst vor der Presse bewusst und beleidigend „Kreuzzügler". Durch die Entschuldigung des Papstes für seine Regensburger Vorlesung beruhigten sich dann die Gemüter, und der Konflikt konnte deeskaliert werden. Dies geschah auf Kosten der sachlichen Debatte über Djihad als Mittel zur Verbreitung des Islam. Da ich mich auf Wissenschaftsfreiheit berufe, nehme ich diese Debatte in den Kontext der Islamisierung Europas auf, ohne Rücksicht auf irgendwelche Befindlichkeiten zu nehmen: Entweder es gibt Denk- und Schreibfreiheit oder nicht. Ein Zwischending gibt es nicht, und die offene Gesellschaft steht und fällt mit der Sicherung dieser Freiheit.

Nach dieser Beruhigung konnte der Papst im November 2006 seine zuvor geplante offizielle Reise in die Türkei antreten. Das Problem des Djihad ging unter. Im Dialog reden Muslime und Christen oft aneinander vorbei, und dies taten auch der Papst und der Diyanet-Imam Ali Bardakoğlu bei ihrer Pflichtübung im Dialog. Die grundsätzlichen Probleme – so das Verhältnis von Gewalt und Religion – wurden nicht nur außer Acht gelassen, auch machte der Diyanet-Chef gleichermaßen vor dem Papst und den Fernsehkameras Folgendes geltend: „Wer behauptet, der Islam sei mit dem Schwert verbreitet worden, trägt zum Feindbild Islam bei." Stimmt das? Papst Benedikt überging diesen Angriff sowie die Anspielung auf die Regensburger Vorlesung und sprach in Ankara kontextfrei nur über Religionsfreiheit, ohne offen zu beanstanden, dass Christen in der Welt des Islam – auch in der Türkei – diese Freiheit häufig vorenthalten wird. Aber auch Muslime in der Türkei haben diese Freiheit nur bedingt!

In diesem Kapitel geht es im übergeordneten Kontext von Religion, Gesellschaft und Weltpolitik eben um das Verhältnis von Religion und Gewalt. Ich möchte das Thema beleuchten und jenseits der Unaufrichtigkeiten des Dialogs der Zivilisationen die Fakten, nicht die rhetorisch verkündete Intention der Beteiligten, in den Mittelpunkt stellen. Bei der vorliegenden Analyse der Religionisierung stehen die von der Religion beeinflussten weltpolitischen Realitäten[7] an, nicht etwa eine konstruierte Weltethik, die Gewalt ächtet. Bei der Analyse werden die islamischen Quellen konsultiert und in Bezug zur Geschichte gesetzt. Weil die anstehende Problematik angesichts der Neubelebung der Djihad-Tradition und der heutigen Entwicklung zum

Djihadismus unsere Weltzeit im 21. Jahrhundert global prägt, werde ich nicht nur theologisch und geschichtlich auf den Djihad eingehen, sondern auch die weltpolitische Gegenwart miteinschließen. Die Analyse wird daher in folgenden Schritten durchgeführt: Es wird zuerst gefragt, was Djihad im Islam bedeutet, dann, wie dieser in der Geschichte Gestalt annahm.[8] Die weitere Thematik sind die heutigen Formen der Neubelebung des Djihad in der Gestalt des Djihadismus.[9] Ähnlich wie der Schari'a mit der Schari'atisierung des Islam ein völlig neuer Sinn zukommt, verhält es sich in einer „Erfindung von Tradition" mit der Entwicklung vom Djihad zum Djihadismus. Die an Regeln gebundene Gewaltanwendung bei der Führung des klassischen Djihad wird beim irregulären djihadistischen Krieg zum islamistischen Terrorismus unserer Gegenwart.

Die Problematik und ihr Kontext

Sowohl historisch beim Djihad als vormodernes Kriegsmuster – jedoch mit Regeln – als auch heute beim halbmodernen irregulären Krieg des Djihadismus – ohne Regeln – pflegt die islamische Seite zu verwirren. Hierbei wird der Mythos, dass es im Islam stets um friedliche Selbstanstrengung gehe, also nicht um Gewalt, gepflegt. Ehrlicher ist Sayyid Qutb, der zu den Vordenkern und zugleich Märtyrern des zeitgenössischen Islamismus gehört. Er hat in seiner äußerst einflussreichen Abhandlung „Der Islam und der Weltfrieden" eine gleichermaßen autoritativ und politisch höchst einflussreiche Deutung des Gegenstandes gegeben, so dass man heute den globalen Djihad als revolutionären Terror mit folgenden Worten von Qutb umschreiben kann.

> „Der islamische Djihad verfolgt das Ziel, die Weltrevolution (*al-Thaura al-Alamiyya*) zu verwirklichen ... Nur durch diese Revolution wird es möglich sein, den Frieden (*salam*) zu erreichen ... Das Endziel ist Weltfrieden ... Das ist die islamische Sicht vom Weltfrieden; es ist also kein Frieden im engeren Sinn, der um jeden Preis gegen den Krieg gerichtet ist ... Mit anderen Worten: Frieden im Islam ist ein permanenter Djihad, um das Wort Allahs auf Erden zu verwirklichen (*kalimat Allah fi al-ard*), das heißt die gerechte Ordnung (*al-nizam al-salih*), die auf den höheren Werten des Islam basiert, durchzusetzen."[10]

In diesem Zitat bekommt der klassische islamische Djihad eine völlig neue Bedeutung, in Gestalt einer gewaltförmigen Revolution, die das 21. Jahrhundert bestimmt. Sayyid Qutb, der diese Deutung gab, wurde 1966 erhängt und konnte nicht mehr erleben, wie sein Denken zu einer mobilisierenden Ideologie für eine transnationale Bewegung geworden ist. In dieser neuen Deutung haben wir es eben mit Djihadismus als einem globalen Neo-Djihad zu tun, der von al-Qaida effektiv in die Weltpolitik eingebracht worden ist.

Im Folgenden werde ich argumentieren, dass die koranische Djihad-Doktrin das Verhältnis von Religion und Gewalt im Islam bestimmt, dass diese aber im klassischen Islam anders als heute gelagert ist. Beide jedoch, Djihad und Djihadismus, lassen Gewalt zu. Daher erfordert die Erfüllung der Sehnsucht der Menschen nach einer gewaltfreien Welt einen kulturübergreifenden Konsens über Krieg und Frieden in einer gemeinsamen Sprache aller Beteiligten, die Gewalt, einschließlich der des Djihad, ächtet. Nicht nur fehlt ein solcher Konsens, sondern sogar ein gemeinsames Verständnis und eine gemeinsame Sprache über die Problematik. So gilt im Fach Internationale Beziehungen jeder Gewaltakt in der Weltpolitik als ein Ausdruck des Krieges, auch wenn seine Urheber vermeintlich „Frieden" im Sinn haben und davon reden. Diese wissenschaftliche Erkenntnis konfligiert mit den Lehren des Islam, der sich als eine „Friedensreligion" versteht und seine im Djihad-Dogma etablierte Gewaltanwendung als *Qital* für die Verbreitung des Islam als eine nicht kriegerische Friedensmission begreift. Ist das ein Widerspruch? Nein, jedenfalls nicht für den Durchschnittsmuslim, wohl aber für Europäer, die ein anderes Verständnis von Gewalt und Krieg beziehungsweise Frieden haben. Es bestehen normative Positionsdifferenzen zwischen den Religionen, die das inhaltsleere und realitätsferne Gerede von einem Weltethos Lügen strafen. Ein Konsens ist möglich, aber das ist etwas anderes als die Annahme eines normativ vorgegebenen Weltethos, dessen Bestehen einige Vertreter unterstellen, als wäre er ein Naturrecht.

Wenden wir uns nun den Fakten zu und schauen uns die wissenschaftlichen Geschichtsbücher an, die über die Erweiterung der islamischen Zivilisation durch Expansion berichten. Wir stellen fest: Diese hat ihre Territorialität im Verlauf ihrer Expansion (7. bis 17. Jahrhundert) durch Djihad-Kriege ausgedehnt.[11] Wer heute diese historische Tatsache anführt, riskiert es, mit dem „Feindbild Islam" zum Schweigen gebracht zu werden. In diesem Geist sprach auch der Ober-Imam Ali Bardakoğlu von der Diyanet-Behörde (Diyanet Işerli Boşkanligi/DIB) vorwurfsvoll vor dem schweigenden Papst, während er die Tatsache ignorierte, dass Zivilisationen im Namen der Religionen Djihad und Kreuzzug gegeneinander betrieben haben; alternativ zu dieser Gewalttradition begegneten sich die islamische und christlich-abendländische Zivilisation produktiv nur jenseits der Religion, also auf der Basis der Rationalität. Wenn beide sich der menschlichen Vernunft bedienten, befruchteten sie einander stets. Auf religiöser Ebene traten sie dagegen mit entsprechenden universellen Ansprüchen auf, die in Eroberungen mündeten. Die Tradition der Verbindung von Religion und Gewalt in Islam und Christentum ist die Grundlage der Geschichte von Djihad und Kreuzzug.

Trotz der sehr hoffnungsvollen und optimistischen Ankündigung vom „End of History“ kommt die Geschichte heute in der Gestalt der Konstruktion und Neubelebung von Kollektiverinnerungen zurück. Parallel hierzu findet eine „Rückkehr des Sakralen“ im Rahmen politischer Religion statt. Der Konfliktforscher John Burton hat lange vor der Aktualisierung dieser Probleme im neuen Jahrhundert darauf aufmerksam gemacht, dass internationalen Konflikten auch kulturell-zivilisatorische Aspekte zugrunde liegen. Wenn diese nicht berücksichtigt werden, können keine angemessenen Konfliktlösungen gefunden werden. Diese alte und bewährte Erkenntnis ist heute hochaktuell und verdient es deshalb, voll zitiert zu werden:

> „Es kennzeichnet unterschiedliche Kulturen, daß sie über unterschiedliche Mittel der Konfliktaustragung verfügen. Wo … Streitigkeiten ihre Ursprünge im Zusammenprall von Kulturen haben, ist es wichtig, solche Differenzen als substantielle Streitfragen anzuerkennen … sie als Bestandteil des zu lösenden Problems zu verstehen … Es ist davon auszugehen, daß der religiöse Fundamentalismus eine Hauptquelle des … Konflikts ist … Religion wird häufig zu seinem Vehikel.“[12]

Wie Burton weiter anführt, sind die Unterschiede zwischen den Zivilisationen „oft Differenzen in den Mitteln, nicht in den Zielen“.[13] Alle behaupten, den Frieden als Ziel zu haben, auch wenn sie darunter nicht dasselbe verstehen. So ist die Friedensbotschaft des Islam durch Djihad, ganz gleich, ob dieser gewaltlos oder kriegerisch erfolgt, zu verwirklichen. Die Konzepte sind auch kulturell unterschiedlich. Heute sind wir Zeugen der Auswirkungen kulturbedingter Konfliktquellen.[14] Der Djihad gehört zur Kultur und zur Religion des Islam.

Die heutige Welt ist strukturell globalisiert, aber gleichzeitig kulturell fragmentiert. Dies sieht man daran, dass Nichtmuslime und Muslime nicht übereinstimmen, wenn sie von Weltfrieden sprechen; sie haben kulturell jeweils unterschiedliche Vorstellungen hiervon. Wie John Kelsay es zusammenfasst, meinen die Muslime Folgendes, wenn sie von Frieden sprechen:

„Der Weltfrieden ist nicht vollständig gesichert, solange nicht alle Menschen unter dem Schutz eines islamischen Staates leben … Ein Gebot für Muslime: zu kämpfen, um die Grenzen des islamischen Territoriums zu erweitern … Gewalt ist ein mögliches und nützliches Mittel, um das Territorium des Islam zu erweitern, und daher ein Instrument zur Erlangung des Friedens.“[15]

Es liegt auf der Hand, dass andere Zivilisationen dieses Verständnis von Weltfrieden nicht teilen können. Es gibt Wissenschaftler, wie den Londoner Professor Efraim Karsh, der so weit geht, beim Verlag der Yale University eine Studie zu veröffentlichen, in der die Djihad-Tradition als „islamischer Imperialismus“[16] bezeichnet wird. Im Gegensatz dazu führen einige protestantische Akademien Symposien durch, in denen das Thema Weltfrieden nur auf der Basis von Gesinnungsethik, nicht aber auf Fakten basierend angesprochen wird.

Heute benötigt man eine Diskussion über den „Beitrag des Islam zum Weltfrieden“ ohne die „protestantische Weltfrömmigkeit“ (Helmuth Plessner) und ohne die Verleugnung der Tatsache, dass Zivilisationen unterschiedliche Auffassungen über Krieg und Frieden haben. Ganz im Gegensatz zu dieser Einstellung verweigert sich dieses Buch einer solchen Gesinnungsethik. Stattdessen wird verantwortungsethisch die Realität zivilisatorischer Grundorientierungen herangezogen, die die Weltsicht der Menschen sowie ihre Normen und Werte bestimmen.

Mit dem entfalteten Vorverständnis stelle ich die erste Frage, die sich auf Krieg und Frieden bezieht. Sie lautet[17]: Gibt es eine Ethik von Krieg und Frieden, die alle Zivilisationen teilen? Trotz der kulturellen und religiösen Vielfalt einer *Umma* von 1,6 Milliarden Muslimen teilen alle Muslime, seien sie Sunniten oder Schiiten, Araber oder Nicht-Araber „ein System moralischer Verpflichtungen“; sie glauben, dass es von der göttlichen Offenbarung herrührt und gründen ihren Glauben darauf. Hierzu gehört die Verbindung von Krieg und Frieden in voller Übereinstimmung mit dem geoffenbarten Koran. Als Sozialwissenschaftler weiß ich, dass der Text der Heiligen Schrift nicht immer die Realitäten in der Welt des Islam erklären kann. Doch dient der Rückgriff auf den Koran[18] zur Rechtfertigung von Handlungen, die weltanschaulich von einer Ethik von Krieg und Frieden geleitet werden. Andere Zivilisationen teilen dieses Verständnis nicht, so dass die eingangs gestellte Frage negativ zu beantworten ist.

Eine Zweiteilung der Welt lässt sich im Koran nicht finden, aber als Geisteshaltung prägte sie die islamische Geschichte und gehört auch zum Gesamtkorpus der islamischen Tradition, die auf postkoranischen Begriffen basiert. Zudem ist diese Zweiteilung der Welt im Islam nie aufgegeben oder revidiert worden[19]; ihre Neubelebung – trotz der oder gerade wegen der sich gegenwärtig intensivierenden Globalisierung in einer Welt von souveränen Nationalstaaten – bringt die Weltsicht der Muslime in Konflikt mit den bestehenden weltpolitischen Realitäten. Von diesem Verständnis ausgehend, will ich zunächst das Grundkonzept der islamischen Kriegs- und Friedensethik erläutern.

Der Rest dieses Kapitels besteht aus drei Schwerpunkten. Erst kommt es zu einer Analyse der islamischen Weltanschauung. Im zweiten Schritt gehe ich auf die Geschichte der islamischen Expansion ein. Danach gehe ich im dritten Schritt zur neueren Geschichte über, in deren Verlauf die Muslime im Rahmen der Neubelebung von – allerdings oft konstruierten – Kollektiverinnerungen eine Rückkehr der Geschichte (Vorherrschaft des Islam) fordern. Der Islamismus, der diese Forderung stellt, macht den Djihad zum Djihadismus. In Europa muss man sich das Recht nehmen, im Sinn der Gewaltfreiheit zu fordern, beide aufzugeben. Ein europäischer Islam verabschiedet sich von jeder religiösen Legitimation der Gewaltanwendung.

Die Weltanschauung: Die Djihad-Doktrin als Grundlage für das Kriegs- und Friedenskonzept im Islam

Zu den grundlegenden Dogmen des Islam gehört dessen Anspruch, eine abschließende Offenbarung mit universeller Geltung zu sein. Somit beansprucht der Islam in seinem Universalismus, die einzig wahre Religion zu sein, sowie die Absolutheit seiner Mission für die gesamte Menschheit. Die *Da'wa*, das heißt der missionarische Aufruf zu dieser Religion, kann verschieden kombiniert sowohl kriegerisch als auch friedlich erfolgen. Entsprechend bedeutet Djihad nicht notwendigerweise immer Krieg, weil er auch die Bedeutung von „sich anstrengen“ hat. Die Verbreitung des Islam in diesem Sinn als *Da'wa* beinhaltet Djihad, der jedoch als *Qital*/Krieg, das heißt gewaltförmig, gegen diejenigen geführt werden kann, die die islamische Mission behindern und sich der *Da'wa* nicht ohne Widerstand unterwerfen. Obwohl der Koran weder Krieg noch eine andere Form von Gewalt verherrlicht, preist die islamische Offenbarung jene Muslime, die für die *Da'wa* kämpfen und ihr Leben für die Verbreitung des Islam opfern. Das ist der Inhalt des *Schahid*-Todes im islamischen Djihad.

Viele der heutigen selbst ernannten „Experten" über Gewalt im Islam scheinen einfach nicht zu verstehen[20], warum junge Muslime den *Schahid*-Tod ersehnen. Zu unterstellen, es gehe um eine Form des Protestes gleichsam wie bei einer sozialen Bewegung, ist eine auf quantitativer Methodik basierende Betrachtungsweise, die den realpolitischen Sinngehalt der Religion nicht hinreichend würdigt. Mit solchen quantitativen Methoden kann man weder den klassischen Djihad als religiöse Doktrin beziehungsweise als historische Realität noch den heutigen Djihadismus des irregulären Kriegs verstehen und richtig deuten.

Um islamische Djihad-Terroristen zu verstehen, muss man die islamische Utopie begreifen, die im globalen Sieg des Islam die globale Ausweitung des *Dar al-Islam* zum *Dar al-Salam*/Haus des Friedens sieht. Deshalb heißt Sieg im Islam Abschaffung des Krieges. Auf dieser Grundlage verstehen sich muslimische Eroberer nicht als Krieger, sondern als Friedensstifter. Der Koran enthält viele Verse über diesen Gegenstand, die zwar aufeinander bezogen werden können, sich jedoch inhaltlich nicht immer konsistent zueinander verhalten. Es ist aber möglich, sie in Bezug auf Kriegs- und Friedensethik zu einem übereinstimmenden normativen Korpus zu rekonstruieren.[21]

In der Gegenwart, wie in alten Zeiten, haben Muslime stets auf der Basis einer selektiven Heranziehung des Korantextes versucht, Legitimität für ihre Handlungen in der Form von „Djihad" zu schaffen. So hat der Begriff im Lauf der Zeit eine sehr vage Bedeutung angenommen. In der klassischen Geschichte war Djihad die islamische Eroberung. Heute ist Djihad in der Praxis des politischen Islam ein Terrorismus. Wenn dem so ist, was ist dann eigentlich als Djihad-Doktrin zu identifizieren?

Die Werte, auf denen das Konzept des Djihad beruht, leiten sich von der Intention ab, die Verbreitung der islamischen Mission zu legitimieren.[22] Nach islamischem Verständnis bedeutet Djihad deshalb nicht „Heiliger Krieg", so wie der Begriff in den westlichen Medien in der Regel verwendet wird. Es ist schlicht falsch, wenn Gewalt und Militanz von islamischer Seite stets unter dem undifferenzierten Sammelbegriff Djihad zusammengefasst werden beziehungsweise wenn Djihad in einer westlichen Interpretation als „Heiliger Krieg" präsentiert wird. Hierbei wird von den westlichen Berichterstattern in der Regel nicht nur der Unterschied zwischen Djihad und *Qital*/bewaffnetem Kampf, sondern auch zwischen klassischem „Djihad" und „Djihadismus" übersehen. Gerechterweise muss man gleich hinzufügen, dass dieser Unterschied von Djihad und *Qital* auch von den islamischen Militanten selbst nicht klar beachtet wird. Auch diesem islamischen Kreis fehlt häufig die intime Kenntnis der islamischen Quellen; er besteht zum großen Teil aus religiösen Laien, die den Islam vorwiegend im politisierten Kontext kennen. An dieser Stelle ist die wissenschaftliche Unterscheidung zwischen Religion als Dogma und Religion als „fait social" von entscheidender Bedeutung für eine differenzierte Analyse der islamischen Kriegs- und Friedensethik in Geschichte und Gegenwart. Diese Analyse erfolgt auf drei Ebenen: Zuerst ist die Djihad-Doktrin an religiösen Texten zu rekonstruieren und zu deuten. Aus dieser Analyseebene folgt zweitens die Erkenntnis der Historisierung des Koran-Textes und der islamischen Religionsstiftung. Die dritte Ebene ist die Gegenwart.

Die Geburt des Islam erfolgte in einer Welt der Stämme, die ohne Staatsstrukturen einander feindlich gesinnt waren und gegeneinander kämpften. Dieser spezifische historische Hintergrund der Djihad-Doktrin im Islam wurde später von den lokalen Gegebenheiten losgelöst und verabsolutiert. Muslime, die an die allumfassende Gültigkeit der zentralen islamischen Schriften (Koran und Hadith) glauben, meinen, dass diese nicht durch Zeit und Raum begrenzt wird. Islamische Schriftgläubigkeit ist demnach mit der Weigerung verbunden, Religion und Zivilisation aus einem historischen Blickwinkel zu betrachten.

Die Historisierung führt zur zweiten Analyseebene. Die islamische Kriegs- und Friedensethik ist nicht nur eine religiöse Interpretation einer Zweiteilung der Welt in ein *Dar al-Islam* als Haus des Islam und des Friedens und ein *Dar al-Harb*/Haus des Krieges (oder modern: *al-Gharb*/der Westen), sondern auch die Geschichte einer zu islamisierenden Welt als Geschichte einer Welteroberung.

In der islamischen Wahrnehmung der Welt und der realen Geschichte wird eine Entsprechung von Doktrin und islamischer Weltanschauung kultiviert. Dies hindert Muslime daran, wahrzunehmen, dass es im Islam auch früher separate, oft miteinander Krieg führende Territorialstaaten gab. Bernard Lewis stellt dies fest und führt aus, dass

> „sich in internationalen … Angelegenheiten eine wachsende Kluft zwischen der legalen Doktrin und den politischen Fakten aufgetan hat, die die islamischen Machthaber ignoriert und die Schriftgelehrten nach bestem Können unterschlagen hatten."[23]

Ungeachtet der Tatsachen, die hinter der absolut geglaubten Doktrin des Djihad stehen, hat sie also in ihrer ahistorischen Form bis in unsere Gegenwart hinein das Verständnis der Muslime von Krieg und Frieden geprägt. Nach Ansicht des marokkanischen Gelehrten 'Abdullatif Husni (vgl. Anm. 36), auf den ich noch näher eingehen werde, bleibt die islamische, auf der Djihad-Doktrin basierende Sichtweise auch unter den Bedingungen des modernen internationalen Systems bestehen; sie ist unverändert grundlegend für die Bestimmung der Beziehungen von Muslimen und Nichtmuslimen. Diese Lehren werden auch in den Predigten in den Moscheen der Islam-Diaspora weitergegeben; sie stehen nicht in Einklang mit den Werten der westlichen Gesellschaft, und deswegen schlägt dieses Buch vor, Abschied von ihnen zu nehmen.

In der Geschichte kann man eine Dualität beobachten: Festhalten an der religiösen Doktrin, die aber abgeschwächt wird im Rahmen der Anpassung an veränderte Bedingungen. Die Bezugnahme auf die nichtislamische Welt als *Dar al-Harb*/Haus des Krieges gehört jedoch zur islamischen Weltsicht. Sind die Muslime schwach, ist ein Waffenstillstand mit ihren Feinden als vorübergehender Frieden möglich. Das ist eine Wahrnehmung des Djihad, die sich mit dem Koranvers legitimieren lässt: „Und wenn sie (das heißt die Feinde) sich dem Frieden zuneigen, dann neige (auch du) dich ihnen zu (und lass vom Kampf ab)" (al-Anfal, 8:61). Wenn aber Muslime sich gegenüber den Ungläubigen stark fühlen, dann gilt der Koranvers: „Und kämpft allesamt gegen die Heiden, so wie sie (ihrerseits) allesamt gegen euch kämpfen" (al-Tauba, 9:36), um den Krieg als eine religiöse Pflicht zu rechtfertigen. Die zwei Verse gehören zueinander und es ist nicht integer, selektiv nach Bedarf zu zitieren.

Die textliche Grundlage

Im Rahmen der ersten Analyseebene will ich im Folgenden die Doktrin von Djihad und *Qital* im Koran rekonstruieren. Für diese Aufgabe ist ein näheres Studium des Koran erforderlich. Die erste Erkenntnis ist, dass der Koran auch eine Chronik der Ereignisse in Arabien enthält. Aus dieser Geschichte der islamischen Religionsstiftung wird heute ahistorisch ein Rahmen für die gesamte islamische Zivilisation konstruiert. Diese Konstruktion übersieht, dass der Koran grundsätzlich kein konsistentes, das heißt eindeutiges und in sich geschlossenes Konzept zur Bestimmung von Frieden und Krieg und somit von Religion und Gewalt enthält. Denn jeder Koranvers ist in der Regel auf spezifische historische Ereignisse jener formativen Jahre der islamischen Religionsstiftung zugeschnitten. So ist es historisch gesehen kein Widerspruch, dass es Verse gibt, die zum Frieden, wie auch solche, die zum Krieg aufrufen. Der Koran ist in gewisser Hinsicht ein arabisches Geschichtsbuch der Jahre 610 bis 632 n. Chr. Diese Geschichte wird durch Muslime essentialisiert.

Im geoffenbarten Teil des Koran, der historisch vor der Gründung des ersten islamischen Stadtstaates in Medina, das heißt in Mekka zwischen 610 und 622, anzusiedeln ist, wird man vergeblich nach Vorschriften über Krieg und Frieden suchen. Denn die meisten der in Mekka geoffenbarten Verse haben einen wahrhaft religiösen – im Sinn von spirituell – Inhalt. Nach der *Hidjra*, das heißt der Emigration des islamischen Propheten und seiner Anhänger von Mekka nach Medina im Jahr 622, hat Mohammed dort mit der *Umma*/Gemeinschaft das erste politische Gemeinwesen des Islam gegründet, das heute von Islamisten fälschlicherweise „islamischer Staat" genannt wird. Es ist eine Art neue Ordnung für das von feindlich eingestellten Stämmen umgebene Medina. Das ist der Rahmen für Krieg und Frieden im Frühislam. Es fand ein Krieg zwischen einer quasi staatlichen Instanz und staatsungebundenen Beduinenstämmen statt.[24] Alle zwischen 622 und 632 (dem Todesjahr des Propheten) offenbarten Verse waren Ausdruck des Prozesses der Etablierung Medinas als Zentrum der islamischen Ordnung während heftiger Kämpfe gegen die es umgebenden feindlichen Stämme. Kernpunkt des neuen Rufes zum Islam ist der Glaube, dass der Islam eine Offenbarung für alle Stämme, das heißt für die gesamte Menschheit, sei:

> „Und wir haben dich gesandt, damit du den Menschen allesamt ein Verkünder froher Botschaft und ein Warner seiest" (Saba', 34:28).

Mit dem zitierten Auftrag sind Muslime dazu verpflichtet, ihre islamische Offenbarung in der ganzen Welt zu verbreiten. Dies geschieht mittels der *Da'wa*, also der islamischen Mission, die friedlich erfolgt, sofern sich die Nichtmuslime kampflos dem Ruf des Islam beugen. Nur in diesem Sinn ist der Islam bei seiner Expansion friedlich. Jedoch wenden Muslime Gewalt gegen die Ungläubigen an, wenn diese sich wehren. Muslime sehen darin jedoch nicht einen Akt des *Harb*/Krieges, sondern eine islamische Friedensmission. Dies steht im Einklang mit dem allgemeinen Verständnis des Islam, dass Frieden gleichzusetzen ist mit der Unterwerfung unter den Islam, entweder durch Konversion zur neuen Religion oder durch Akzeptanz des Status von religiösen Minderheiten (*Dhimmi*) unter dem

Banner des Islam und durch Zahlung der auferlegten *Djizya*/Kopfsteuer. Der Weltfrieden als letzte anzustrebende Stufe wird demnach als das Ende der Gewaltanwendung betrachtet. Die Voraussetzung hierfür ist, dass die gesamte Menschheit zum Islam konvertiert. Nur Christen und Juden wird der Status einer geschützten Minderheit bei Beibehaltung der eigenen Religion gewährt. Dies gilt nicht für andere Religionen. Durch die Gleichsetzung von „Islam" mit *Salam*/Frieden und der Abschaffung von *Harb*/Krieg unter der *Siyadat al-Islam*/Dominanz des Islam begreift sich die islamische Botschaft als eine des Friedens. Freilich, der innere Frieden in Europa auf der Basis europäischer Identität ist auf dieser Grundlage nicht zu erreichen. Ein anderes Modell ist der Nahe Osten, wo gemäßigte Muslime auf der Basis des erläuterten islamischen Friedenskonzepts den Juden Frieden nach der Auflösung des Staates Israel als *Dhimmi*-Minderheit anbieten. Ebenso wie für säkulare Europäer so ist dieses Angebot auch für Juden nicht annehmbar.

Der Frieden einer islamischen Ordnung ist für Nichtmuslime generell nicht akzeptabel. Zu den Grundvoraussetzungen einer islamischen Beteiligung am Weltfrieden gehört daher nicht nur die Aufgabe des Djihad, sondern auch des Glaubens an die Universalität des Islam, das heißt an die Gültigkeit seiner Mission für die gesamte Menschheit. Dieser Wandel ist besonders für die Islam-Diaspora in Europa unerlässlich. Muslime müssen ihr „Predicament" mit der kulturellen Moderne bewältigen. Man könnte diesen Begriff frei mit Zwickmühle übersetzen. Mein Lebenswerk über den Islam ist in London und New York unter dem Titel *Islam's Predicament with Modernity* erschienen.[25] Ich finde für diese Formel, die das Charakteristikum des Islam seit dem 19. Jahrhundert bis heute bildet, keine passende Entsprechung in der deutschen Sprache.

Bleiben wir bei der Analyse des Koran-Textes, bei dem Versuch, die islamische Djihad-Doktrin zu rekonstruieren. Einzelne Koranverse beziehen sich in der Regel auf historische Gegebenheiten, die während der islamischen Offenbarung stattfanden. Doch gibt es Grundprinzipien. Dazu gehört das Verständnis vom Islam, dass er als „die natürliche Religion" (*Din al-Fitra*) die gesamte Menschheit als eine Gemeinschaft unter seinem Banner zu vereinen beansprucht. Das wird zur Voraussetzung für den Frieden gemacht, der auf dieser Grundlage die Teilung der Welt in *Dar al-Harb* und *Dar al-Islam* beendet. Die weltweite Verbreitung des Islam ist das oberste Ziel. Der Koran enthält – ohne Verwendung des Begriffes *Harb*/Krieg – folgende relevante Verse:

„Sie rufen … ‚Gepriesen seist du, oh Gott!‘ und werden mit ‚Friede!‘ begrüßt“ (Jonas, 10:10).

In derselben Sure lesen wir:

„Gott ruft (die Menschen) zum Haus des Friedens. Er führt, wenn er will, auf einen geraden Weg“ (Jonas, 10:25).

Diese Verse verbinden die islamische Mission mit der Friedensmission.

Im Gegensatz zum *Dar al-Islam*/Haus des Islam ist die Welt der Ungläubigen generell durch Gewalt charakterisiert. Solange dies andauert, ist dieser Zustand den Ungläubigen vorzuwerfen, denn sie können ihn durch Übertritt zum Islam beenden, womit sich Gewalt erübrigt. Nur wenn die Macht der Muslime nachlässt, ist *Hudna*/befristeter Frieden religiös erlaubt. Die islamischen Juristen sind sich in ihrer Deutung des Koran uneins über eine genaue Definition des befristeten Friedens, gerade in Bezug auf die zeitliche Begrenzung. Einig sind sie sich aber darin, dass es einen Dauerfrieden zwischen der Welt des Islam und der Ungläubigen nie geben kann. So ist etwa der Camp-David-Frieden zwischen Israel und Ägypten von diesem Bezugsrahmen her als temporär zu deuten, womit Unklarheit besteht, wie lange dieser Frieden gelten darf. Das Zusammenleben von Muslimen und Nichtmuslimen in Europa darf weder auf dem Verständnis eines befristeten Friedens der Kategorie eines *Dar al-'Ahd*/Hauses des Vertrages – solange die Muslime in der Minderheit sind – basieren, noch mit dem Ausdruck *Dar al-Harb* belastet werden. Das Zeitalter der *Futuhat*/Öffnungen, das heißt der islamischen militärischen Expansion, ist vorbei und die Muslime müssen lernen, dass ihre Zuwanderung nach Europa weder in ein *Dar al-Harb* erfolgt noch sich als Öffnung (*Futuhat*) für den Islam vollzieht. Europäer sind keine Bewohner des *Dar al-Harb*, also Ungläubige, sondern Bürger einer offenen Zivilgesellschaft, in der Muslime ohne den Geist der Expansion mittels Krieg auch als Bürger leben können. Die Erfüllung des islamischen Missionsauftrags gehört nicht zu den Bürgerpflichten.

Nach diesem kurzen Exkurs mit Bezug auf Europa kehre ich zur religiösen Bedeutung des Djihad-Begriffes zurück. Zunächst halte ich fest, dass die Übersetzung mit „heiliger Krieg“ eine europäisch-christliche Projektion auf den Islam ist. Auch die Unterscheidung zwischen „gerechtem und ungerechtem Krieg“ ist in der islamischen Tradition nicht vorhanden. Jedoch kann man den Fall so interpretieren: Muslime führen zwecks Verbreitung des Islam einen „gerechten Krieg“/*Futuhat*. Diese Idee wird heute von Djihadisten im Djihad für eine Schari'a-Ordnung artikuliert, die nicht nur für die Welt des Islam, sondern universell gelten soll. Islamischer Djihad ist also gerechter Krieg, aber der Krieg der Nichtmuslime ist ein „ungerechter Krieg"/*'Idwan*. Berücksichtigen wir jedoch, dass durch Erreichen eines Weltfriedens nach erfolgter Islamisierung der Welt der Krieg nach der Lehre des Islam abgeschafft sein wird, dann wird augenfällig, dass der Begriff „gerechter Krieg" nicht in die Doktrin hineinpasst, weil diese nur Krieg und Frieden, nicht aber zwischen Formen des Krieges unterscheidet. Dennoch erwähnt die klassische religiöse Doktrin des Islam zweierlei Gewaltanwendung:

1. den tatsächlichen *Qital*/Krieg im Sinn eines bewaffneten Kampfes als Rückgriff der Muslime auf ein Mittel, das die Verbreitung des Islam garantieren soll. Muslime wenden nur dann Gewalt an, wenn andere sie daran hindern, in Übereinstimmung mit dem Koran zu handeln, und
2. Gewalt als Dauerzustand zwischen Muslimen und kriegerischen Ungläubigen. In diesem Zusammenhang unterscheidet der Koran zwischen *Qital*/bewaffnetem Kampf und *'Idwan*/Aggression und fordert die Muslime auf, nicht als Aggressoren aufzutreten, wenngleich militärische Handlungen der Muslime nicht als Aggression gelten.

„Und kämpft um Gottes willen gegen diejenigen, die gegen euch kämpfen! Aber begeht keine Übertretung! Gott liebt die nicht, die Übertretungen begehen" (al-Baqara, 2:190). Ist das ein Widerspruch? Nach islamischem Verständnis ist das nicht der Fall.

Noch einmal komme ich auf das Konzept des „gerechten/ungerechten Krieges" zurück und zitiere im dargelegten Sinn folgenden Koranvers:

> „Und tötet sie, wo immer ihr sie zu fassen bekommt, und vertreibt sie, von wo sie euch vertrieben haben … und kämpft gegen sie, bis niemand (mehr) versucht, (Gläubige zum Abfall vom Islam) zu verführen, und bis nur noch Gott verehrt wird" (al-Baqara, 2:191–193).

Der Koran benutzt hier den Ausdruck *Qital*/Kampf, nicht den Ausdruck Djihad, für Gewalt. Wie oben dargelegt, schreibt der Koran Kampf zur Verbreitung des Islam vor: „Euch ist vorgeschrieben, (gegen die Ungläubigen) zu kämpfen, obwohl es euch zuwider ist" (al-Baqara, 2:216). Es ist eine religiöse Verpflichtung für Muslime, *Qital* gegen Ungläubige zu führen, also

> „Warum wollt ihr (denn) nicht um Gottes willen … kämpfen? Diejenigen, die gläubig sind, kämpfen um Gottes willen, diejenigen, die ungläubig sind, um der Götzen willen" (al-Nisa', 4:74–76).

Auf der Basis der bisherigen Analyse des Koran-Textes können wir zunächst als Ergebnis festhalten, dass die Doktrin des Djihad auch Krieg als *Qital* einschließt, wenngleich sie sich nicht auf diese Funktion beschränkt. Wörtlich bedeutet Djihad, sich um eines Zieles willen anzustrengen. Auf der konzeptuellen Ebene ist es daher falsch, die militärische Bedeutung des Wortes aus dem Kontext herauszulösen und Djihad exklusiv mit „heiliger Krieg" zu übersetzen, wie dies in den westlichen Medien die Regel geworden ist. Die Realität ist anders als das textliche Konzept des Djihad, so wie es der Koran enthält. In der islamischen Geschichte bedeutet Djihad Eroberungskrieg. Heute ist die Hinwendung zu Gewalt und Terrorismus religiös legitimiert als Djihad. In der ursprünglichen Quelle, dem Koran, wird die Idee des *Qital*/Kampfes als Kriegführung gegen die Feinde des Islam präsentiert, die jedoch an Regeln gebunden ist und ebenso an hohe ethische Standards. Im Djihad, den die Fundamentalisten führen, fehlt dies völlig; sie töten sogar Muslime und nennen dies noch Djihad.

Bei den heutigen wissenschaftlichen und aufgeklärten Standards gehört die Historisierung zur Analyse des geoffenbarten Textes. Wissenschaft und Aufklärung machen keinen Halt vor der Religion. Unglücklicherweise lehnen die meisten Muslime eine historisierende Betrachtungsweise bei ihrer Lektüre des Koran ab; sie zitieren den Koran-Text wortwörtlich, das heißt völlig unkritisch und dazu noch auf eine sehr selektive, ahistorische Weise. Der Zusammenhang zwischen Text und Kontext bleibt ihnen nicht deshalb verborgen, weil sie diesen nicht erkennen, sondern weil es religiös verboten ist.

Um bei der Analyse der doktrinären Quellen des Djihad-Begriffes zu bleiben, nenne ich die Beschränkungen für Gewaltanwendung im Koran. Es gehört zur islamischen Ethik des Krieges, moralische Regeln für die Kriegführung zu setzen. Hier können wir zwei Kategorien unterscheiden: nämlich zum einen Beschränkungen im Hinblick auf die Art der Waffen und die Methoden der Kriegführung sowie zum anderen Beschränkungen, die sich auf die erlaubten Kriegsziele beziehen. Wir finden im Koran eine Normativität vor, die auf das vorindustrielle Zeitalter des Krieges bezogen ist, als die Vernichtungsmittel der industriellen Kriegsführung technisch noch nicht verfügbar waren (Zeitalter der Werkzeuge, nicht der Maschinen). Der Kern der Korandoktrin über die Kriegführung ist in höchstem Maß durch die vorislamische Moral der Stammesehre geprägt. In diesem Sinn fordert der Koran die Gläubigen auf, ihre Versprechungen ehrenhaft zu halten und Vereinbarungen zu respektieren:

„Und erfüllt die Verpflichtung gegen Gott, wenn ihr eine (solche einmal) eingegangen seid, und brecht nicht die Eide, nachdem ihr sie (in aller Form) bekräftigt habt" (al-Nah!, 16:91). „Diejenigen, die die Verpflichtung (die sie) gegen Gott (eingegangen sind) erfüllen und die Abmachung (die sie getroffen haben) nicht brechen, … bekommen das endgültige Haus" (al-Ra'd, 13:20 f.).

Die koranische Doktrin verbietet in Übereinstimmung mit diesen Normen jeden unangekündigten Angriff, also zum Beispiel einen Blitzkrieg. Der Feind muss vor dem Ausbruch von Feindseligkeiten darüber in Form einer Warnung in Kenntnis gesetzt werden. Weil das erklärte Kriegsziel nicht die Anwendung von Gewalt ist, sondern nur, den Feind zu zwingen, sich dem Islam zu unterwerfen, muss diesem Gelegenheit gegeben werden, sich friedlich zu fügen. Somit ist es verboten, zu vernichten oder zu plündern. Das Verbot der Plünderung und Zerstörung ist daher in den islamischen Moralvorstellungen vom Krieg grundsätzlicher Natur und verbindlich. Diese Ausführung macht deutlich, dass der heutige djihadistische Terrorismus sich nicht mit der koranischen Djihad-Doktrin legitimieren lässt. Dennoch wird dies versucht und wir müssen den Djihadismus als religiöse Erscheinung ernst nehmen. Die Djihadisten begreifen sich als die „wahren Gläubigen". Wer sie als Kriminelle, nicht als Gotteskrieger einordnet, versteht sie nicht, auch nicht, was Djihad als Neodjihad heute bedeutet.

Die Historisierung der Djihad-Doktrin: Vom islamischen Welteroberungsprojekt bis zur Gegenwart

Nach der Darstellung und Analyse der Djihad-Doktrin im Text des Koran gehe ich nun zur zweiten Analyse über, nämlich zur Verortung des Djihad in der Geschichte. Dies ist zugleich ein reformislamischer Versuch der Historisierung. Die imperiale islamische Geschichte vom 7. bis zum 17. Jahrhundert ist als Projekt einer Welteroberung der islamischen Expansion charakterisiert. Dies geschieht mittels Djihad (vgl. Anm. 8 und 11). Es handelt sich hierbei um das erste Globalisierungsprojekt in der Weltgeschichte. Unter Globalisierung verstehe ich jeden Versuch, ein Modell auf den ganzen Globus zu übertragen. Nach diesem Verständnis haben die Muslime durch ihre *Futuhat*-Kriege versucht, ihr „Islamicate"[26] als Modell der islamischen Zivilisation nicht nur territorial zu erweitern, sondern auch im angeführten Sinn zu globalisieren. Parallel zur Religionsstiftung des Islam wurde auch ein neues Gemeinwesen gegründet, das universelle Geltung beanspruchte. Die globale Erweiterung von *Dar al-Islam*, mit dem Schwert als Symbolbild für den Islam, war der Rahmen der islamischen Kriegs- und Friedensethik in den formativen Jahren. Einer der beliebtesten islamischen Namen ist *Saif al-Islam*/Schwert des Islam (so heißt einer der Söhne Gaddafis). Im klassischen Islam wurde der Anspruch auf die Überlegenheit der Muslime gegenüber den Ungläubigen mit Gewalt durchgesetzt, später aber relativ gewaltfrei durch Handel (z. B. in Westafrika und Südostasien).

Nicht nur in der modernen Zeit, sondern bereits im Hochislam folgten dann globale historische Veränderungen, die die islamische Zweiteilung der Welt in *Dar al-Islam* versus *Dar al-Harb* in Frage stellten. Die islamische Expansion besteht aus zwei in sich untergliederten historischen Abschnitten: einem arabischen und einem türkisch-osmanischen.[27] Nach der Eroberung Spaniens durch die Muslime und später nach dem Fall des Omayyaden-Kalifats von Damaskus war die Welt des Islam selbst nicht mehr ein einheitliches *Dar al-Islam*. Der Westislam von Córdoba befand sich im Krieg mit dem Ostislam von Bagdad. Im Übergang zur neueren Geschichte hatte das Scheitern der Belagerung von Wien 1683, die das Ende der islamischen Expansion einleitete, entscheidende Folgen. Muslimen gelang es im Zeitraum vom 7. bis 17. Jahrhundert durch Djihad-Eroberungen ein Weltreich von China bis Europa (Poitiers) zu gründen. Gegen 750 ging ihr Djihad-Staat von Damaskus unter, auf den das Abbasidenreich von Bagdad folgte. Nach seinem Zerfall im 13. Jahrhundert folgte im 14. Jahrhundert das Osmanische Reich, das 1923 mit der Ausrufung der Republik der Türkei und 1924 mit der Abschaffung des Kalifats ein Ende fand.

Die historische Erläuterung des Djihad als islamische Expansion kann im Rahmen dieses Buches nicht erschöpfend erfolgen. Das Ende des klassischen Djihad begann historisch mit einer sprunghaften Entwicklung der Militär- und Waffentechnik im Europa der Jahre 1500 bis 1800. Damit korrespondierte letztendlich der Aufstieg des Westens als neuer Zivilisation; parallel dazu fand der allmähliche Niedergang der islamischen Zivilisation statt.[28] Dazu hat die technisch-wissenschaftliche Modernität beigetragen, die mit entscheidenden Nachteilen für die islamische Zivilisation verbunden war. Die negativen Folgen für die Ausbreitung des Islam waren auch mit einer sich verstärkenden inneren Schwäche des islamischen Imperiums verbunden. Um diesen Verlust an Macht zu kompensieren, bemühten sich die Muslime ab dem Beginn des 17. Jahrhunderts, das Konzept der „europäischen Armee“ zu importieren. Die Einfuhr moderner Technologie reichte jedoch nicht aus, um wieder erfolgreich Djihad zu führen. Die osmanischen Sultan-Kalifen erkannten, dass der Westen ihnen als militärisch überlegene Zivilisation gegenübersteht und ihre weltweite Expansion sowie ihrem Globalisierungsprozess Einhalt gebieten konnte. Dieser Prozess mündete in der Desintegration des islamischen Reiches im 19. Jahrhundert und endete mit der Auflösung des Kalifats 1924. Für die Muslime ist dies ein Trauma. Dies ist auch der historische Hintergrund des politischen Islam mit seinem Anspruch auf eine Rückkehr der Geschichte.

Im Mittelpunkt dieses Buches steht die Islam-Diaspora in Europa. Die bestehende Herausforderung, der der Islam ausgesetzt ist, gilt auch für sie: Auf der einen Seite war das geschwächte Haus des Islam in der modernen Welt nicht mehr in der Lage, die *Da'wa*, die islamische Mission, mit militärischen Mitteln (Djihad, im strengen Sinn von *Qital*) zu verfolgen. Auf der anderen Seite hat sich die moderne Welt zu einem komplexen, aus Staaten zusammengesetzten Gebilde entwickelt. Somit büßte das Modell der Dichotomie von *Dar al-Islam* und *Dar al-Harb* jegliche Geltung ein. Im Rahmen dieser Entwicklung sahen Muslime ihr Selbst- und Fremdbild und somit ihre Weltsicht in Frage gestellt. Es folgten Versuche, einen islamischen Modernismus und Reformismus zu etablieren, und darauf der säkulare Nationalismus. Im Lauf des 20. Jahrhunderts traten die Fundamentalisten in Erscheinung, die in unserer Gegenwart die Selbst- und Fremdbilder sowie die islamische Weltsicht neu definieren.[29] Der Ausgang dieser Entwicklung ist dieser: Muslime sind keine Eroberer mehr, sondern Eroberte. Dies gilt auch heute für ihren Status in Europa: Sie sind mehrheitlich eine „Ethnic Underclass" – so die internationale Forschung.

Während der kolonialen Phase nannten Muslime das bisherige Haus des Krieges in *al-Gharb*/den Westen um. In diesem Rahmen waren alle Kriege, die Muslime ab 1798 (gegen Napoleon in Ägypten) erlebten, Kolonialkriege. Der Djihad wandelte sich vom Expansionskrieg zum Antikolonialismus.[30] Die arabisch-israelischen Kriege bis hin zum Golfkrieg 1991 beziehungsweise bis zu den Kriegen in Afghanistan und im Irak werden aus islamischer Sicht als „ungerechte Kriege" betrachtet. Muslime sehen sich als „Eroberte", als Opfer von „christlich-zionistischen Kriegen" beziehungsweise von „Kreuzzügen"[31] oder von einer erdachten Verschwörung gegen die Welt des Islam als einer einheitlichen Zivilisation. Der gemeinsame Widerstand der Muslime gegen die „Kreuzzügler" erzeugt ein Gruppengefühl, das schließlich in ein defensiv-kulturelles Zivilisationsbewusstsein mündet. In Bezug auf Israel wird unterstellt, die *Salibiyyun*/Kreuzzügler seien von *al-Yahud*/ den Juden angetrieben.[32] Die Wahrnehmung ist die eines *Islam under Siege*/

Islam unter Belagerung[33], der die *Umma*/Gemeinschaft der Gläubigen in einem Djhad gegen die „Verschwörung von Kreuzzüglern und Juden gegen den Islam“[34] mobilisiert. Die Muslime sind die Eroberten und wehren sich als Djihadisten, die den Gang der Geschichte umkehren wollen.

Der Islamhistoriker Bernard Lewis von der Princeton University stellte die Frage „What went wrong?“[35], um den Hintergrund dieses Traumas der Muslime zu verstehen, das mit den Veränderungen von Krieg und Frieden zusammenhängt. Das heißt, es ist als ein Komplex von Religion und Gewalt in den Beziehungen von Staaten zu verorten, die als souveräne Gebilde innerhalb der bestehenden Weltordnung agieren. Eine der Folgen der neuen Ordnung souveräner Staaten, die nach dem Westfälischen Frieden entstand, ist der Verlust der zentralen Stellung des *Dar al-Islam* in der Welt.

Den Wandel von der islamischen zur europäischen Expansion erkannte der marokkanische Gelehrte Abdullatif Husni in einer Studie über den Islam und die internationalen Beziehungen, in der das Werk von al-Nasiri aus dem 19. Jahrhundert im Mittelpunkt steht. Al-Nasiri war eine religiöse, dem Sultan unterstellte Autorität, der seinem Herrn helfen musste, die klassische islamische Teilung der Welt neu zu durchdenken. Als islamischer Schriftgelehrter musste er dies auf der Basis der Schriftgläubigkeit leisten. Muslimische Gelehrte, so schreibt Husni,

> „beschränken sich selbst darauf, einfach die klassischen religiösen Quellen heran zu zitieren …, wir finden in diesen Quellen noch nicht einmal den Begriff ‚Staat‘. Diese vorsätzliche Missachtung bestehender Realitäten verweist auf die Absicht, den Charakter des modernen Systems der internationalen Beziehungen zu ignorieren. Die *Ulema*/Schriftgelehrten weigern sich, die Vielzahl an Staaten, die souverän und gleichberechtigt sind, anzuerkennen, indem sie an der Idee von *Dar al-Islam* und *Dar al-Harb* festhalten.“[36]

Dennoch sind die islamischen Schriftgelehrten, aus deren Kreisen heute Imame für die Moscheen Europas rekrutiert werden, seit dem 19. Jahrhundert mit der Globalisierung des internationalen Staatensystems konfrontiert sowie dem sozialen Wandel ausgesetzt, den sie kulturell zu bewältigen haben.[37] Im Islam entwickelte sich zwar ein Konformismus im Sinn eines Anpassungsversuches an das moderne Zeitalter, jedoch ohne die religiös überlieferten Texte neu zu durchdenken oder gar zu hinterfragen.

Das Problem ist, dass hierbei kein reflexives Überdenken der Tradition des Djihad im Sinn des philosophischen Diskurses der Moderne stattgefunden hat. Die erforderliche Revision der religiösen Doktrin des Djihad, die zu einer islamischen Reformation und zur Reformulierung religiöser Dogmen hätte führen können, fehlt immer noch. Damit scheiterten die Konformisten. Aufgrund dieses Scheiterns kam es zu einer Neubestimmung des Djihad als Djihadismus, die auch auf die jungen Muslime in der Diaspora eine Anziehungskraft hat. Der angesprochene gescheiterte Konformismus könnte als eine Art Zwischenstufe zwischen dem klassischen Djihad und dem zeithistorischen Djihadismus eingeordnet werden. Der Konformismus hätte mehr leisten können als das, was das obige Zitat von Husni beschreibt, in dem er eine Aneignung der kulturellen Moderne ermöglicht hätte. Diese hätte die Substanz der Beziehungen zwischen den Zivilisationen verändert. Es ist daher falsch, wenn manche vom Projekt einer islamischen Moderne sprechen.[38] Nachdem der islamische Konformismus, der vom religiösen Establishment vom 19. Jahrhundert bis in unsere Gegenwart getragen worden ist, versagt hatte, ist der Islamismus als eine neue Antwort auf die Herausforderung entstanden. Die benötigte islamische Antwort auf das moderne Zeitalter verweigern beide. Wir haben mit mehr als Terrorismus, Fanatismus oder Extremismus zu tun: Was nach der Erfolglosigkeit der anderen Modelle geschieht, ist eine Rückkehr des Sakralen, die eine Religionisierung der Konflikte und auch Gewalt einschließt. Dieser Prozess greift durch die globale Migration nach Europa über. Eine Folge der fehlenden Reform des Islam ist, dass die soziale Marginalisierung weiter Teile der Islam-Diaspora als religiöses Problem wahrgenommen wird, das durch Djihad zu lösen ist.

Das Versagen des religiösen al-Azhar-Establishments und die Geburt des Djihadismus

In der vorliegenden Analyse habe ich unterlassen, die Zwischenstufe des Konformismus näher zu analysieren, um mich auf die drei Analyseebenen

1. Text,
2. Geschichte und
3. Gegenwart

zu konzentrieren. Doch ist die Weltanschauung des islamischen Establishments in ihrem Konflikt mit dem djihadistischen Islamismus, der die dritte Analyseebene bildet, von zentraler Bedeutung.

Nach dem marokkanischen Schriftgelehrten al-Nasiri (vgl. Anm. 36) aus dem 19. Jahrhundert ist die Position des islamischen Establishments von al-Azhar bis heute vorrangig. Für den Sunna-Islam bleibt al-Azhar noch die Institution, an der die Normen der klassischen Doktrin des Islam autoritativ interpretiert werden. Anders gedeutet: Sie hat das Monopol auf Deutungshoheit.[39] Diese Ansicht teilen die Islamisten nicht; sie fordern nicht nur Europa, sondern auch dieses islamische Establishment heraus.[40]

Es ist äußerst wichtig, den Islamismus, den Hasan al-Banna 1928 auch mit einer neuen Deutung des Djihad[41] begründet hat, nicht mit dem Konformismus von al-Azhar zu verwechseln. Die Bewegung der Muslimbruderschaft ist die erste fundamentalistische Bewegung in der Welt des Islam;[42] al-Azhar vetritt dagegen den orthodoxen Salafi-Islam.

Die Institution der al-Azhar war bisher moderat, aber stets antiwestlich. Der einstige al-Azhar-Scheich Mahmud Schaltut behauptete in Widerspruch zu den historischen Fakten, dass der Islam die besten Grundlagen für das internationale Recht als Basis für Frieden in den bisherigen Jahrhunderten geschaffen habe. Dann spottete er, dass dies in unserem vom Westen geprägten Zeitalter in Abwesenheit einer islamischen Vorherrschaft nicht mehr der Fall ist, eben weil

> „die Staaten der gegenwärtigen (westlichen, *B. T.*) Zivilisation die Menschen mit ihrem sogenannten Völkerrecht täuschen … Seht die Massaker, die diese Menschen auf der ganzen Welt begehen, während sie über Frieden und Menschenrechte sprechen!“[43]

Diese antiwestliche Orientierung war schlussendlich nie genug für den Islamismus, der mehr wollte, nämlich eine universelle Entwestlichung der Welt. Im Gegensatz dazu wollten die al-Azhar Scheichs lediglich die Transformationsprozesse in der islamischen Welt konformistisch kitten.

Im Folgenden gehe ich dazu über, eine autoritative Stimme des al-Azhar-Establishments, also von Ali Djadulhaq, dem Vorgänger des amtierenden Rektors Sayyid Tantawi, zu zitieren. Djadulhaq ist Autor von zwei Bänden, die den Konformismus von al-Azhar zum Ausdruck bringen. Auch er tritt für ein Verständnis von Friedensethik im Islam ein, die höher als die Kriegsethik rangiert, jedoch ohne die Djihad-Doktrin zu revidieren. In dem Kapitel über Djihad im ersten Band hebt die al-Azhar die hier bereits dargestellte Tatsache hervor, dass die Idee des Djihad an sich nicht gleichbedeutend mit Krieg sei. Wenn wir über Krieg reden wollen, so argumentiert er im al-Azhar-Textbuch, dann müssen wir hinzufügen:

> „*al-Djihad al-musallah*/bewaffneter Djihad“ im Gegensatz zum täglichen „Djihad gegen die Ignoranz, Djihad gegen die Armut, Djihad gegen Krankheit und Leiden … Die Suche nach Wissen ist die höchste Stufe des Djihad.“[44]

Nach dieser Aussage setzt das Textbuch die Bedeutung des „bewaffneten Djihad“ herab, da die *Da'wa* zum Islam auch ohne *Qital*/Kampf verfolgt werden könne. Dieses Argument untermauernd wird darin festgestellt:

„In früheren Zeiten war das Schwert notwendig, um den Weg der *Da'wa* zu sichern. In unserer Zeit jedoch hat das Schwert seine Bedeutung verloren, obwohl der Rückgriff darauf immer noch wichtig ist: für den Verteidigungsfall gegen diejenigen, die wünschen, dem Islam und seinen Menschen Böses anzutun. Für die Verbreitung der *Da'wa* gibt es heute jedoch eine Vielzahl an Möglichkeiten …, diejenigen, die sich in unserer Zeit auf Waffen konzentrieren, sind von schwachen Werkzeugen in Besitz genommen.“ (wie Anm. 44)

Das Azhar-Textbuch vermeidet es außerdem, die *Da'wa* als Auferlegung des Islam auf andere zu betrachten:

„Die *Da'wa* ist ein Angebot, daran teilzunehmen, kein Zwang … Der Glaube kann nicht mit Gewalt auferlegt werden.“ (ebd.)

Anders als jene, die behaupten, der Islam sei immer gegen Gewalt gewesen, so dass Djihad nur Selbstanstrengung bedeute, räumt das autoritative al-Azhar-Textbuch ein, dass es eine Verbindung von *Qital* und gewaltförmigem Djihad gab, und nennt dies *al-Djihad musallah*/bewaffneter Djihad. Der al-Azhar-Konformismus möchte einen Wandel herbeiführen, leider aber ohne eine Historisierung des Korantextes, sondern durch eine Neuinterpretation, die auf Gewalt bei der Verbreitung des Islam verzichtet. Der Übertritt zum Islam soll nur als friedliche Handlung aus Überzeugung erfolgen.

In Übereinstimmung mit der islamischen Tradition findet der Staat in dem zitierten autoritativen al-Azhar-Dokument keinerlei Erwähnung. Zur Debatte stehen die islamische *Umma*/Gemeinschaft als Einheit und der Rest der Welt. Die Verbindung zwischen beiden muss friedlich, das heißt durch Verträge, reguliert werden. Der Inhalt der hier referierten Interpretation ist in überwältigendem Maß neu, der Rahmen hingegen ist weiterhin der alte; es ist neuer Wein in alten Schläuchen. Eine Revision der Djihad-Doktrin wird nicht geleistet. Im Kapitel „Islam zwischen Krieg und Frieden“ des zweiten Bandes wird versucht zu unterstellen, dass die vorgetragene friedliche Deutung der Verbreitung des Islam sich auch in der realen Geschichte wiederfinden lasse. So ist zu lesen: „Der Islam wurde nicht mit der Macht des Schwertes verbreitet. Der *Qital*/Kampf war eine Ausnahme nur für die Sicherung sowie die Verteidigung der *Da'wa*/Mission des Islam“

(vgl. Anm. 44). Dies verrät, dass die Apologetik noch am Werk bleibt, denn in der realen Geschichte haben Muslime Eroberungen als Kriege geführt.

Wie stark traditionell die al-Azhar-Interpretation bleibt, zeigt sich an der Deutung der Verträge zwischen Muslimen und Nichtmuslimen (auch hier keine Erwähnung des Staates). Im Textbuch wird der klassische al-Qurtubi-Kommentar zum Koran zitiert, wonach Verträge in der Bedeutung von *Hudna*/Waffenstillstand zwischen Muslimen und Nichtmuslimen nur eine Gültigkeit von einem bis zu maximal zehn Jahren haben können. Besitzen die Muslime Macht, dann ist es ihnen nicht erlaubt, einen Waffenstillstand länger als ein Jahr zu halten. Sind sie dem Feind aber militärisch unterlegen, dann ist ein Waffenstillstand von zehn Jahren erlaubt. Hier stellt sich die Frage: Und danach? Al-Azhar gibt dazu keinen Kommentar und liefert keine Antwort. Die Implikation ist klar: Es ist gleichbedeutend mit Häresie, die klassische Doktrin zu revidieren, und deshalb unzulässig, sie angesichts veränderter Umstände zu überdenken.

Der angeführte Konformismus geht nie über eine Anpassung an die neuen Bedingungen hinaus und ist nicht bestrebt, den bereits erfolgten Wandel kulturell etwa durch eine Historisierung des Islam zu bewältigen. Für Europäer ist es im Umgang mit Muslimen äußerst schwierig, zwischen dem angepassten Verhalten des islamischen Konformismus und der im Widerspruch dazu stehenden absolutistischen Weltsicht zu unterscheiden. Dieser Konformismus – sei es der der al-Azhar oder von anderen – ist gescheitert. Auf diesem Boden ist der Islamismus entstanden; aus dem Djihad ging der Djihadismus hervor.

In der heutigen islamischen Zivilisation ist der Islamismus nicht etwa mit der Baader-Meinhof-Gruppe/Rote-Armee-Fraktion zu vergleichen, wie manche „Forscher" behaupten. Er verkörpert eine totalitäre, transnationale Bewegung.[45] Neben dem bereits angeführten Gründer Hasan al-Banna ist Sayyid Qutb[46] als Chefideologe zu nennen. Qutb ist für den zeitgenössischen politischen Islam (Islamismus) das, was Karl Marx für den Marxismus oder Wladimir Lenin für den Leninismus war.

Die Analyse des Djihad in der Gegenwart, der die Gestalt des Djihadismus annimmt, ist am Besten an Hasan al-Bannas grundlegendem Essay *Risalat al-Djihad*/Abhandlung über den Djihad zu führen. Mit diesem Text beginnt die Geschichte des Djihadismus. Hasan al-Banna zitiert den Koran und den *Hadith* sehr selektiv, dennoch äußerlich schriftgläubig. Er will die religiöse Legitimation einer sakralisierten Gewalt begründen. Hierbei gelangt er zu vollkommen anderen Ansichten, als die des islamischen Konformismus. Anders als die Konformisten ist al-Bannas Denken frei von Ambiguitäten und konnte daher in einer Krisensituation sehr schnell populär werden. Die genannte Abhandlung beginnt mit der Behauptung, der Djihad sei eine *Farida*/Verpflichtung für jeden Muslim.[47] Der in der religiösen Doktrin des Djihad als *Qital* enthaltene Bestandteil – also die physische Gewalt – wird bei al-Banna so gesteigert, dass Djihad und *Qital* synonym verwendet werden. Er sieht beide Begriffe nur in der Bedeutung des Gewaltgebrauchs, sei es als Widerstand gegen bestehende Regime, sei es als Krieg gegen die „Ungläubigen". Angesichts der Tatsache, dass islamische Fundamentalisten auch weiterhin die klassische islamische Tradition fortführen, sich bei der Diskussion von Krieg und Frieden nicht auf „Staaten" zu beziehen, wird klar, dass der Begriff „Krieg" in diesem Zusammenhang sehr weit ausgelegt werden kann. Die Ermordung von Individuen und Bombenanschläge, bei denen menschliche Körper in Bomben verwandelt werden, werden als Djihad in einem irregulären Krieg[48] wahrgenommen. Djhadisten sind keine „Kriminellen", sondern Gotteskrieger.

Anders als der Krieg im System der internationalen Beziehungen, der nur zwischen souveränen Staaten als internationalen Akteuren geführt wird,[49] galten andere Formen der Gewaltanwendung bisher lediglich als „private Gewalt".[50] Das ist ein überholtes Denken, mit dem der neue irreguläre Krieg nicht konzeptualisiert werden kann. Denn die Unterscheidung zwischen dem formalen Krieg souveräner Staaten und der materiellen Gewalt von nichtstaatlichen politischen Akteuren ist für das 21. Jahrhundert zentral. So weichen heutige islamische Fundamentalisten insbesondere von jener islamischen Kriegstradition ab, die sich als Djihad, in der militärischen Bedeutung von *Qital*, stets auf organisierte Kämpfe zwischen *Umma*-Gruppen von Gläubigen und Ungläubigen bezieht. Hierbei gelten für die Führung des Djihad strenge Regeln[51] und deshalb ist der traditionelle Djihad ein regulärer Krieg beziehungsweise „organisierte Gewalt" im Gegensatz zur irregulären Gewalt des Djihadismus.

Auf der Basis meiner Forschung über den Djihadismus habe ich, anknüpfend an die Forschung Kalevi J. Holstis und Martin van Crevelds über nichtstaatliche Gewalt, den Begriff des irregulären Krieges[52] geprägt. Die neue Form der Gewalt ist jedoch nicht zu verwechseln mit dem Guerillakrieg, wie dies manche fälschlicherweise tun. In Deutschland gibt es Buchautoren, die über die „neuen Kriege" schreiben, ohne die hier angeführte Forschung zu zitieren.

In diesem Kapitel argumentiere ich, dass heute der Djihadismus die gefährlichste Spielart des nichtstaatlichen irregulären Krieges ist. Sein Vordenker al-Banna zitiert kontextfrei den Koranvers: „Euch ist vorgeschrieben zu kämpfen, obwohl es euch zuwider ist“ (Sure 2:216), und weiter jenen Vers: „Und wenn ihr sterbt oder getötet werdet, so werdet ihr zu Gott versammelt werden“ (Sure 3:158). Das ist die religiöse Grundlage für eine Heiligung der Gewalt des irregulären Krieges. Hierbei wird von al-Banna eine Verherrlichung des Kampfes und des Märtyrertodes für die „Sache Allahs“ betrieben, der seinen Anhängern das Versprechen des Koran in der Sure al-Nisa' zusichert: „Und wenn einer um Gottes willen kämpft, und er wird getötet – oder er siegt –, werden wir ihm gewaltigen Lohn geben“ (Sure 4:74).

Trotz der angeführten Zitate bleibe ich bei meiner These, dass es im Islam keine Glorifizierung von Krieg und Tod gibt. Allerdings muss ich einräumen, dass zur Untermauerung der Gewaltverherrlichung einige Verse des Koran, so wie bei al-Banna und anderen Islamisten, aus dem Zusammenhang gerissen und als Zitate missbraucht werden können. Das Ergebnis ist eine religiöse Legitimation des Terrorismus durch eine Religionisierung der Gewalt zu einem neuen Kriegsmuster. Um es klarzustellen: Dieser religionisierte Krieg ist kein Religionskrieg.

Auf skripturalistischer Ebene kann man natürlich auch die toleranten Koranverse von al-Kafirun: „Ihr habt eure Religion und ich habe meine“ (Sure 109, Vers 6), zitieren, um al-Banna auf derselben Grundlage zu widersprechen, der die Verpflichtung zum *Qital* sogar auf die *Ahl-al-Kitab*/ Völker des Buches (Christen und Juden) ausdehnt. Dieser zitiert dazu den Koranvers: „Kämpft gegen diejenigen, die nicht an Gott und den Jüngsten Tag glauben … bis sie kleinlaut aus der Hand Tribut entrichten!“ (Sure 9:29) und wendet es auf die Christen an. Das ist schlicht eine Fälschung des Koran. In einem späteren Teil mit der Überschrift „Warum Muslime kämpfen“ hebt er erneut die Gleichsetzung von *Qital* und Djihad hervor und fügt hinzu:

> „Allah hat die Muslime zum Kämpfen verpflichtet, um … die Ausübung von *al-Da'wa* und damit des Friedens zu sichern, während die große Mission, die Gott ihnen anvertraut hat, verbreitet wird.“[53]

Das Zitat verbindet die Verbreitung der *Da'wa*/islamischen Mission mit „Kämpfen“, das heißt mit gewaltförmigem Djihad, und religionisiert damit nicht nur die Politik, sondern auch die Gewalt. Der zitierte Text erlaubt keine Interpretation.

Im Rahmen dieses Buches ist es wichtig anzuführen, dass der Schwiegersohn von al-Banna als Islamist in der Schweiz politisches Asyl suchte und bekam. Dort ist dessen Sohn, Tariq Ramadan, geboren, der heute viel Anerkennung genießt.[54] Tariq Ramadan präsentiert das Denken seines Großvaters völlig falsch als eine der zentralen Quellen der „kulturell-religiösen Erneuerung“ im Islam. Mit dieser falschen Deutung von al-Banna hat Ramadan mit einer sehr umstrittenen Dissertation sogar an einer Schweizer Universität promoviert.[55] Für al-Banna ist Frieden nur unter dem Banner des Islam möglich; Nichtmuslime dürften – unter Missachtung aller Menschenrechte – nur „völlig unterworfen“ als *Dhimmi*/geschützte Minderheiten unter globaler islamischer Herrschaft leben.[56] In allen anderen Fällen sei Krieg als religiöse Pflicht der Muslime unausweichlich, auch gegen Christen. Das ist keine islamische Erneuerung, so wie Tariq Ramadan es uns weismachen will.

Anders als die islamischen Konformisten, die Gewalt als *Djihad al-musallah*/bewaffneten Djihad ablehnen, begründet al-Banna den Djihadismus explizit als Gewaltausübung und macht diesen zur Pflicht für alle Muslime. Im Gegensatz hierzu wird in einem fetwaähnlichen Statement der al-Azhar der Status des *Qital*/Kampfes zu einer Form von Djihad heruntergestuft. Im Gegensatz zum „kleinen Djihad“ der Gewaltausübung wird hier die Bedeutung des *Djihad al-nafs*/„großen Djihad“ im Verständnis von „sich selbst anstrengen“ hervorgehoben. Obwohl dieses Umdenken auf einer Anerkennung der islamischen Schwäche basiert, also keinen Willen zur religiösen Reform induziert, ist die Abkopplung von Glauben und Gewalt als Fortschritt einzustufen. Anders ist dies bei al-Banna, der jene Muslime verachtete, die

> „einen Versuch unternehmen, die Menschen von der Bedeutung von Qital als der wahren Absicht von Djihad abzulenken … Die große Belohnung für die Muslime, die kämpfen, ist es, zu töten oder für Allah getötet zu werden.“[57]

Dieses Zitat einer heute unumstrittenen fundamentalistischen Autorität bestätigt leider das in den westlichen Medien vorherrschende Klischee vom Islam als einer Religion des Schwertes. Al-Banna beendet seine Abhandlung mit einer rhetorischen Glorifizierung des Todes:

> „Allah belohnt die *Umma*, die die Kunst des Todes beherrscht und die die Notwendigkeit eines Todes in Würde anerkennt … Seid sicher, Tod ist unvermeidbar … Wenn ihr es für den Weg Allahs tut, dann werdet ihr belohnt werden.“ (ebd.)

Diese Interpretation bietet den selbstmörderischen terroristischen Aktionen, wie sie häufig von den djihadistisch orientierten islamischen Fundamentalisten unternommen werden, die religiöse Legitimation. Ist das die *Renouveaux Musulman*/islamische Erneuerung (Anm. 55), die die Muslime von heute, vor allem in der europäischen Diaspora, benötigen? Diese Frage darf nicht umgangen werden. Ein durch die neue Rolle politisierter Religion bedingter Zivilisationskonflikt[58] liegt vor. Man kann dem Fanatismus[59] nicht mit der politischen Zensur der Political Correctness begegnen. Ein Einsatz für die „Open Society" (Karl Popper) verbunden mit einer Konfliktlösung ist erforderlich.

Das zentrale Weltbild des djihadistischen Islamismus wird durch die Schriften Sayyid Qutbs geprägt, in denen die alte Zweiteilung der Welt in *Dar al-Islam* und *Dar al-Harb* wiederbelebt wird. Der Islam wird als eine Zivilisation[60] begriffen und wird mit den neuen Begriffen „Welt der Gläubigen" und „moderne Welt der neo-*Djahiliyya*" gedeutet. Im Islam ist *Djahiliyya* der Ausdruck für das vorislamische Zeitalter der Ignoranz und des Unglaubens. Die Moderne ist für Sayyid Qutb und die an seinem Werk religiös-ideologisch geschulten Fundamentalisten unserer Gegenwart nichts anderes als eine neue Form der *Djahiliyya* der Kreuzzüge. Für Qutb ist

> „die vor uns liegende Schlacht eine zwischen den Gläubigen und ihren Feinden … Ihre Substanz ist die Frage: *Kufr au Iman*/Unglaube oder Glaube? *Djahiliyya au Islam*/Ignoranz oder Islam?"[61]

In einer seiner berühmten Reden hat Osama Bin Laden auf der Basis dieses Qutb-Zitats die Formel für unsere Zeit als eine des kosmischen Krieges zwischen *al-Iman al-Alami*/globalem Glauben und *al-Kufr al-Alami*/globalem Unglauben geprägt.[62] Wie ihr Held Bin Laden glauben die Djihadisten mit Qutb, dass der Sieg dem Islam vorbehalten ist. So lautet der Titel einer zentralen Schrift Qutbs *al-Mustaqbal li Hadha al-Din*/Die Zukunft gehört dieser Religion.[63] In seinen Worten ist die Konfrontation nun eine „zwischen dem Islam und der internationalen Gesellschaft der *Djahiliyya*/Ignoranz."[64]

Bei der Analyse der dritten Ebene des Djihad als Djihadismus greife ich auf die von Hedley Bull konstatierte „Revolte gegen den Westen"[65] zurück. Bereits in den 1970er Jahren zeigte Bull, dass internationale Konflikte künftig durch Normen rivalisierender Ethiken geprägt sein werden. In diesem Sinn wird Ethik in unserem Jahrhundert im Rahmen des weltanschaulichen „Krieges der Zivilisationen"[66] zu einer Kernfrage der internationalen Politik werden. Es gibt kein Weltethos, weil jede Zivilisation ihre eigene Ethik hat.

Die politische Opposition in der heutigen Welt des Islam wird von islamischen Fundamentalisten getragen, deren Ethik von Krieg und Frieden nicht vom Welthethos eines Hans Küng, sondern von den Pamphleten al-Bannas und Qutbs, den geistigen Wegbereitern des Islamismus, geprägt ist. In seinen Schriften hat Qutb die Haltung zurückgewiesen, dass der Islam nur Krieg führe, um ein muslimisches Land gegen Aggressoren zu verteidigen. Dies tat er seinerzeit vehement, indem er hervorhob, dass

„die dynamische Verbreitung des Islam die Form des Djihad durch das Schwert voraussetzt … nicht als eine defensive Bewegung, wie diese muslimischen Defätisten es sich vorstellen, die sich dem offensiven Druck westlicher Orientalisten unterordnen … Der Islam ist für den gesamten Globus bestimmt.“[67]

Hätte sich Papst Benedikt XVI. intensiver mit dem Islam beschäftigt, hätte er sich den Vorwurf eines „Feindbild Islam“ ersparen können. Er hätte anstelle des byzantinischen Kaisers Manuel II. von 1391 eben dieses Zitat des als Märtyrer verehrten Qutb (1966 gehenkt) in seiner Regensburger Vorlesung anbringen können, um auf dieser Basis zu fordern, dass ein Weltfrieden die Trennung der Religion von Gewalt erfordere. Die Autorität Sayyid Qutbs wird heute von keinem seriösen Forscher bestritten – und das gilt auch für die oben zitierte Passage. Die Islam-Expertin Roxanne Euben urteilt in einem bei der Princeton University Press erschienenen Buch so:

„Qutbs Prominenz scheint eine akzeptierte Tatsache unter den Gelehrten des islamischen Fundamentalismus zu sein … Folglich sind seine einflussreichsten Leitkonzepte koranisch … Qutbs Einfluss ist unangefochten … er veränderte die grundlegenden Begriffe der islamischen Debatten … über die Natur und Notwendigkeit politischen Aktionismus …“[68]

An Qutbs Denken über Djihad schließt Muhammed Na'im Yasin an, der Djihad als Krieg zwischen Gläubigen und Ungläubigen in einem graduellen Prozess so bestimmt:

„Im letzten Stadium, unabhängig von einem Angriff auf ein muslimisches Territorium durch die Ungläubigen, sollte der Kampf der Muslime gegen sie in ihrer Gesamtheit stattfinden.“[69]

Dann zitiert Na'im Yasin den Koranvers: „Und kämpft allesamt gegen die Heiden, so wie sie allesamt gegen euch kämpfen“ (al-Tauba, 9:36), um dies mit den Worten zu kommentieren:

„Die Pflicht zum Djihad im Islam resultiert in der Notwendigkeit von *Qital*/Kampf gegen jeden, der nicht bereit ist, zu konvertieren und sich den islamischen Vorschriften zu unterwerfen.“ (ebd.)

Auf diese totalitäre Äußerung folgt die Beschreibung unseres militanten Zeitalters – mit den Worten Qutbs – als „Rückfall in die *Djahiliyya*", um sie mit der alternativen „Rückkehr zu Allah" zu kontrastieren:

„Diese Rückkehr zu Allah kann nicht durch hoffnungsvolles Denken betrieben werden, sondern nur durch den Weg des Djihad."(ebd.)

Der in diesem Abschnitt untersuchte Wandel des Djihad zum Djihadismus im Rahmen der Transformation des Krieges von einer zwischenstaatlichen zu einer irregulären Gewalt ist der Hintergrund des religionisierten irregulären Krieges. Die „sakrale" Gewalt der Gotteskämpfer, die als Terroristen agieren, ist eine Problematik, die man mit Begriffen wie Fanatismus, Extremismus und Intoleranz nicht angemessen erfassen kann. Der Einsatz von Gewalt wird durch die Djihadisten von einem Propagandakrieg begleitet, den sie *harb al-afkar*/Krieg der Ideen nennen.[70]

Schlussfolgerungen

Die Neubelebung des Djihad in der zeitgeschichtlichen Erfindung von Tradition nimmt im Djihadismus die Gestalt eines islamischen Internationalismus an, der auch Europa erreicht hat. Die islamischen Zuwanderer, die in der westlichen Gesellschaft leben, sind herausgefordert, den Pluralismus der Religionen und Kulturen[71] als Alternative zum Islamismus zu akzeptieren. Das Problem ist, dass die muslimischen Rechtsgelehrten – dies stellt Najib al-Armanazi fest – keine Reform zulassen, sodass

„für Muslime der Krieg die grundlegende Regel ist und Frieden verstanden wird als ein Waffenstillstand auf Zeit … Nur in Zeiten der Schwäche ist es ihnen erlaubt, sich zu versöhnen."[72]

Und er fügt hinzu:

„Für muslimische Juristen ist Frieden nur von Bedeutung, wenn er in Übereinstimmung mit den *Maslaha*/Interessen der Muslime ist … Darum ist Frieden nur ein befristeter Waffenstillstand, während Krieg die Regel ist."[73]

Es gehört zur Integrität, meinen Lesern mitteilen zu müssen, dass diese 1930 formulierte Einschätzung auch noch bis heute gilt. Eine Reform dieses Rechtsverständnisses fehlt immer noch und das islamische „Predicament" (vgl. Anm. 25) hält weiterhin an.

Die Djihad-Doktrin im Islam geht unverändert von einer Zweiteilung der Welt aus, die es in der Realität des 21. Jahrhunderts nicht gibt. Muslime leben in einer perzeptuellen Welt, die mit der Wirklichkeit der Staatenwelt nicht in Einklang steht. Ihre *Umma* ist eine „Imagined Community".[74] Die Realität, von der die Diskussion von Krieg und Frieden im Islam ausgehen muss, ist die einer Staatenwelt. Aber im Islam gab es bisher keine Staatstheorie. Erst die Islamisten von heute reden vom islamischen Staat.[75] Das Kalifat war kein Staat, sondern eine imperiale Ordnung. Dennoch ändert sich nichts am Verständnis des Krieges; er wird nicht als Gewaltaustragung zwischen Staaten betrachtet, sondern als Auseinandersetzung zwischen den Muslimen als einer *Umma*/Gemeinschaft und dem von Ungläubigen bewohnten Rest der Welt verstanden. In der Diaspora spricht man zwar nicht mehr von *Dar al-Harb*, aber vom *Dar al-Kuffar*/Haus der Ungläubigen. Beide Entitäten werden als Zivilisationen begriffen, daher der Zivilisationskonflikt.

Es ist wert, nochmals auf Armanazis 1930 auf Arabisch veröffentlichte Abhandlung zurückzukommen, die heute als klassische Untersuchung über das islamische Völkerrecht gilt, in der nicht versäumt wird anzuerkennen, dass seit dem Westfälischen Frieden

> „die zivilisierte Welt neue Regeln etabliert hat, nach denen die Beziehungen zwischen Staaten auf der Basis von Gleichheit und gegenseitiger Anerkennung der Souveränität organisiert sind. Der Djihad-Geist, der die großen arabischen Eroberer entflammt hat, nämlich ihre Macht der gesamten Welt aufzuerlegen, ist mit diesen neuen Regeln nicht vereinbar … Trotz dieses Widerspruchs haben die Muslime die Souveränität der anderen Staaten, mit denen sie auf der von ihren Vorfahren überlieferten Basis Beziehungen unterhalten, praktisch anerkannt. Diese Basis ist das *Aman*/Gewohnheitsrecht oder die Regel der Respektierung von Vereinbarungen (*Ahd*, Plural: *'Uhud*)."[76]

Dieses inhaltlich richtige Zitat verweist auf folgenreiche Implikationen, vor allem diese: Die heutigen islamischen Staaten halten sich praktisch an das Völkerrecht, ohne jedoch über ihren Konformismus hinaus die geringste Anstrengung zu unternehmen, die überholte islamische Kriegs- und Friedensethik zu überdenken. Es sei klargestellt, dass Konformismus, so wie ich ihn in dieser Studie erläutert habe, nicht mit einem Überdenken der Tradition über die Regulierung von Krieg und Frieden zu verwechseln ist. Im Zeitalter des religiösen Fundamentalismus und der Religionisierung der Weltpolitik wird selbst dieser Konformismus von Islamisten angefochten, die islamische Konformisten als „Ungläubige" verfemen und auf dieser Basis nach ihrem Leben trachten. Warum tun sie das? Die Schari'a-Expertin und Juristin Ann E. Mayer informiert uns nach einer Analyse von Krieg und Frieden in der islamischen Tradition, dass

„muslimische … Staaten dem Völkerrecht folgen … die Fakten aber beweisen, dass die Muslime nach wie vor davon überzeugt sind, dass ihre eigene religiöse Tradition relevant bleibt."[77]

Gilt das auch für die Islam-Diaspora in Europa? Ich befürchte ja, und mit dieser Kontrastierung breche ich ein gleichermaßen von Muslimen und Europäern illusionär aufrechterhaltenes Tabu. Besonders besorgniserregend ist es, dass Politiker und Meinungsführer den Führern der Islam-Diaspora in Europa entgegenkommen, indem sie ihnen Zugeständnisse in Hinblick auf die Schari'a machen. Sie wissen offensichtlich nicht, dass die Pflicht, Djihad zu führen, eine Schari'a-Vorschrift ist. Auch übersehen sie die Ambitionen der Islamisten. Diese machen eindeutig klar, dass islamische und internationale Rechtstraditionen unterschiedliche Perspektiven bleiben. Ann E. Meyer stellt richtig fest, dass Politik in der Verbindung mit Recht als Schari'a Probleme bereitet (vgl. Anm. 77).

Der Islamismus ist gegen die westlichen Werte von Freiheit, Souveränität und Demokratie gerichtet. Der islamische Djihad der Gegenwart, der sich auf die Religionisierung der Gewalt beruft, unterscheidet sich vom alten Kolonialismus. Hedley Bull schreibt allgemein und unabhängig von dem angesprochenen Gegenstand, dass

„die Neubesinnung nichtwestlicher Völker auf ihre traditionellen, heimischen Kulturen, wie wir dies im islamischen Fundamentalismus exemplarisch veranschaulicht finden, zeigt deutlich, wie in Bezug auf Werte die Distanz zwischen ihnen und den westlichen Gesellschaften größer geworden ist, als dies in … Jahren der … Dekolonisation war".[78]

Europa bleibt nicht unberührt von der Religionisierung der Gewalt in der politisierten islamischen Zivilisation. Deshalb ist die Schlussfolgerung korrekt, dass sich das internationale System heute zwar strukturell enger zusammenschließt, die internationale Gesellschaft aber in Hinblick auf Normen und Werte, das heißt in Bezug auf Ethikvorstellungen über Krieg und Frieden, kulturell bedingt immer stärker fragmentiert. Dies gilt auch für die Islam-Diaspora in Europa. Der Konflikt zwischen islamischer Kriegs- und Friedensethik und der universellen säkularen Ethik der internationalen Gesellschaft ist ein dramatisches Beispiel für die Verschärfung des weltanschaulichen Konflikts zwischen den Zivilisationen. Darauf hinzuweisen ist keine Panikmacherei, sondern eine empirisch solide Aussage.

Westliche universelle Normen und Werte werden durch Versuche ihrer Entwestlichung in ihrer Gültigkeit – auch auf dem europäischen Kontinent – unterminiert. Der Djihadismus militarisiert diese weltanschaulichen Konflikte.

Weil dieses Buch mit der Fragestellung „Euro-Islam. Die Lösung eines Zivilisationskonfliktes?" einen speziellen Fokus hat, interessiert hier die Gleichsetzung von *Dar al-Islam*/Haus des Islam und Haus des Friedens im Kontrast zur Welt der Ungläubigen, die durch die Djihad-Tradition im Islam definiert wird. Die Muslime in der Diaspora sind herausgefordert, nicht nur ihre alte Djihad-Weltanschauung (klassischer Djihad der *Futuhat*-Eroberung) aufzugeben, sondern auch, sich vom Djihadismus zu distanzieren. Der islamische Begriff vom Frieden ist von seinem Islamozentrismus loszulösen, um sich dem demokratischen Frieden anzuschließen. Der Euro-Islam, als ein Islam ohne Schari'a und ohne Djihad, ist eine Herausforderung für die Muslime, die das säkulare Europa als Heimat gewählt haben. Der Euro-Islam ist eine Brücke, weil er eine kulturübergreifende Moralität[79] zulässt.

Anmerkungen

Kapitel I
Die westliche Gesellschaft im Zivilisationskonflikt

1 Zuallererst möchte ich betonen, wie außerordentlich wichtig für das Verständnis der Argumentation dieses Buches es ist, klarzumachen, dass ein Zivilisationskonflikt kein „Kampf der Kulturen“ ist. Es geht gar nicht um eine akademische Pedanterie der Begrifflichkeit, sondern um politisch unterschiedliche Inhalte; eine genaue Bestimmung dieses Gegenstandes findet der Leser in: B. Tibi, Jihadism and Inter-Civilizational Conflict, in: Sharam Akbarzadeh und Fethi Mansouri, Hg., *Islam and Political Violence. Muslim Diaspora and Radicalization in the West,* London 2007, S. 39–64 (die Anm. dazu sind auf S. 201–206). Die Unterscheidung zwischen *Clash*/Zusammenprall bzw. Kampf und Konflikt untermauert das seit 1995 gegen das Buch von Samuel P. Huntingtons. *Clash of Civilizations*, New York 1996 vorgetragene Argument des Zivilisationskonflikts. Fairerweise ist anzuführen, dass Huntington von „Clash“, nicht von „Kampf“ redet. In der deutschen Übersetzung wird die Diskussion bedauerlicherweise mit dem falschen Titel, *Kampf der Kulturen*, Wien 1996 fortgeführt. Trotz dieser Klarstellung und Entlastung ist die fehlende Differenzierung zwischen „Kultur“ und „Zivilisation“ – ebenso wie die zwischen „Clash“ und „Conflict“ – durch Huntington eine Belastung. In Kapitel VII zu der Neuausgabe (zuerst Hamburg 1995) meines Buches *Krieg der Zivilisationen*, München 1998 (und auch in der 3. Auflage 2001), S. 305–333 trete ich gegen die Huntingtonisierung des Zivilisationskonfliktes an.

2 Das als Klassiker einzuordnende Werk von Henri Pirenne, *Mahomet et Charlemagne*, dt. Übersetzung: *Die Geburt des Abendlandes*, Leipzig 1939, enthält ein historisches Denken, das in meinem in Harvard entstandenen Geschichtsbuch neu belebt wird und hierfür entscheidend ist. Vgl. Kapitel II von B. Tibi, *Kreuzzug und Djihad. Der Islam und die christliche Welt*, München 1999 (neu 2002), S. 86–112. Hierin versuche ich, die Pirenne-These sowie die Debatte hierüber aus dem Blick der Gegenwart neu aufzunehmen. In völligem Gegensatz zu dieser historischen Forschung, die einen Konflikt feststellt, steht das Buch des Columbia-Universitätshistorikers Richard Bulliet, *The Case for Islamo-Christian Civilization*, New York 2004. Eine solche Zivilisation hat in der realen Geschichte niemals existiert.

3 Hierzu Leslie Lipson, *The Ethical Crisis of Civilization*, London 1993, S. 62–65,

und auch Kapitel V zu dieser Problematik in B. Tibi, *Kreuzzug und Djihad* (wie Anm. 2), S. 168–187, sowie Abschnitt „Von Jerusalem nach Athen“ in Kapitel II des vorliegenden Buches.

4 Zitiert nach dem Bericht: In France Pope Urges Europe to Recall Roots, in: *International Herald Tribune* vom 13./14. September 2008, S. 3.

5 Hierzu Arnold Toynbee, *A Study of* History, Bd. 3, London 1951. Das Werk Ibn Khalduns, *al-Muqaddima*/Prolegomena, enthält eine Philosophie der Geschichte; es existiert in zahlreichen Editionen. Nachweise über deutsche Übersetzungen sowie zum Fachschriftentum über Ibn Khaldun und über sein Werk sind enthalten in dem umfangreichen Ibn-Khaldun-Kapitel VI in B. Tibi, *Der wahre Imam*, München 1996 (neu 2002), S. 179–209, vgl. ferner das Islam-Kapitel von mir in: Iring Fetscher, Hg., *Pipers Handbuch der politischen Ideen*, 5 Bände, hier Bd. 2, Mittelalter, München 1987, S. 87–174, besonders S. 118 ff.

6 Vgl. den Bericht von Katrin Bennhold, Will Union be More than a Big Photo-Op? Sarkozy's Initiative, in: *International Herald Tribune*, July 15, 2008, S. 3.

7 Zum Mittelmeerraum als Ort von Kreuzzug und Djihad und gleichermaßen von gegenseitiger Befruchtung, d. h. von Bedrohung und Faszination, vgl. das vierte Kapitel in meinem Buch: *Die islamische Herausforderung* (3. Auflage, Darmstadt 2008), S. 101–123, sowie die in Anm. 2 zitierte Monographie *Kreuzzug und Djihad* Kapitel I, IV und V.

8 Michael Borgstede, Holland erschreckt sich über sich selbst nach dem Mord an Theo van Gogh/Grenzenlose Toleranz gegenüber Islamisten, *Frankfurter Allgemeine Sonntagszeitung* vom 7. November 2004. Für eine nicht journalistisch-sensationell angelegte Deutung des van Gogh-Mordes vgl. B. Tibi, *Die islamische Herausforderung. Religion und Politik in Europa im 21. Jahrhundert,* Darmstadt 2007, Kapitel V.

9 B. Tibi, Selig sind die Belogenen. Der christlich-islamische Dialog beruht auf Täuschungen und westlichem Wunschdenken, in: *Die Zeit* vom 29. Mai 2002. Leicht verändert ist dieser *Zeit*-Essay abgedruckt in: Ursula Spuler-Stegemann, Hg., *Feindbild Christentum im Islam. Eine Bestandsaufnahme*, Freiburg 2004, S. 54–61. Für einen richtungsweisenden Beitrag zu dieser Problematik vgl. die ausgezeichnete Göttinger Dissertation von Naika Foroutan, *Kulturdialoge zwischen dem Westen und der islamischen Welt. Eine Strategie zur Regulierung von Zivilisationskonflikten*, Göttingen 2004; sie ist als Buch im selben Jahr in Wiesbaden 2004 erschienen und wurde preisgekrönt; ferner ist die Arbeit von Fred Dallmayr, *Dialogue Among Civilizations*, New York 2002, lesenswert.

10 Edward Gibbon, *Decline and Fall of the Roman Empire*, mehrbändige Ausgabe, London 1909–1914, und dazu das Gibbon-Kapitel in Bernard Lewis, *Islam and the West*, New York 1993, S. 85–98. Man darf allerdings bei all diesen Hinweisen nicht die Tatsache übersehen, dass die islamische Zivilisation entwickelter als die Europas war. Hierzu das neue Buch von David Levering

Lewis, *God's Crucible. Islam and the Making of Europe 570–1215* (New York: W. W. Norton, 2008). Der Hinweis auf die höhere zivilisatorische Entwicklung darf jedoch den Fakt des „islamischen Imperialismus" nicht verdecken.

11 Beide Kernbereiche machen den Inhalt meiner Stockholmer „Global Village Lecture" von 1997 aus. Eine deutsche Fassung hiervon wurde als Kapitel III in meinem Buch *Europa ohne Identität?*, München 1998 (Neuausgabe 2002), S. 109–133, aufgenommen.

12 Maxime Rodinson, *Die Faszination des Islam*, München 1985 und W. M. Watt, *Muslim-Christian Encounters. Perceptions and Misperceptions*, London 1991.

13 Erst kamen die Muslime 711 von Südwesten nach Europa und betrieben die Islamisierung Spaniens; hierzu vgl. Roger Collins, *The Arab Conquest of Spain 710–797*, Oxford 1994. Jahrhunderte später kamen die Muslime wieder als Eroberer nach Europa, diesmal aus Südosten im Rahmen der Eroberung von Byzanz. Dazu Walter E. Kaegi, *Byzantinum and the Early Muslim Conquests*, New York 1996. Der Balkan blieb jahrhundertelang unter islamischer Herrschaft; vgl. die Nachweise in der folgenden Anmerkung.

14 Sir Steven Runciman, *The Fall of Constantinople 1453*, Cambridge 1990. Vgl. auch den historischen Überblick von Efraim Karsh, *Islamic Imperialism. A History*, New Haven 2006 (hiervon existiert eine deutsche Übersetzung).

15 Geoffrey Parker, *The Military Revolution. Military Innovation and the Rise of the West, 1500–1800*, Cambridge 1989.

16 Als autoritative Geschichte des Islam bleibt unumstritten das dreibändige Werk von Marshall Hodgson, *The Venture of Islam*, Chicago 1977. Besonders Band 3: Gunpowder Empires and Modern Times!

17 John Kelsay, *Islam and War*, Louisville/Kentucky 1993, S. 117.

18 Dieser Begriff wurde von Sayyid Qutb, *al-Salam al-alami wa al-Islam*/Weltfrieden und der Islam, 10. legale Ausgabe Kairo 1992, geprägt.

19 Zur Idee Europas vgl. im ideengeschichtlichen Kontext der westlichen Debatte über Kultur und Zivilisation den wertvollen Reader von John Rundell und Stephen Mennell, Hg., *Classical Readings in Culture and Civilizations*, London 1998. Interessant ist Gerhard Delanty, *Inventing Europe: Idea, Identity, Reality*, New York 1995.

20 Bernard Lewis, Europa wird am Ende des 21. Jahrhunderts islamisch sein, in: *Die Welt* vom 28. Juli 2004, S. 6. Ähnlich argumentiere ich in verschiedenen Zeitungsartikeln, verbunden jedoch – im zentralen Unterschied zu Lewis – mit der Frage: Welcher Islam? Beide Positionen, von Lewis und mir, wurden in der einflussreichen Washingtoner US-Zeitschrift *The Weekly Standard* (October 4/2004) von Christopher Caldwell, Islamic Europe? When Bernard Lewis Speaks, einem breiten US-Publikum vorgelegt.

21 Zur islamischen Hidjra-Debatte vgl. B. Tibi, Hidjra nach Europa, in: *Frankfurter Allgemeine Zeitung* vom 18. Dezember 2000. Dies war mein allerletzter *FAZ*-Artikel nach einer Tätigkeit als Gastautor seit 1989. In meinem Buch:

Islamische Zuwanderung. Die gescheiterte Integration, München 2002, Kap. VI, S. 258–290, wird die islamische Hidjra-Doktrin näher analysiert.

22 Hierzu Khaled Yahya Blankinship, *The End of the Jihad State,* Albany/N. Y. 1994, und Fred Donner, *The Early Islamic Conquests,* Princeton/N. J. 1981. Zu dieser Problematik vgl. Anm. 10 sowie das in Anm. 14 zitierte Buch von Karsh, *Islamic Imperialism,* sowie mein Buch *Kreuzzug und Djihad* (Anm. 2), Kapitel I.

23 Zu den Parallelgesellschaften vgl. Kapitel III und IV in B. Tibi, *Islamische Zuwanderung* (wie Anm. 21).

24 Nezar AlSayyad und Manuel Castells, Hg., *Muslim Europe or Euro-Islam?Politics, Culture and Citizenship in the Age of Globalization,* Berkeley and New York 2002; darin das Kapitel über Euro-Islam von B. Tibi, S. 31–52. Für weitere Literatur und zur Entstehung, zum Inhalt und zur Geschichte des Konzepts vgl. Kapitel II des vorliegenden Buches.

25 B. Tibi, Europeanizing Islam and the Islamization of Europe, enthalten als Kapitel VIII in: Peter Katzenstein und Timothy Byrnes, Hg., *Religion in an Expanding Europe,* New York 2006, S. 204–224.

26 Dies wird belegt in: B. Tibi, *Political Islam, World Politics and Europe,* New York 2008. Es ist bedauerlich, wenn diese Fakten und Analysen mit dem Klischee „Feindbild Islam" beiseite geschoben werden. Dies tun zum Beispiel Jochen Hippler und Andrea Lueg, Hg., *Feindbild Islam,* Hamburg 1993 (Neuauflage 2002). Für eine sachliche Diskussion darüber vgl. Siegfried Kohlhammer, *Die Feinde und die Freunde des Islam,* Göttingen 1996, S. 7–82.

27 So John Vincour, Trying to Put Islam on Europe's Agenda, in: *International Herald Tribune* vom 21. September 2004, S. 2, vgl. auch den Artikel von Francis Fukuyama, Identity, Immigration and Democracy, in: *Journal of Democracy,* Bd.17 (2006), Heft 2, S. 5–20.

28 Zur Evaluierung der deutschen Leitkultur-Debatte B. Tibi, *Islamische Zuwanderung* (wie Anm. 21), Kapitel VIII, S. 326–354.

29 Zur Bedeutung der Rolle von Weltanschauungen bei einem Zivilisationskonflikt vgl. B. Tibi, *Der neue Totalitarismus. Heiliger Krieg und westliche Sicherheit,* Darmstadt 2004, Kapitel I, besonders S. 43 ff., sowie ferner ders., Countering Terrorism als Krieg der Weltanschauungen, in: Martin van Creveld und Katharina von Knop, Hg., *Countering Modern Terrorism,* Bielefeld 2005, S. 131–171.

30 Als Beleg hierfür dient die Veröffentlichung meines Essays: The Quest of Turkey and Turkish Immigrants to become European, in der Istanbuler Fachzeitschrift *Turkish Policy Quarterly,* Band 3 (2004), Heft 1, S. 13–28.

31 Mary Kaldor, *Global Civil Society,* Cambridge 2003.

32 Vgl. die Ablehnung von *Şerif Mardin, Civil Society and Islam, in: John Hall, Hg., Civil Society,* Cambridge 1995, S. 278–300, und dagegen die positive Einschätzung von Islam und Zivilgesellschaft in B. Tibi, *Political Islam, World Politics and Europe* (Anm. 26), Kapitel II: The Islamic Quest for Civil Society.

33 Vgl. Myron Weiner, *The Global Migration Crisis. Challenge to States and to Human Rights*, New York 1995, zur sicherheitspolitischen Problematik Kapitel VI, S. 131 ff. Die Anwendung dieses Weiner-Ansatzes auf die Islam-Diaspora in Europa erfolgt in meinem in Anm. 21 nachgewiesenen Buch.

34 Craig Smith, Dutch Try to Thwart Terror Without Being Overzealous, in: *New York Times* vom 25. November 2004, S. 3.

35 Siehe B. Tibi, Falsche Parallele, in: *Frankfurter Allgemeine Zeitung* vom 15. April 1993, S. 12, sowie mein Kapitel, Ausländer, die Juden von heute?, in: Ulrich Wank, Hg., *Der neue alte Rechtsradikalismus*, München 1993, S. 139–168.

36 Vgl. Matthias Küntzel, *Jihad and Jew-Hatred. Islamism, Nazism and the Roots of 9/11*, New York 2007, sowie Phyllis Chesler, *The New Antisemitism*, San Francisco 2003, sowie ferner B. Tibi, Nicht der Islam, sondern der Islamismus ist die Quelle des neuen Antisemitismus, in: Wolfgang Benz und Juliane Wetzel, Hg., *Antisemitismus und radikaler Islamismus*, Essen 2007, S. 43–69. Im Frühjahr 2008 führte ich am Center for Advanced Holocaust Studies in Washington (D. C.) das Forschungsprojekt „The Islamization of Antisemitism" durch und gelangte bei der Auswertung islamistischer Originalquellen zu erschütternden Ergebnissen. Diese Forschung setze ich 2008/09 im Rahmen einer Gastprofessur an der Yale University fort.

37 Dazu siehe Ursula Spuler-Stegemann, Hg., *Feindbild Christentum im Islam*, nachgewiesen in Anm. 9.

38 Vgl. mein Kapitel: Der Islam und der Westen. Das Wechselspiel der Feindbilder, in: H. Hoffmann/W. Schoeller, Hg., *Wendepunkt 11. September 2001. Terror, Islam und Demokratie*, Köln 2001, S. 187–197.

39 Kurz vor meiner Emeritierung 2009 halte ich fest, dass ich es trotz aller Anstrengungen als Fremder nie geschafft habe, eine Heimat an der deutschen Universität zu finden. B. Tibi, Die Schwierigkeit an der deutschen Universität heimisch zu sein, in: Namo Aziz, Hg., *Fremd in einem kalten Land*, Freiburg/Br. 1993, S. 121–136, und ders., Als Ausländer in Deutschland, in: *Frankfurter Allgemeine Sonntagszeitung* vom 13. August 2000, S. 4. Es ist empörend, wenn ein *Zeit*-Redakteur diese sozialen Probleme personalisiert, wie die nächste Anmerkung zeigt.

40 Vgl. den herabwürdigenden Artikel: Schwer integrierbar, erschienen in: *Die Zeit* vom 28. September 2006, S. 9, und meine Antwort hierauf: Ist die deutsche Gesellschaft überhaupt integrationsfähig?, in: *Die Zeit* vom 26. Oktober 2006, S. 22.

41 Vgl. hierzu den autoritativ-religiösen Text, der in: Dale Eickelman, *Muslim Travellers*, Berkeley 1990, auf S. 29 ff. enthalten ist.

42 W. A. R. Shahid und P. S. van Konigsfeld, Hg., *Muslims in the Margin: Political Responses to the Presence of Islam in Western Europe*, Kampen/Niederlande 1996 und Bd. II: *Political Participation and Identities of Muslims in Non-Mus-*

lim States, Kampen 1996. Im Gegensatz zu ihrer realen Existenz als Minderheit in Europa verstehen Muslime unter Minderheit jedoch *Dhimmitude*, d. h. einen Status von Nicht-Muslimen, die unter islamischer Herrschaft leben, vgl. dazu Bat Ye'or, *Islam and Dhimmitude. Where Civilizations Collide*, Cranbury/ N. J. 2002.

43 Vgl. Astrid Maier, Muslimische „No-Future"-Kids werden sich an Deutschland rächen. Reihe: Deutschland 2014, Teil 5, Islam-Forscher B. Tibi, in: *Financial Times Deutschland* vom 12. August 2004, S. 10.

44 Zu Tariq Ramadan, der in Europa als Islamist eingeordnet wird, vgl. Robert Spencer, *Onward Muslim Soldiers: How Jihad Still Threatens America and the West*, Washington/DC 2003, S. 63–70 sowie das ausgezeichnete Buch von Caroline Fourest, *Frère Tariq*, Paris 2004, eine engl. Übersetzung erschien unter dem Titel *Brother Tariq. The Doublespeak of Tariq Ramadan*, der Berliner Islamwissenschaftler Ralph Ghadban gibt seinem Buch hierüber den Titel: *Tariq Ramadan und die Islamisierung Europas*, Berlin 2006.

45 B. Tibi, *Europa ohne Identität?*, (wie Anm. 11), die neue Ausgabe erschien mit dem Untertitel: *Leitkultur oder Wertebeliebigkeit*, worin der Teil: „Muhadjirun oder Citoyens? Die größte Herausforderung an die säkulare Identität Europas" auf S. 193 ff. enthalten ist.

46 In einem Interview in: *Die Welt* vom 14. August 2004, S. 2, spricht sich der Ex-Bundesverfassungsrichter Dieter Grimm dafür aus, dass der Rechtsstaat seine Feinde dulden soll!

47 B. Tibi, A Migration Story. From Muslim Immigrants to European Citizens of the Heart, in: *The Fletcher Forum of World Politics*, Bd. 31,1 (2007), S. 191–210.

48 Gegen dieses Modell wird argumentiert in: B. Tibi, *Der Islam und Deutschland. Muslime in Deutschland*, 2. Auflage 2002, Kapitel VIII.

49 Karl Popper, *Die offene Gesellschaft und ihre Feinde*, 2 Bände, 7. Auflage, Tübingen 1992. Vgl. auch B. Tibi, The Open Society and its Enemies within, in: *Wall Street Journal Europe*, März 2004, S. A 10.

50 Zur Religion als kulturelles System vgl. den einflussreichen Essay von Clifford Geertz in seiner Aufsatzsammlung: *The Interpretation of Cultures*, New York 1973, S. 87–125. Dieser Ansatz wird auf den Islam angewandt in meinem Harvard-Buch *Islam Between Culture and Politics*, New York 2001, erweitert 2005, Kapitel I.

51 Alice Schwarzer, Hg., *Die Gotteskrieger und die falsche Toleranz*, Köln 2002; darin mein Kapitel: Die deutsche verordnete Fremdenliebe, S. 105–120. Gotteskrieger sind Islamisten, die als Djihadisten eingeordnet werden; dazu das 3. Kapitel über den Djihadismus in B. Tibi, *Der neue Totalitarismus* (wie Anm. 29), S. 106–137. Islamisten, die diese Fremdenliebe erfolgreich instrumentalisieren, betreiben *Taqiyya*-Täuschung. *Taqiyya* bedeutet bei den Schi'iten „Verstellung". Hierzu Moojan Momen, *Introduction to Shi'i Islam*, New Haven 1985, S. 39 und 183.

52 Max Horkheimer, *Kritische Theorie*, 2 Bde., Frankfurt/Main 1968, Vorwort, hier S. XIII.

53 Vgl. hierüber die vor Ort in Südostasien (Asian Research Institute/ARI der National University of Singapore/NUS) betriebene Forschung, die in dem Band von Anthony Reid und Michael Gilsenan, Hg., *Islamic Legitimacy in Plural Asia*, New York 2007, enthalten ist: B. Tibi, Islam and Cultural Modernity in Pursuit of Democratic Pluralism, S. 28–52.

54 H. Stausberg, Glaubenskrieg um die Kölner Moschee entschieden, in: *Die Welt* vom 30. August 2008, S. 5.

55 Vgl. das Buch von Khaled Yayha Blankinship, *The End of the Jihad State* (Anm. 22), S. 40–41 (vgl. auch den Index unter dem Stichwort *Amsar*/Military Cities), sowie Nezar AlSayyad, *al-Mudun wa al-umran fi Sadr al-*Islam/ Städte und Zivilisation im Hoch-Islam, Bahrain 1996, besonders das *Amsar*-Kapitel S. 12–24.

56 Angst vor Minarett und Kuppel, von Elmar Jung, in: *Süddeutsche Zeitung* vom 29. August 2008, S. 6.

57 Arthur Schlesinger, *The Disuniting of America. Reflections on a Multicultural Society*, Neuausgabe, New York 1998.

58 Hierzu ausführlich die Einleitung meines in Anm. 7 nachgewiesenen Buches *Die islamische Herausforderung*.

Kapitel II
Die Vision von der Europäisierung des Islam

1 Dies sind die Worte von Nezar Al Sayyad; er hat als Director des Center for Middle Eastern Studies an der University of California/Berkeley mit seinem damaligen Kollegen vom Center for European Studies in Berkeley, Manuel Castells, 1998 das Projekt „Islam and the Changing Identity of Europe“ geleitet. Hierzu fand ein Workshop bzw. ein Symposium in Berkeley statt, aus dem das von beiden herausgegebene Buch hervorging: *Muslim Europe or Euro-Islam*, New York und Berkeley 2002. Die Zitate sind aus S. 9 f. und S. 19. Zu den im Zitat angesprochenen Problemen vgl. die von zwei australischen Universitäten in Melbourne veröffentlichte Studie von Shahram Akbarzadeh und Fethi Mansouri, Hg., *Islam and Political Violence. Muslim Diaspora and Radicalization in the West*, London 2007, darin mein Kapitel: Jihadism and Intercivilizational Conflict, S. 39–64. Zum Euro-Islam vgl. auch die Literaturhinweise in Anm. 39, 43, 55 und 60.

2 Aus dem Themenheft über den Islam in Europa des *TIME MAGAZINE* vom 24. Dezember 2001, S. 49 (Bd. 158, Heft 26).

3 Aus: *Die Welt* vom 2. Oktober 2001, S. 10.

4 Über die Schari'a als ein postkoranisches Konstrukt und zur zeitgeschicht-

lichen Schari'atisierung des Islam vgl. das folgende Kapitel III sowie Kapitel VII in B. Tibi, *Islam between Culture and Politics*, New York 2001, erweiterte Neuausgabe 2005, veröffentlicht zusammen mit dem WCFIA der Harvard University, wo das Buch in seinen beiden Ausgaben entstanden ist.

5 Vgl. Anm. 35, Kapitel 1.

6 Andrew Martin, Population Rises, Resources Dwindle and there is no Easy Solution, *International Herald Tribune* vom 22. Juli 2008, Titelseite und S. 12.

7 Stewart Baker, Illegal Immigration. Finding Solutions to a Shared Problem, *International Herald Tribune* vom 23. Juli 2008, S. 6. Allein in Frankreich und Großbritannien leben je eine halbe Million Illegale (Stand 2008), die Zahl in Deutschland ist dagegen tabu.

8 Vgl. Alec Hargreave, *Multi-Ethnic France*, New York 2007 (die erste Fassung des Buches erschien 1995, nachgewiesen in Anm. 56), der das Problem der Ethnisierung des Islam anspricht. In Europa ist dieses Thema tabuisiert und somit fehlen die erforderlichen Strategien im Umgang damit. Vgl. mein Kapitel in: Roland Hsu, Hg., *Ethnicity in Europe*, Stanford University Press 2009. Zum Islam in Frankreich vgl. die im Gegensatz zu Gilles Kepels neuen Büchern noch brauchbare, alte Monographie *Les Banlieues de L'Islam. Naissance d'une Réligion en France*, Paris 1987. Kepels Buch *Allah im Westen. Die Demokratie und die islamische Herausforderung*, München 1996, ist weniger zu empfehlen, da dieses mehr feuilletonistisch als analytisch ist.

9 So vorurteilsbeladen äußert sich ein bayerischer Orientalist in der *Süddeutschen Zeitung* vom 15. Februar 1999 über den Euro-Islam.

10 Bericht in der *Neuen Zürcher Zeitung* vom 12. Oktober 1993.

11 Sehr grob und ohne Differenzierungen wird dies angesprochen von Oriana Fallaci, *Die Wut und der Stolz*, München 2002.

12 Patrick Moyniham, *Pandaemenium, Ethnicity in International Relations*, New York 1993, S. 29. Vgl. auch die Hinweise in Anm. 8.

13 Daniel Pipes, *Militant Islam Reaches America*, New York 2002 sowie Bd. 6 der Zeitschrift *Current Trends in Islamic Ideology* des Hudson Institute/Washington (D. C.), besonders den Aufsatz von Zeyno Baran, The Muslim Brotherhood's U.S. Network, S. 95–122. Vgl. auch Anm. 77 zum Islam in den USA.

14 Hierzu das provokative, dennoch von der Yale University Press veröffentlichte Buch von Efraim Karsh, *Islamic Imperialism*, New Haven 2006, sowie der wichtige historische Überblick von Alan Jamieson, *Faith and the Sword. A Short History of Christian-Muslim Conflict*, London 2006. In meinem Buch *Kreuzzug und Djihad*, München 1999 (TB-Ausgabe 2001) zeige ich wie die soeben zitierten Bücher, dass die islamische Djihad-Expansion (genannt: *Futuhat*/Öffnung) eine imperiale Dimension hat; sie nahm eindeutig kriegerische Formen an, denn es gibt keinen Krieg ohne Gewalt und der Djihad-Krieg als Instrument der islamischen Expansion ist dabei keine Ausnahme.

15 Zu den muslimischen Eroberungsfeldzügen in Europa vgl. die Belege in Anm. 10, 13 und 14 in Kapitel 1.

16 Zum Erbe des Osmanischen Reiches auf dem Balkan vgl. L. Carl Brown, Hg., *Imperial Legacy. The Ottoman Imprint on the Balkans and the Middle East*, New York 1996.

17 Hierzu W. M. Watt, *Muslim-Christian Encounters. Perceptions and Misperceptions*, London 1991 sowie Kapitel V in meinem Buch *Kreuzzug und Djihad.*

18 Als Kongressteilnehmer war ich auf jener westlich-islamischen Dialogveranstaltung anwesend und empörte mich über das Diktat der Muslime sowie über die von beiden Parteien als Dialog kultivierte Unehrlichkeit. Danach fügte ich in Harvard diesen Vorfall in die Vorrede meines dort entstandenen Buches *Kreuzzug und Djihad. Der Islam und die christliche Welt* (vgl. Anm. 14), ein. Nebenbei möchte ich dies anmerken: In jenem Buch schreibe ich, dass es für mich als Muslim ein Privileg ist, im Westen zu leben, weil die westliche Gesellschaft mir die Wissenschaftsfreiheit gewährt, ohne Zensur meine Erkenntnisse nieder zu schreiben. Ich denke: *Kreuzzug* und *Djihad* gehören gleichermaßen zu dieser islamisch-europäischen Geschichte, ebenso wie auch die gegenseitige Befruchtung. Man kann nicht die Faszination betonen und die gegenseitige Bedrohung von Kreuzzug und Djihad auslassen. Die geschätzte Freiheit der westlichen Gesellschaft ist heute gefährdet. Mit Hilfe der Petro-Dollars der Saudis wird heute ein „War of Ideas" durch Islamisten geführt, bei dem sich hier die Frage stellt: Wie lange bleibt dieses Privileg, frei über den Islam zu schreiben, bewahrt? Zu den Anfängen der bereits begonnenen Selbstzensur gehört, dass alle auflagenstarken deutschen Zeitungen dieses zitierte Buch *Kreuzzug und Djihad* aus Gründen der *political correctness* total verschwiegen haben mit der Folge, dass Bertelsmann mit der Begründung des niedrigen Absatzes entschieden hat, das Buch aus dem Verkehr zu ziehen.

19 John Kelsay, *Islam and War. A Study in Comparative Ethics*, Louisville/Kentucky 1992, S. 5.

20 Ebd., S. 118. Das neue Buch von Kelsay *Arguing the Just War*, Cambridge/MA 2007, ist sehr lesenswert.

21 Vgl. den Bericht: Swiss Arrest of Qadaffi leads to Libyan Retaliation, *International Herald Tribune* vom 25. Juli 2008, S. 3 und den Bericht: Das Recht gilt für alle. Die Genfer Regierung weist libysche Vorwürfe kategorisch zurück. Dies ist zu finden in: *Neue Zürcher Zeitung* vom 25. Juli 2008, S. 16. Interessant ist auch der Bericht auf der Titelseite derselben Ausgabe.

22 Zum Zitat und zu dieser Diskussion mein Kapitel in dem von Donata Schoeller-Reisch herausgegebenen Buch über *Gewalt und Religion* (i. E. beim Campus-Verlag, Frankfurt am Main).

23 Für mich ist das alte Buch von Jürgen Habermas, *Der philosophische Diskurs der Moderne*, Frankfurt/M. 1985, ein Leitstern für mein Denken. Daher schmerzt es, dass Habermas nach dem 11. September seine Position erheblich

abgeschwächt hat; in seiner Schrift *Glaube und Wissen*, die aus seiner Rede in der Paulskirche anlässlich der Verleihung des Friedenspreises des deutschen Buchhandels hervorging (erschienen bei Suhrkamp, Frankfurt am Main 2006), tritt Habermas fragwürdigerweise für Postsäkularität ein. Hierzu kritisch B. Tibi, Habermas and the Return of the Sacred, in: *Religion-Staat-Gesellschaft*, Bd. 3 (2002), S. 265–296.

24 Der Ursprung dieser Formel ist Yusuf al-Qaradawi, *al-hall al-Islami*/Die islamische Lösung, 3 Bde., Beirut und Kairo 1980–88. Zuvor ist folgende, weit verbreitete und autoritative zeitgenössisch-islamische Präsentation zu diesem Thema erschienen: Sabir Tuaima, *al-Schari'a als-Islamiyya fi asr al-Ilm*/Die islamische *Schari'a* im Zeitalter der Wissenschaft, Beirut 1979.

25 Hierzu B. Tibi, *Europa ohne Identität?*, München (neue Ausgabe 2002, zuerst 1998).

26 Die drei Bände dieser Trilogie sind: B. Tibi, *Kreuzzug und Djihad* (wie Anm. 14), sowie ders., *Der Islam und Deutschland. Muslime in Deutschland*, München 2000 (2. Auflage 2001), und schließlich ders. *Einladung in die islamische Geschichte*, Darmstadt 2001. Die Trilogie ist folgendermaßen aufgebaut: Band I – Geschichte, Band II – Zeitgeschichte und Gegenwart, Band III – Die Grundlagen.

27 Dies vertritt auch Ernst Bloch, *Avicenna und die Artistotelische Linke*, Frankfurt/M. 1963. Dieses Buch gehört mit einer Widmung von Bloch (1965) zu den geistigen Perlen meiner persönlichen Bibliothek. Bei der ersten Begegnung mit Bloch (1965) – und durch die Lektüre seines Werkes – habe ich als junger Student den Impetus bekommen, über den islamischen Rationalismus des Mittelalters zu forschen. Jahrzehnte danach war das Ergebnis meine Geistesgeschichte des Islam, *Der wahre Imam*, München 1996, in deren Teil 3 der islamische Rationalismus als Ansatz einer islamischen Aufklärung gewürdigt wird. Im Mittelalter hat die islamische *Fiqh*-Orthodoxie diese islamische Aufklärung erstickt. In der modernen Zeit hat es Versuche gegeben, diesen Rationalismus neu zu beleben, die bedauerlicherweise scheiterten: dazu Anke von Kügelgen, *Averröes und die arabische Moderne. Ansätze zu einer Neugründung des Rationalismus im Islam*, Leiden 1994.

28 Ernst Bloch, *Subjekt–Objekt. Erläuterungen zu Hegel*, Neuausgabe Frankfurt/M. 1972. Dieses Buch entstand in der US-Migration und wurde in Cambridge (Massachusetts) 1947 abgeschlossen.

29 Zu Henri Pirenne sowie zu seinen Ideen und zu meinem erfolglosen Versuch, die Pirenne-These neu zu beleben, vgl. Anm. 2 in Kapitel I.

30 Zum im Westen historisch entfalteten Fremdbild des Islam vgl. den Klassiker von Norman Daniel, *Islam and the West. The Making of an Image*, Neu Oxford 1993 (zuerst 1960). Der deutsche Historiker der Kreuzzüge Hans Eberhard Mayer hat in seinem Buch *Geschichte der Kreuzzüge*, 8. Auflage 1995 (zuerst 1965), die Kreuzzüge als Gegen-Djihad bezeichnet. In der Tat, der

Djihad leitete die Gewalt ein, die Kreuzzüge folgten einige Jahrhunderte danach.

31 Leslie Lipson, *The Ethical Crisis of Civilization*, London 1993, S. 63.

32 Zum modernen Weltbild des Westens vgl. die aus der Frankfurter Schule hervorgegangene Arbeit von: Franz Borkenau, *Der Übergang vom feudalen zum bürgerlichen Weltbild*, Neudruck Darmstadt 1980.

33 Leslie Lipson, *The Ethical Crisis* (wie Anm. 31), S. 62.

34 Kritisch zur arabo-islamischen Phantasmagorie: B. Tibi, *Die Verschwörung*, Hamburg 1993. Als Beispiele deutscher, in diese Richtung gehender Phantasmagorien sind die 1993 erschienenen Werke „Feindbild Islam“ und „Das Schwert des Experten“ anzuführen.

35 Das niederländische Nexus Institut, das die Fachzeitschrift *Nexus* herausgibt, hat anlässlich ihres Jubiläums 2008 das Thema „The Grammaer of European Humanism“ zum Gegenstand eines großen, von Ministerpräsident Jan Balkenende gesponserten Kongresses in Amsterdam erhoben. Zu den Sprechern gehörte u. a. Francis Fukuyama. Es ging darum, die humanistischen Grundlagen der Idee Europas neu zu beleben. Das ist keine Ausgrenzung gegenüber dem Islam, weil es auf der Konferenz einen Platz für den islamischen Humanismus (vgl. Anm. 27) gab. Vgl. hierzu B. Tibi, De Grammatica van een Islamistisch Humanisme, S. 592–616, erschienen im dazugehörigen Kongressband „Europees Humanisme in Fragmenten“, *Nexus* Heft 50/2008.

36 John Brenkman, *The Cultural Contradictions of Democracy. Political Thought since September 11*, Princeton/NJ. 2007, S. 165.

37 B. Tibi, *Islamische Zuwanderung. Die gescheiterte Integration*, 2. Auflage, Stuttgart und München 2002. Obwohl von diesem Buch zwei Auflagen in einem halben Jahr erschienen sind, gab es keine einzige Rezension in den auflagenstarken deutschen Zeitungen über das Buch. Vgl. dazu die Ausführungen in Anm. 18 oben. Die Realität fehlender Integration der Muslime in Europa führt zu Fragen über die Islam-Diaspora, die tabuisiert bleiben. Zu diesen gehört vor allem die Problematik der Identität, die angesprochen wird von Michael Teitelbaum und Jay Winter, *A Question of Numbers. High Migration, Low Fertility and the Politics of National Identity*, New York 1998. In Kap. XII wird der islamische Fundamentalismus im Westen thematisiert.

38 Smail Balic, *Das unbekannte Bosnien*, Köln 1992, insbesondere S. 349; vgl. auch ders., *Bosnien und der deutschsprachige Kulturraum*, Köln 1992. Lesenswert ist das Buch des damaligen *FAZ*.-Journalisten Viktor Meier, *Wie Jugoslawien verspielt wurde*, München 1995; ferner zum bosnischen Islam, Tone Bringa, *Being Muslim in the Bosnian Way*, Princeton/N. J. 1995; zur Fundamentalisierung des Islam auf dem Balkan als Folge des Krieges von 1992–95, vgl. B. Tibi, *Aufbruch am Bosporus*, München 1998, S. 155–186. Anders als das bosnisch-europäische Modell vom Islam sieht die saudische Politik die Schari'a für Europa vor. Das geschieht in einem Dokument, das in der Vorrede als Motto zitiert

wird. Zur Schari'a gehört noch die islamische Missionierung, so etwa nach Mohammed al-Ghazali, *al-Da'wa al-Islamiyya*/Die islamische Mission, Kairo, ohne Jahresangabe.

39 B. Tibi, Euro-Islamic Religious Pluralism for Euorpe. An Alternative to Ethnicity and to Multiculturalism of Fear, in: *The Current* (Cornell University), Bd. 11 (2007), Heft 1, S. 89–103. Vgl. auch den Stanford-Band von Roland Hsu in Anm. 8.

40 Zur weltpolitischen Bedeutung des Mittelmeers vgl. die Einleitung meines Buches: *Kreuzzug und Djihad* (Anm. 14), S. 23–50. Das Projekt der Mittelmeerunion (Inauguration am 13./14. Juli 2008 in Paris) von Nikolas Sarkozy illustriert die Aktualität des Mittelmeerraums selbst dann, wenn die Konferenz politisch ineffektiv blieb.

41 Vgl. B. Tibi, Das muslimische Blut ist das billigste Blut. Islamische Fundamentalisten nutzen den Balkankrieg als Nährfutter für antiwestliche Propaganda, in: *Frankfurter Allgemeine Zeitung* vom 1. Juni 1993, S. 12. Darin wird folgende Schrift analysiert: Dar al-Da'wa (Hg.), *al-Bosneh wa al-Harsak. Al-Harb al-salibiyya al-djadida did al-Muslimin*/Bosnien und Herzegowina. Der neue Kreuzzug gegen die Muslime, Casablanca und Alexandria 1992 (3. Auflage).

42 Mark Juergensmeyer, *The New Cold War? Religious Nationalism Confronts the Secular State*, Berkeley 1993. Vgl. auch sein späteres Buch, *Terror in the Mind of God*, Berkeley 2000.

43 B. Tibi, A Migration Story. From Muslim Immigrants to European Citizens of the Heart, in: *The Fletcher Forum of World Affairs*, Bd. 31 (2007), S. 191–210, sowie die klassische Arbeit von Myron Weiner, *The Global Migration Crisis*, New York 1995, Kapitel „Security", S. 131 ff.

44 An der American Academy of Arts and Sciences wurde unter der Leitung von Martin Marty und Scott Appleby das monumentale Fundamentalismusprojekt durchgeführt. Daraus gingen in den Jahren 1991–95 fünf Bände hervor, die bei der Chicago University Press erschienen sind. Darunter ist Bd. 1: *Fundamentalism Observed*, Chicago 1991. Aus diesem Projekt, dessen Mitglied ich war, ging auch hervor: *Die fundamentalistische Herausforderung. Der Islam und die Weltpolitik*, 4. Auflage, München 2004.

45 Reinhard Bendix, *Könige oder Volk. Machtausübung und Herrschaftsmandat*, 2 Bde., Frankfurt/M. 1980.

46 Zur Problematik des Zivilisationskonfliktes vgl. Anm. 1 zu Kap. I mit Literaturhinweisen.

47 Siehe die Belege in B. Tibi, *Islamische Zuwanderung. Die gescheiterte Integration* (Nachweis in Anm. 37).

48 Der Ursprung des Konzepts ist dieses Pariser Paper: B. Tibi, Les conditions d'un Euro-Islam (nachgewiesen in Anm. 55) worüber der FAZ-Bericht: Euro-Islam oder Ghetto-Islam vom 7. Dezember 1992, S. 14, informiert. Die weitere Entfaltung des Konzepts fand in den Projekten in Berkeley, Sydney, Cornell

und in Stanford, nicht aber in Deutschland, statt, wo das Konzept überhaupt nicht gewürdigt (vgl. Anm. 9) wurde.

49 Der Nachweis zu diesem Themenheft „Islam in Europe" vom *Time Magazine* ist in Anm. 2 oben.

50 In diesem Sinn widerspreche ich Benjamin Barber, *Jihad vs McWorld*, New York 1995, der die US-Popkultur mit „Weltkultur" verwechselt.

51 Zwischen 1979 und 2001 habe ich auf vier Kontinenten im Rahmen der Arbeit des Goethe-Institutes Kulturaustausch mit betreiben dürfen. Aus den Erfahrungen von mehr als zwei Jahrzehnten entstand mein Beitrag „Kulturarbeit als Dialog zwischen den Zivilisationen. Das Goethe-Institut in einer sich entwickelnden Welt" zu der Festschrift des Goethe-Institutes, Hg., *Murnau, Manila, Minsk. 50 Jahre Goethe-Institut*, München 2001, S. 25–38. Unter Kulturdialog verstehe ich inhaltlich den Versuch der friedlichen Konfliktlösung, nicht schöngeistiges Geschwätz. Dies bedeutet, dass die Probleme und Konfliktfelder im Mittelpunkt des Dialogs stehen müssen. Für manche Funktionäre des Goethe Instituts der neuen Generation scheint dies nicht selbstverständlich zu sein. Nach dem Wechsel in der Führung des Goethe Instituts blieb ich meinen Idealen treu und habe mich nach 2001 aus Integrität vom Goethe-Institut getrennt.

52 Vgl. hierzu das Kapitel über den Islam in Westafrika, in: B. Tibi, *Krise des modernen Islam*, Neuausgabe Frankfurt 1991 (ursprünglich München 1981), hier S. 94–112.

53 Siehe hierzu J. Spencer Trimingham, *The Influence of Islam upon Africa*, Neuausgabe London und Beirut 1980 (zuerst 1968). Trimingham unterteilt den Afro-Islam in unterschiedliche Kulturzonen.

54 So z. B. bei den anatolischen türkischen Frauen, die in Parallelgesellschaften in West-Berlin so leben, als ob sie in Ostanatolien wären. Hierzu das Kopftuch-Kapitel in: B. Tibi, *Mit dem Kopftuch nach Europa?*, Darmstadt 2005, erweiterte Neuauflage 2007, S. 108–133, sowie das Buch von Necla Kelek, *Die fremde Braut*, Köln 2005. Necla Kelek wurde von deutschen Multikulturalisten regelrecht diffamiert und beleidigt.

55 Robert Bistolfi/Francois Zabbal, Hg., *Islams d'Europe. Intégration ou insertion communautaire?*, Paris 1995, darin mein Paper: Les conditions d'un Euro-Islam, enthalten auf S. 230 ff. Vgl. auch meinen Artikel: Culture et politique, in dem Islam-Heft der Pariser Zeitschrift *Geopolitique* (Sommer 1993, Heft 42), S. 66–70.

56 Alec G. Hargreave, *Immigration, „Race" and Ethnicity in Contemporary France*, London 1995, S. 32 f. und Kapitel III (vgl. auch die Hinweise in Anm. 8 oben). Hargreaves zieht es vor, anstatt von Assimilation oder Integration von Akkulturation zu sprechen. Von diesem Buch gibt es eine 2007er-Neuausgabe unter dem neuen Titel: *Multi-Ethnic France* (Anm. 8). Hargreaves gehörte auch dem Forschungsteam von Stanford zu „Ethnicity in Europe" (Anm. 8) an.

57 Vgl. mein in Anm. 25 nachgewiesenes Europa-Buch, besonders die Einleitung und Kapitel 1 und zur Identitätspolitik. Ders., Islam Between Religious-Cultural Practice and Identity Politics, in: Helmut Anheier and Y. Raj Isar, Hg., *Conflicts and Tensions*, London 2007, S. 221–231.

58 Siehe hierzu Alain Finkielkraut, *La défaite de la pensée*, deutsche Übersetzung: Niederlage des Denkens, Reinbek b. Hamburg 1989, besonders S. 77; sowie B. Tibi, *Europa ohne Identität?* (wie Anm. 25), insbesondere S. 59–62.

59 Zu Tariq Ramadan und die Islamisierung Europas vgl. die in Anm. 44 zu Kap. I angegebene Literatur.

60 Zum Islam in Europa vgl. die neuen Beiträge von B. Tibi, Europa und seine islamischen Enklaven, in: Urs Altermatt und Mariano Delgado, Hg., *Der Islam in Europa*, Stuttgart 2006, S. 41–64, sowie ders., Euro-Islam als Brücke zwischen Islam und Europa, in: Thierry Chevel, Anja Seeliger, Hg., *Islam in Europa. Eine internationale Debatte*, Frankfurt am Main 2007, S. 183–199.

61 Das ist der Untertitel meines 2008 in New York erschienenen Buches, *Political Islam World Politics and Europe. Democratic Peace and Euro-Islam versus Global Jihad*, New York 2008.

62 Elyas ist unzweideutig in seiner Aussage: „Die Schari'a ist unverzichtbar". Das ist der Titel eines Interviews mit Nadeem Elyas in *Zeitzeichen*, Heft 11/2001, S. 32–35, hier S. 33. Komisch ist jedoch, dass derselbe Elyas gegenüber der Zeitung *Die Welt* behauptet, dass sich ein europäischer Islam entfaltet. Man fragt sich, wie europäisch dieser Schari'a-Islam ist.

63 So der bayerische Professor Klaus Kreisner, Islamisten und Euro-Muslime (Nachweis in Anm. 9).

64 Vgl. Anthony D. Smith, *The Ethnic Origins of Nations*, Oxford 1986.

65 Siehe Angela Merkel, Interview in: *Der Spiegel* vom 31. Oktober 2000, Heft 44/2000.

66 Daniel Cohn-Bendit im Streitgespräch mit B. Tibi: Es gibt keine deutsche Identität, *Die Woche* vom 10. November 2000, S. 6–7. Dies veranlasste mich zu dem Artikel: Die neurotische Nation, in: *Die Welt am Sonntag* vom 3. Dezember 2000, Kulturseite 1.

67 Hierzu vgl. Manuel Castells, *The Power of Identity*, Oxford 1997, Teil I.

68 Dazu siehe Mary Fulbrock, *German National Identity after the Holocaust*, Cambridge/UK 1999.

69 Zur Begründung der Ablehnung des deutschen Kirchenmodells als Grundlage für einen deutschen Islam und generell für die Gestaltung des Islam in Europa vgl. B. Tibi, *Der Islam und Deutschland. Muslime in Deutschland* (Anm. 26), Kapitel 8 und 11.

70 Daniel Bell, *The Winding Passage*, New York 1980, S. 332.

71 Hierzu mein Kapitel Vom orthodoxen Islam zur euro-islamischen Toleranz, in: Alfred-Herrhausen-Gesellschaft, Hg., *Das Ende der Toleranz?*, München 2002, S. 133–140.

72 Vgl. das Kapitel über religiösen Pluralismus in: B. Tibi, *Islamische Zuwanderung* (wie Anm. 37), S. 258–288. Ich habe die weltanschaulichen Probleme des Islam mit dem Pluralismus im Rahmen eines Projekts an der National University of Singapore/NUS im Jahre 2005 erforscht, dessen Ergebnisse im folgenden Band veröffentlicht worden sind: Anthony Reid und Michael Gilsenan, Hg., *Islam and Pluralism*, New York 2007, darin B. Tibi, Islam and Cultural Modernity. In Pursuit of Democratic Pluralism, S. 28–52.

73 Siehe hierzu Erasmus Foundation, Hg., *The Limits of Pluralism. Neoabsolutisms and Relativism*, Amsterdam 1994.

74 Vgl. das dreibändige Standardwerk von S. E. Finer, *The History of Government*, hierzu Band 3, Oxford 1997 (3. Auflage 1999), S. 1478 ff.

75 Vgl. hierzu John Ehrenberg, *Civil Society. The Critical History of an Idea*, New York 1999. Zur Anwendung auf den Islam mein Beitrag: The Cultural Underpinning of Civil Society in Islamic Civilization, in: Elisabeth Özdalga/Sune Persson, Hg., *Civil Society, Democracy and the Muslim World*, Istanbul 1997, S. 23–32.

76 Zur Erforschung des Islam als Diaspora in Europa die beiden autoritativen Bände, die aus einem Forschungsprojekt an der Universität Leiden hervorgegangen und in Anm. 42 zu Kapitel I nachgewiesen werden.

77 Zum Islam in den USA vgl. Anm. 13, Jane I. Smith, *Islam in America*, New York 1999, und etwas neuer Geneive Abda, *Mecca and Main Street. Muslim Life in America after 9/11*, New York 2006.

78 Vgl. die in Anm. 14 oben zitierte Arbeit von Karsh, ferner die alten Arbeiten von W. M. Watt and Pierre Cachia, *A History of Islamic Spain*, Edinburgh 1965 (neu 1992) sowie L. P. Harvey, *Islamic Spain*, Chicago 1990.

79 Siehe Ursula Spuler-Stegeman, *Muslime in Deutschland*, Neuausgabe 2002 (zuerst 1998), S. 105 ff.

80 Hierzu B. Tibi, Deutsche Ausländerfeindlichkeit und ethnisch-religiöser Rechtsradikalismus der Ausländer, in: *Gewerkschaftliche Monatshefte*, Bd. 44 (1993), August-Heft, S. 493–502.

81 Nezar Alsayyad/Manuel Castells, Hg., *Islamic Europe or Euro-Islam* (Nachweis in Anm. 1), darin B. Tibi, Muslim Migrants in Europe: Between Euro-Islam and Ghettoization, S. 31–52.

82 Der Spiegel, Heft 29/2002 vom 15. Juli 2002, S. 36.

83 Vgl. Karl Popper, *Die offene Gesellschaft und ihre Feinde*, 2 Bde., 7. Auflage Tübingen 1992.

84 Vgl. Johannes Lameyer, *Streitbare Demokratie. Eine verfassungshermeneutische Untersuchung*, Berlin 1978.

85 Belege bei Maxime Rodinson, *Islam und Kapitalismus*, Frankfurt 1972.

86 Das berüchtigte separatistische islamische Londoner „Parlament“ mit nicht gewählten Abgeordneten wurde seinerzeit von dem inzwischen verstorbenen Siddiqi eröffnet, siehe dazu den Bericht in: *Neue Zürcher Zeitung* vom

6. 1. 1992. Zu den unrühmlichen Aktivitäten Siddiqis vgl. die Chronologie der Intoleranz nach der Khomeini-*Fetwa*, in: Thierry Chervel, Hg., *Redefreiheit ist das Leben. Briefe an Salman Rushdie*, München 1992, insbesondere ab S. 115 ff.

87 Das ist der Titel der Arbeit von Hargreave (Anm. 8). Vgl. ferner Gilles Kepel, *Les Banlieues de l'Islam. Naissance d'une religion en France*, Paris 1987; sowie Gilles Kepel/ Rémy Leveau, Hg., *Les musulmans dans la société française*, Paris 1988.

88 Helmut Plessner, *Die verspätete Nation. Über die politische Verführbarkeit bürgerlichen Geistes*, Stuttgart 1959 und Reinhard Bendix, *Könige oder Volk. Machtausübung und Herrschaftsmandat*, zu Deutschland Kapitel 5, zu Frankreich Kapitel 10.

89 Vgl. die Arbeit von Hargreave aus dem Jahr 2007 (Anm. 8) sowie ältere französische Arbeiten: Patrick Weil, *La France et ses étrangers – L'aventure d'une politique de l'immigration 1938–1991*, Mesnil-sur-L'Estrée 1991, sowie Philip E. Odgen/Paul E. White, Hg., *Migrants in Modern France*, London 1989.

90 Das Buch von Arthur M. Schlesinger Jr., *The Disuniting of America. Reflections on a Multicultural Society*, New York 1992 (erweiterte Neuausgabe 1998), ist höchst relevant für Europa und hat auch nach zwei Jahrzehnten nichts an Aussagekraft eingebüßt, es wurde dennoch nicht ins Deutsche übersetzt.

91 Hierzu Cathrine Wihtol de Wenden, *Citoyenneté, Nationalité et Immigration*, Paris 1987.

92 Vgl. das *Citizenship*-Kapitel in dem autoritativen Buch von Anthony Giddens, *Nation-State and Violence*, Berkeley 1987, S. 198 ff.

93 Zum Islam in Frankreich vgl. zusätzlich zu den in den Anmerkungen 8, 87 und 89 angegebenen Quellen die wichtige Arbeit von Bruno Etienne, *La France et l'Islam*, Paris 1989, sowie vergleichend Klaus Manfrass, *Türken in der Bundesrepublik, Nordafrikaner in Frankreich. Ausländerproblematik im deutsch-französischen Vergleich*, Bonn 1991; sie ist alt, dennoch brauchbar.

94 Vgl. das Dokument, das im arabischem Original in: *al-Sharq al-ausat* vom 28. Juli 1993 erschienen und als Motto in der Vorrede zitiert ist. Diese Zeitung ist saudisch finanziert. Zu den Aktivitäten Saudi-Arabiens bei der weltweiten Verbreitung des saudischen Islam vgl. Stephen Schwartz, *The Two Faces of Islam. The House of Saud from Tradition to Terror*, New York 2002, Kapitel VII, sowie Millard Burr/Roland Collins, *Alms for Jihad*, Cambridge 2006, darin Kapitel X: The Islamization of Europe, S. 237–262.

95 In Frankreich zirkuliert die zitierte Schrift zur saudischen Missionierung von Fouad Zakariya, *Laïcité ou Islamisme. Les Arabes à l'heure de choix*, Paris 1991. Zakariya spricht von *Sous-dévelopment intellectuel* (geistiger Unterentwicklung) im Kontext der Schari'a S. 47 ff., 111 ff. und erörtert auf S. 81–97 auch die Menschenrechte. Diese Schrift erschien in Paris in einer französisch-arabischen Produktion (La Découverte/Paris, *al-Fikr*/Kairo). Dort erschien auch die französische Übersetzung des mutigen, von Fundamentalisten verfolgten

Schari'a-Kritikers Mohammed Said al-Ashmawy, *L'Islamisme contre l'Islam*, Kairo 1987, Paris 1990.

96 Hierzu B. Tibi, Europa droht eine Islamisierung, in: *Die Welt* vom 28. Mai 2002, S. 6.

97 Sehr autoritär: Dieter Senghaas, Schluss mit der Fundamentalismus-Debatte, in: *Blätter für deutsche und internationale Politik*, Bd. 40, Heft 2 (1995), S. 180–191, und Anm. 44.

98 B. Tibi, Verordnete Fremdenliebe, in: Alice Schwarzer, Hg., *Gotteskrieger und die falsche Toleranz*, Köln 2002.

99 So Gerda-Marie Schönfeld, in: *Stern* vom 15. August 2002, S. 142.

100 So im Artikel: Tolerating the Intolerable, *Newsweek* vom 5. November 2001.

101 Hierzu B. Tibi, Islamism, National and International Security after September 11, in: Festschrift für Kurt Spillmann: *Conflict and Cooperation*, hg. von G. Baechler und A. Wenger, Zürich 2002, S. 127–152.

102 B. Tibi, Ein Spiel mit dem Feuer. Die ehemaligen Afghanistankämpfer in der amerikanischen Nahostpolitik, in: *Frankfurter Allgemeine Zeitung* vom 5. August 1993, S. 8. Heute spielen die USA erneut mit dem Feuer. So gibt es heute die sogenannte US Middle East Initiative als ein Projekt „zur Installierung islamischer Regime" in der Welt des Islam, in der die von den AKP-Islamisten regierte Türkei als Modell vorgeführt wird. Dies hat das türkische Verfassungsgericht im Juli 2008 beanstandet, weil die Türkei nicht mehr als säkulare Republik, sondern als „moderate islamische Republik" dargestellt wird. Vgl. die Berichte in der *International Herald Tribune*, Court Rules, vom 31. Juli 2008, S. 1 und S. 5 sowie vom 1. August 2008, S. 3. Zur Sachlage Zeyno Baran, Divided Turkey, in: *Journal of Democracy*, Heft 1, Bd. 19, 2008, S. 55–69 und B. Tibi, Islamist Parties. Why they Can't be Democratic, in: *Journal of Democracy*, Bd. 19 (Juli 2008), S. 43–48.

103 Hierzu Peter Bergen, *Heiliger Krieg Inc. Osama bin Ladens Terrornetz*, Berlin 2001.

104 Hierzu das Buch von M. Teitelbaum/Jay Winter, *A Question of Numbers* (nachgewiesen in Anm. 37).

105 Max Horkheimer, *Kritische Theorie*, 2 Bde., Frankfurt/M., 2. Auflage 1972, (zuerst 1968) hierzu Bd. 1, S. XIII.

106 Vgl. das Kapitel: Andere Kulturen, andere Sitten, in meinem Buch *Im Schatten Allahs. Der Islam und die Menschenrechte*, Neuausgabe München 2002, S. 239–282.

107 Mohammed Abdullah al-Salman, *Mihnat al-aqaliyyat al-Muslima fi al-'alam*/ Die Leiden der islamischen Minderheiten in der Welt, Kairo 1987, S. 172.

108 Zu Ibn Taimiyyas *al-Siyasa al-Shar'iyya*/Die an die Schari'a gebundene Politik, vgl. B. Tibi, *Der wahre Imam*, München 1996, Kapitel V, besonders S. 167 ff.

109 Vgl. meine dreißig Jahre alte Abhandlung zur westlichen Dritte-Welt-Romantik, die in meiner Aufsatzsammlung: *Zur Kritik der Entwicklungsländerfor-*

schung, Frankfurt am Main 1979, S. 32–66, enthalten ist. Diese Kritik ist noch heute in Bezug auf die Romantisierung des Fremden in der „Dritten Welt" als „Bon Sauvage" aktuell. Heute wird diese Romantisierung des Islam durch die Linken vorgenommen.

Kapitel III
Der Euro-Islam ist keine Schari'a für Europa

1 Trotz kritischer Distanz bleibt die Arbeit von Joseph Schacht, *An Introduction to Islamic Law*, Oxford 1979 (Nachdruck), die beste Einführung in die Schari'a; die beste Rechtsgeschichte hierzu stammt von N. J. Coulson, *A History of Islamic Law*, Edinburgh 1964. Beide Arbeiten, obwohl alt, sind bisher unübertroffen, werden heute aber in vielen, oft fragwürdigen modischen Arbeiten mit dem Vorwurf des „Orientalismus" belegt; dies muss in aller Entschiedenheit zurückgewiesen werden.

2 Zur Schari'a und zur Schari'atisierung vgl. Teil III mit dem entsprechenden Kapitel VII bis IX in der um 200 Seiten erweiterten Neuausgabe von B. Tibi, *Im Schatten Allahs. Der Islam und die Menschenrechte*, München 2003 (Ullstein). Die Erstausgabe erschien 1994 beim Piper-Verlag; beide Ausgaben sind vergriffen und werden trotz Bedarf und Aktualität nicht mehr neu gedruckt.

3 Hierzu B. Tibi, The Return of the Sacred to Politics as Constitutional Law. The Case of Shari'atization of Politics in Islamic Civilization, in: *Theoria. Journal of Social and Political Theory*, Bd. 55 (2008), Heft 3, Nr. 115, S. 91–119.

4 Diese werden etwas neutraler als Parallelgesellschaften in Kapitel III und IV von B. Tibi, *Islamische Zuwanderung. Die gescheiterte Integration*, 2. Auflage, München 2002, konzeptualisiert. Zusätzlich vgl. Kap. X „The Islamization of Europe" in dem Buch: J. Millard Burr/ Robert O. Collins, *Alms for Jihad. Charity and Terrorism in the Islamic World*, Cambridge 2006. Es ist beängstigend für die Forschungsfreiheit, dass die Cambridge University Press dieses Buch aufgrund einer saudischen Klage vom Markt zurücknehmen musste. Aus rechtlichen Gründen ziehe ich es vor, darüber zu schweigen.

5 Dieses Verständnis vom Islam ist als das einer politischen Religion zu qualifizieren. Die allererste fundamentalistische Bewegung im Islam, die Muslimbruderschaft (laut Verfassungsschutz ist die Islamgemeinschaft Deutschland e. V. ein Ableger hiervon), hat den Islam in diesem Sinn neu begründet. Das neue Verständnis von *Nizam Islami*/islamisches System, das auch auf die Muslimbrüder zurückgeht, ist in diesen Rahmen einzuordnen. Hierzu der Klassiker von Robert Mitchell, *The Society of the Muslim Brothers*, London 1969; zu dieser Bewegung in Deutschland: Udo Ulfkotte, *Heiliger Krieg in Europa. Wie die radikale Muslimbruderschaft unsere Gesellschaft bedroht*, Frankfurt am Main 2007.

6 Zur islamischen Identitätspolitik vgl. das Kapitel von B. Tibi, Islam: Between Religion and Cultural Practice and Identity Politics, in: Helmut Anheier und Raj Isar, Hg., *Conflicts and Tensions*, Bd. 1 der Reihe, *Culture and Globalization*, London & New York 2007, S. 221–231.

7 Über politische Religionen hat Professor Gerhard Besier am Hannah-Arendt-Institut für Totalitarismusforschung (HAIT) ein entsprechendes Forschungsprojekt durchgeführt. Politische Religionen beanspruchen eine Deutungshoheit. Die Ergebnisse dieses Projekts erschienen in dem Band von Gerhard Besier und Hermann Lübbe, Hg., *Politische Religion und Religionspolitik. Zwischen Totalitarismus und Bürgerfreiheit*, Göttingen 2005. Dieses Werk umfasst eine Fallstudie von mir über den türkischen AKP-Islamismus als politische Religion. Generell zum Islamismus als politische Religion vgl. Anm. 5 oben.

8 Hierzu Sami Zubaida, *Law and Power in the Islamic World*, London 2005.

9 Hierzu Eric Hobsbawm/Terence Ranger, Hg., *The Invention of Tradition*, Cambridge 1996, Nachdruck, Einleitung S. 1–14.

10 Zur islamischen Weltanschauung und ihren Wurzeln vgl. B. Tibi, *Islam between Culture and Politics*, New York 2001, erweitert 2005, darin Kapitel II.

11 Dieser Begriff stammt von Hedley Bull, dem Autor des Standardwerks *The Anarchical Society*, New York 1977. Bull gilt als Vordenker der Englischen Schule der Internationalen Beziehungen. Hier zitiere ich seinen Aufsatz, The Revolt Against the West, erschienen in dem Band: *The Expansion of International Society*, herausgegeben von Hedley Bull und Adam Watson, Oxford 1984, S. 217–228.

12 Hedley Bull, *The Anarchical Society* (wie Anm. 11), S. 273.

13 Zu dieser Gleichzeitigkeit von struktureller Globalisierung und kultureller Fragmentation vgl. B. Tibi, *Islam between Culture and Politics* (wie Anm. 10), Kapitel IV.

14 Vgl. meinen Beitrag, International Morality and Cross-Cultural Bridging, zu dem Buch des damaligen Bundespräsidenten Roman Herzog u. a., *Preventing the Clash of Civilizations*, New York 1999, hier Kapitel X, S. 107–126. Vgl. auch die Neuausgabe meines 1995 erschienenen Buches: *Krieg der Zivilisationen*, München 1998, mit dem hinzugefügten Kapitel VII „Gegen die Huntingtonisierung des Zivilisationskonflikts."

15 Vgl. Anm. 5 und zur *Hakimiyyat Allah* auch Sayyid Qutb, *Ma'alim fi al-Tariq*/ Wegzeichen, Nachdruck Kairo 1989 und zur Deutung B. Tibi, *Fundamentalismus im Islam. Eine Gefahr für den Weltfrieden?*, Darmstadt 2000, Kapitel V.

16 John Brenkman, *The Cultural Contradictions of Democracy. Political Thought Since 9/11*, Princeton/NY 2007. Auch Francis Fukuyama, Identity, Immigration and Democracy, in: *Journal of Democracy*, Bd. 17 (2006), S. 5–20, erkennt den Konflikt, nicht aber in seinem früheren Buch: *The End of History and the Last Man*, New York, 1992. Zu einer Kritik an Fukuyamas These vom „End of

History“ vgl. mein Buch *Political Islam, World Politics and Europe. Euro-Islam and Democratic Peace vs. Global Jihad*, New York, 2008, Einleitung, Kapitel V und VI.

17 Dieser Begriff wird in einer anderen Bedeutung von Postmodernisten verwendet. Zu einer nicht postmodernen Bestimmung vgl. B. Tibi, *Der neue Totalitarismus*, Darmstadt 2004, Kapitel I.

18 Zu diesen körperlichen Strafen (Peitschen, Steinigung, Hand-Abhacken) vgl. Ahmed F. Bihnasi, *al-Siyasa al-djina'iyya fi al-Schari'a al-Islamiyya*/Die Strafpolitik in der islamischen Schari'a, Kairo 1988, S. 88–98.

19 Hierzu kritisch die Monographie von Bat Ye'or, *Islam and Dhimmitude*, Cranbury 2002.

20 Der zentrale Unterschied zwischen *Fiqh* und Schari'a ist idealiter folgender: Schari'a ist eine göttliche Offenbarung, wohingegen *Fiqh* das von Menschen konstruierte Sakralrecht reflektiert. *Fiqh* entsteht auf der Basis der Interpretation der Schari'a. Hierzu vgl.: M. S. Aschmawi, *Usul al-Shari'a*/Grundlagen der Schari'a, Kairo 1983. In der Praxis der islamischen Rechtsgelehrten wird dieser Unterschied völlig verwischt. Die islamischen *Fiqh*-Juristen (die *Faqihs*) präsentieren ihr menschliches Denken willkürlich als *lex divina*/heiliges Recht und beschuldigen die Muslime, die widersprechen, des *kufr*/Unglaubens.

21 Zur Schi'a vgl.: Moojan Momen, *An Introduction to Shi'i Islam*, New Haven 1985. Zu den Sekten im Islam vgl.: Fouad Khuri, *Imams and Emirs. State, Religion and Sects in Islam*, London 1990.

22 Fouad Ajami, *The Foreigners Gift. The Americans, the Arabs, and the Iraqi's in Iraq*, New York 2006.

23 Hierzu im Einzelnen B. Tibi, War and Peace in Islam, in: Terry Nardin, Hg., *The Ethics of War and Peace*, Princeton/NY 1996, S. 128–145.

24 Vgl. das Plädoyer für die Schari'a von Abdullahi A. An-Na'im, *Islam and the Secular State. Negotiating the Future of Shari'a*, Cambridge/MA 2008. Dieser Schari'a-Muslim war früher Reformer wie ich und argumentierte einst gegen die Schari'a. Vgl. seinen Beitrag in: Kari Vogt und L. Lindholm, Hg., *Islamic Law Reform and Human Rights*, Kopenhagen 1993. Ich bin auch Mitautor dieses Buches.

25 Peter Katzenstein und Timothy Byrnes, Hg., *Religion in an Expanding Europe*, Cambridge 2006. Diese Forschungsarbeit an der Cornell University enthält meinen Beitrag: Europeanizing Islam or the Islamization of Europe? als Kapitel VIII, S. 204–224.

26 Michael Kessler u. a., Hg., *Konfliktherd Toleranz? Analysen – Sondierungen – Klarstellungen*, Tübingen 2002, darin S. 173–192 von B. Tibi gegen den Multikulturalismus.

27 Hierzu Adel Theodor Khoury, *Toleranz im Islam*, Mainz 1980.

28 Zu dieser Problematik der zentrale Band von Bruce Russet, *Debating the Democratic Peace*, New Haven 1993. Zur Anwendung auf den Islam vgl. mein in

New York 2008 erschienenes Cornell-Buch, nachgewiesen in Anm. 16, dort besonders Kapitel II.

29 Raymond Aron, *Frieden und Krieg*. Eine Theorie der Staatenwelt Frankfurt am Main 1986, S. 468 f.

30 B. Tibi, Political Islam, World Politics (wie Anm. 16), darin zu „Democratic Peace", besonders Kapitel V und VI.

31 Vgl. mein Kapitel in dem Buch von Anthony Reid, nachgewiesen in Anm. 53 zu Kapitel 1; allgemein zum Pluralismus vgl. John Keks, *The Morality of Pluralism*, Princeton/N. J. 1993; und zum Kulturpluralismus Monique Deveaux, *Cultural Pluralism and Dilemmas of Justice*, Ithaca 2000. Zu dieser Problematik im Islam ausführlich B. Tibi, The Pertinence of Islam's Predicament with Democratic Pluralism for the Democratization of Islam, in: *Religion-Staat-Gesellschaft*, Bd. 7 (2006), Heft 1, S. 83–117.

32 Peter Mandaville, *Transnational Muslim Politics. Reimagining the Umma*, New York 2004.

33 Über die Schari'a und über *Tatbiq al-Schari'a* vgl. die Belege in Anm. 1 und 2.

34 Nach Clifford Geertz ist jede Religion zugleich ein kulturelles System, vgl. hierzu Anm. 55 unten sowie Clifford Geertz, *Religiöse Entwicklungen im Islam beobachtet in Marokko und Indonesien*, Frankfurt 1988 (neu 1991), mit einem Essay von B. Tibi, Gespräche mit Geertz in Princeton, S. 185–200.

35 Dieses Verständnis vertritt auch Leslie Lipson, der den Islam als einheitliche Zivilisation in seinem grundlegenden Werk: *The Ethical Crisis of Civilization*, London 1993 deutet; zum Islam darin S. 78 ff., zum Westen S. 41 ff. Für eine islamische Position vgl. Sayyid Qutb, *al-Islam wa Muschkilat al-Hadarah*/Der Islam und die Problematik der Zivilisation, Kairo 1988.

36 Zu Qutb: Roxanne Euben, *Enemy in the Mirror. Islamic Fundamentalism and the Limits of Modern Rationalism*, Princton/NY 1999, Kapitel III. Vgl. auch B. Tibi, *The Challenge of Fundamentalism*, Berkeley 1998, erweiterte Ausgabe 2001.

37 Joseph Schacht, *An Introduction to Islamic Law* (wie Anm. 1) sowie die neue, oft reduktionistisch verfahrende Arbeit von Sami Zubaida, *Law and Power in the Islamic World*, London 2003. Der ökonomische Reduktionismus führt dazu, die weltanschauliche Dimension der Problematik der Schari'a völlig zu unterschätzen.

38 Zum Ursprung dieser Erscheinung im Islam vgl. Hichem Djait, *al-Fitna*, Beirut 1992 (Original: *La Grande Discorde. Religion et Politique dans l'Islam*, Paris 1989).

39 Myron Weiner, *The Global Migration Crisis*, New York 1995 und B. Tibi, *Islamische Zuwanderung*, München 2002, worin der Weiner-Ansatz auf die Islam-Diaspora in Europa im Licht des 11. September 2001 angewandt wird.

40 Für einen historischen Überblick B. Tibi, *Kreuzzug und Djihad*, München 1999, und ders., *Einladung in die islamische Geschichte*, Darmstadt 2001.

41 Vgl. die Diskussion hierüber in den Beiträgen des Bandes von John Hall, Hg.,

Civil Society. Theory, History, Comparison, Cambridge 1996, besonders das Kapitel Civil Society and Islam von Serif Mardin, S. 278–300.

42 Vgl. die Zwischenbilanz von B. Tibi: Über Bürgerrechte und Bürgerpflichten. Die Leitkulturdebatte ist wieder entfacht, in: *Politik und Kultur*, September/Oktober 2006, Heft 5/6, Leitartikel S. 1–2. Den Leitkultur-Begriff prägte ich in meinem früheren Buch: *Europa ohne Identität?*, zuerst München 1998 (danach vier weitere Ausgaben). Ich ersetze ihn im vorliegenden Buch durch den Begriff „Werte-Orientierung", um einem Missbrauch aus dem Weg zu gehen.

43 Henryk M. Broder, *Hurra, wir kapitulieren*, Berlin 2006.

44 Diese Bücher sind: Robert Spencer, *Onward Muslim Soldiers. How Jihad Still Threatens America and the West*, Washington DC 2003, S. 64–69; Caroline Fourest, *Frère Tariq. Discourse, Stratégie et Methode de Tariq Ramadan*, Paris 2004; Ralph Ghadban, *Tariq Ramadan und die Islamisierung Europas*, Berlin 2006.

45 Die Propaganda vom „Feindbild Islam", die gleichermaßen von Linken und Islamisten betrieben wird und von dem liberale Muslime nicht ausgenommen werden, schweigt über ein anderes Feindbild, das in den Beiträgen des Bandes von Ursula Spuler-Stegemann, Hg., *Feindbild Christentum im Islam*, Freiburg 2004, darin B. Tibi, S. 54–61, problematisiert wird.

46 Zum Prozess der Verwestlichung vgl. das Buch von Theodore von Laue, *The World Revolution of Westernization*, New York 1987.

47 Hierzu vgl. die Veröffentlichung der Verhandlungen des Symposiums zu dieser Problematik, das die Erasmus Foundation unter dem Titel, *The Limits of Pluralism. Neo-Absolutism and Relativism*, Amsterdam 1994, herausgab. Darin sind u. a. die Aufsätze von Clifford Geertz, Ernest Gellner, Shlomo Avineri und B. Tibi enthalten.

48 H. L. A. Hart, *The Concept of Law*, Oxford 1961.

49 Diese Kombination von Konsensverlust und Diffusion der Macht wird erläutert in: B. Tibi, *The Challenge of Fundamentalism* (Anm. 36), Kapitel V.

50 Vgl. Daniel Bell, The Return of the Sacred, in: ders., *The Winding Passage. Essays*, New York 1980, S. 324–354. Diese Diskussion wird fortgesetzt in der Neuausgabe 2005 meines Buches: *Islam between Culture and Politics* (Anm. 10), Kapitel XI.

51 Zum Ruf nach der Schari'a vgl. B. Tibi, *The Challenge of Fundamentalism* (Anm. 36), Kapitel VIII, und zur Spannung Neoabsolutismus/Kulturrelativismus, Anm. 47 oben.

52 Es ist erstaunlich, wie sehr sich japanische Rechtsgelehrte für diesen Aspekt interessieren, obwohl in Japan kaum Muslime leben. Im Kontrast dazu steht die deutsche Rechtswissenschaft. Obwohl in Deutschland vier Millionen Muslime leben, zeigen die deutschen Rechtsfakultäten kaum ein Interesse am Schari'a-Recht. In Tokio konnte ich darüber reden. Vgl. B. Tibi, Islamic Schari'a as Constitutional Law? The Reinvention of the Shari'a and the Need

for an Islamic Law Reform, in: The Japanese Association of Comparative Constitutional Law, Hg., *Proceedings of the International Conference on Comparative Constitutional Law 2005*, Tokio 2006, S. 126–170, sowie ders., Rechtsuniversalismus und kultureller Pluralismus des Rechts dargestellt am Beispiel der Schari'atisierung des Islam, in: *Journal of Comparative Law*, Nihon University/Japan, Bd. 24 (2007), S. 131–148.

53 Roland Robertson, *Globalization. Social Theory and Global Culture*, London 1998, Nachdruck.

54 Hedley Bull, The Revolt against the West (vgl. die Nachweise in Anm. 11).

55 Clifford Geertz, Religion as a Cultural System, in: ders., *The Interpretation of Culture*, New York, 1973, S. 87–125, vgl. Anm. 34 oben.

56 Zu Identity Politics vgl. meinen Beitrag in: Helmut Anheier und Raj Isar, *Conflict and Tensions*, nachgewiesen in Anm. 6.

57 Yusuf al-Qaradawi, *al-Hall al-Islami*/Die islamische Lösung, Beirut 1980. Band 2 der Trilogie: *Hatimiyyat al-hall al-Islami*/Die Pflicht zur islamischen Lösung.

58 Graham Fuller, *Sense of Siege. The Geopolitics of Islam and the West*, Boulder/Col. 1995.

59 Mohammed Said al-Aschmawi, *Usul al-Schari'a*/Der Ursprung der Schari'a, Kairo 1983, sowie die Literaturhinweise in Anm. 1 und 2.

60 B. Tibi, Die Entwestlichung des Rechts, in: Klaus Lüderssen, Hg., *Aufgeklärte Kriminalpolitik*, 5 Bde., hier Bd. 5, Baden-Baden 1998, S. 21–30.

61 Sayyid Qutb, *Ma'alim fi al-Tariq*/Wegzeichen, Kairo 1989, Nachdruck. Ders., *al-Islam wa mushkilat al-hadarah*/Der Islam und das Problem der Zivilisation, Kairo: 1988, Nachdruck.

62 Hierzu B. Tibi, *Krieg der Zivilisationen*, Hamburg 1995, Kapitel II über den Konflikt in Bezug auf das Recht und ders., *Political Islam, World Politics and Europe*, New York 2008.

63 Michael Akehurst, *A Modern Introduction to International Law*, 6. Aufl. London 1987, schreibt hierzu auf S. 21: „Third World states often feel that international law sacrifices their interests to the interests of the Western states". In diesem Sinne ist der Schari'a-Islamismus eine – wenngleich reaktionäre – Dritte-Welt-Ideologie des Rechts.

64 Zur islamischen Expansion B. Tibi, *Kreuzzug und Djihad* (Anm. 40).

Kapitel IV
Djihad für Europa?

1 Vgl. David Cook, *Understanding Jihad*, Berkeley 2005.

2 Einzelheiten bei B. Tibi, War and Peace in Islam, in: Terry Nardin, Hg., *The Ethics of War and Peace*, Princeton/NJ, 1996, S. 128–145.

3 Vgl. die Quellenbände von Bernard Lewis, Hg., *Islam*, 2 Bde, New York 1987, hier Bd. 1, *Politics and War*, sowie das Kapitel von Bernard Lewis, Politics and War, in: Joseph Schacht und C. E. Bosworth, Hg., *The Legacy of Islam*, Oxford 1974, S. 156–209.

4 Zur inhaltlichen Bestimmung des Begriffs der Religionisierung von Politik vgl. B. Tibi, *Die islamische Herausforderung. Religion und Politik im Europa des 21. Jahrhunderts*, 3. Auflage Darmstadt 2008, besonders die Einleitung.

5 Zur Regensburger Vorlesung des Papstes vgl. Knut Wenzel, Hg., *Die Religionen der Vernunft. Die Debatte um die Regensburger Vorlesung des Papstes*, Freiburg/Br. 2007. Zu dem in diesem Zusammenhang entstandenen Zivilisationskonflikt: B. Tibi, Verweigerung und Heuchelei. Die Aussagen des Papstes über den Islam sind weder historisch noch theologisch falsch. In: *Financial Times Deutschland* vom 25. September 2006, S. 30 sowie meinen Essay hierüber: Warum der Papst Recht hat und der Islam seine Vernunfttradition neu beleben muss, in: *Die Tagespost* vom 23. Dezember 2006, Beilage Forum, S. 23.

6 Hierzu die historischen Werke zunächst über die arabischen Eroberungen von Byzanz: Walter E. Kaegi, *Byzantinum and the Early Islamic Conquests*, Cambridge 1996, dann zur Eroberung Konstantinopels durch türkische Muslime sowie ihre Umbenennung in Istanbul: Sir Steven Runciman, *The Fall of Constantinople*, Cambridge 1990 (zuerst 1965). Zur Eroberung Spaniens: Roger Collins, *The Arab Conquest of Spain 710–797*, Oxford 1994.

7 Zur neuen Rolle der Religion im Rahmen der Rückkehr des Sakralen vgl. meine in Anm. 4 angegebene Monographie; über Religion in der Weltpolitik folgende drei Bände: Pippa Norris und Ronald Inglehart, *Sacred and Secular. Religion and Politics Worldwide*, Cambridge 2006, Eric Hanson, *Religion and Politics in the International System Today*, Cambridge 2006 sowie Tim Byrnes and Peter Katzenstein, Hg., *Religion in an Expanding Europe*, Cambridge 2006 (darin Kapitel VIII von B. Tibi).

8 Im Folgenden gebe ich einige zentrale arabische Quellen zur theologischen Bedeutung des Djihad an; dazu gehören die islamischen Werke von Muhammad Schadid, *al-Djihad fi al-Islam*, Kairo, 7. Auflage 1985 sowie Abdulhalim Mahmud, *Al-Djihad wa al-nasr*, Kairo 1968. Neben meinen in Anm. 2 oben und 17 unten nachgewiesenen Arbeiten vgl. folgende Sekundärliteratur: Michael Banner, *Jihad in Islamic History. Doctrines and Practice*, Princeton/NJ, 2006, Reuven Firestone, *Jihad. The Origins of Holy War in Islam*, New York 1999, dann ganz neu zur historischen Bedeutung des Djihad: Alan Jamieson, *Faith and Sword. A Short History of Christian-Muslim Conflict*, 2006 und die klassische Arbeit von Fred M. Donner, *The Early Islamic Conquests*, Princeton/NY 1981, ferner Paul Fergusi, *Jihad*, Amherst/NJ 1998. Für weitere Nachweise vgl. Anm. 1 und 3.

9 Zur Entwicklung des Djihad zum Djihadismus: B. Tibi, *Der neue Totalitarismus. Heiliger Krieg und westliche Sicherheit*, Darmstadt 2004, Kapitel III. In der

westlichen Literatur wird nicht zwischen Djihad und Djihadismus unterschieden. Beispiele hierfür: Robert Spencer, *Onward Muslim Soldiers. How Jihad Still Threatens America and the West*, Washington/DC 2003 sowie Mary Hobeck, *Knowing the Enemy. Jihadist Ideology and the War on Terror*, New Haven 2006.

10 Sayyid Qutb, *al-Salam al-alami wa al-Islam*/Der Weltfriede und der Islam, 10. legale Ausgabe, Druck, Kairo 1992, S. 172 ff.

11 Zur Geschichte selbst vgl. B. Tibi, *Kreuzzug und Djihad. Der Islam und die christliche Welt*, München 1999, TB-Ausgabe 2002. Zur weiter unten angesprochenen Prognose Francis Fukuyama, *The End of History and the Last Man*, New York 1992 und dazu der Widerspruch von B. Tibi, *Krieg der Zivilisationen*, Hamburg 1995, S. 29.

12 John Burton, *Conflict, Resolution and Provention*, London 1990, S. 211 ff.

13 Ebd., S. 216.

14 Vgl. hierzu den Band von Helmut Anheier und Raj Isar, Hg., *Conflicts and Tensions- The Cultures and Globalization Series*, Bd. 1, London 2007. Die darin enthaltenen Studien umfassen auch mein Islam-Kapitel über „Identity Politics", S. 221–231.

15 John Kelsay, *Islam and War*, Louisville 1993, S. 35 f. Vgl. das neue Buch von John Kelsay hierzu, *Arguing the Just War in Islam*, Cambridge/MA 2007.

16 Efraim Karsh, *Islamic Imperialism. A History*, New Haven 2006.

17 Hierzu im Einzelnen vgl. Kapitel IV, Krieg und Frieden zwischen Zivilisationen, von B. Tibi, *Krieg der Zivilisationen* (Anm. 11), S. 165–187.

18 Der Koran wird hier im Original nach der arabischen Ausgabe von Tunis, Verleger Mu'assasat Abdulkarim, o. D., jedoch zur Überprüfung des Sinns stets nach dem Konsultieren der beiden autoritativen deutschen Übersetzungen von Rudi Paret (Kohlhammer 1979) und Adel Khoury (Gütersloher Verlagshaus, 1987) sowie der englischen Übersetzung von N. J. Dawood (Penguin 1956, neu 1986) zitiert.

19 Belege dazu bei Najib Armanazi, *al-Schar' al-duwali fi al-Islam*/Völkerrecht im Islam, London 1990 (zuerst Damaskus 1930 und zuvor auf Französisch in Paris).

20 Der Chicagoer Politikwissenschaftler Robert Pape, *Dying to Win. The Strategic Logic of Suicide Terrorism*, New York 2005, gehört zu jenen, die die religiöse Motivation der Djihadisten schlicht ignorierten und sie einfach stumpf durch statistische Daten auf der Basis quantitativer Methoden ersetzen.

21 Dies versucht Majid Khadduri in der als klassisch eingestuften Studie: *War and Peace in the Law of Islam*, Baltimore 1955, zu leisten. Diese ist heute jedoch als überholt einzustufen.

22 So Nabil Abdullfattah, *al-Mishaf wa al-saif*/Das heilige Buch und das Schwert, Kairo 1984.

23 Bernard Lewis, *Politics and War* (vgl. Anm. 3).

24 Zu den Stämmen im Islam vgl. B. Tibi, Old Tribes and Imposed Nation States, in: *Tribes and State Formation in the Middle East*, Philip Khoury und Joseph Kostiner, Hg., Berkeley 1990, S. 127–152.

25 B. Tibi, *Islam's Predicament with Modernity*, London and New York 2009.

26 Der Begriff stammt von Marshall Hodgson, *The Venture of Islam. Conscience and History in a World Civilization*, 3 Bde., Chicago 1977. Das ist das international autoritative Werk über islamische Geschichte. Zu der damit korrespondierenden islamischen Expansion vgl. mein Buch, *Kreuzzug und Djihad* (wie Anm. 11), Kap. II (Geschichte des arabischen Djihad), weiter Kapitel IV (Geschichte des osmanischen Djihad), die zwischen dem 7. und 17. Jahrhundert die islamische Expansion verfolgten.

27 Khalid Y. Blankinship, *The End of the Jihad State*, Albany/NY 1994, bietet eine akkurate Darstellung des ersten Jahrhunderts islamischen Djihads. Zur türkisch-osmanischen Epoche der Djihad-Kriege vgl. den Beleg in Anm. 26.

28 Zum Aufstieg des Westens: Geoffrey Parker, *The Military Revolution. Military Innovation and the Rise of the West 1500–1800*, Cambridge 1988 (neu 1989), ferner zum technischen Wandel, Martin van Creveld, *Technology and War*, New York 1989. Zum Import dieser militärischen Innovation David Ralston, *Importing the European Army into the Extra-European World 1600–1914*, Chicago 1990 (Osmanisches Reich Kapitel III, Ägypten Kapitel IV).

29 Zum Selbstbild/Fremdbild der Muslime B. Tibi, *Der Islam und Deutschland. Muslime in Deutschland*, München 2000, Kapitel I, S. 57–90. Zur hiermit korrespondierenden Weltsicht B. Tibi, The Worldview of Sunni-Arab Fundamentalists in: Scott Appleby, Martin Marty, Hg., *Fundamentalism and Society*, Chicago 1993, S. 73–102.

30 Nikkie Keddie, Hg., *An Islamic Response to Imperialism*, Berkeley 1983 (neue Ausgabe). Darin sind die Schriften Afghanis enthalten, der den Djihad als antikolonialen Krieg neu definierte. Vgl. dazu auch mein Kapitel über antikoloniale Ideologie und Dekolonisation in: Iring Fetscher, Hg., *Piper Handbuch der politischen Ideen*, 5 Bde., hier Bd. 5 „Neuzeit", München 1987, S. 361–402, dort umfangreiche Literaturhinweise.

31 So Saaduldin al-Schadhli, *al-harb al-salibiyya al-thaminsa*/Der achte Kreuzzug, Casablanca 1991 über den Golfkrieg von 1991, zur hierzu gehörigen Verschwörungstheorie vgl. den Hinweis in Anm. 34.

32 Vgl. das Kapitel „Conspiration Judeo-Chrétienne, in: Mohammed Kassab, *L'Islam face au Nouvel Ordre Mondial*, Algier 1991, sowie die Literaturhinweise in Anm. 34 und mein Kapitel in dem Buch von Wolfgang Benz und Juliane Wetzel, Hg., *Antisemitismus und radikaler Islamismus*, Essen 2007, S. 43–69.

33 Graham Fuller, *A Sense of Siege. The Geopolitics of Islam and the West*, Boulder/Col. 1995.

34 B. Tibi, Die Mär des Islamismus. Von der jüdischen und kreuzzüglerischen

Weltverschwörung gegen den Islam, in: Julius Schoeps u. a., *Alter-neuer Judenhass. Antisemitismus*, Berlin 2006, S. 179–203.

35 Bernard Lewis, *What Went Wrong?*, New York 2001, dt. Übersetzung: *De Untergang des Abendlandes*, Bonn 2002.

36 Abdullatif Husni, *al-Islam wa al-alaqat al-duwaliyya. Namudhadj Ahmed ben Khalid al-Nasiri*/Der Islam und die Internationalen Beziehungen, dargestel am Werk von al-Nasiri, Casablanca 1991. Eine Diskussion des Werkes al-Nas ris, das in 9 Bänden vorliegt, findet der Leser im Rahmen einer Analyse des i lamischen Konformismus in: B. Tibi, Religion und Gewalt. Die Verbindu von Djihad und Qital, in: Religion-Staat-Gesellschaft, Bd. 8 (2007) Heft S. 197–235 zu al-Nasiri, S. 212 ff.

37 B. Tibi, *Der Islam und das Problem der kulturellen Bewältigung sozialen Wa dels*, Frankfurt 1985 (seitdem drei Auflagen).

38 Fazlur Rahman, *Islam and Modernity*, Chicago 1982 und W. M. Watt, *Fun mentalism and Modernity*, London 1988.

39 Der frühere Rektor der al-Azhar, Mahmud Schaltut, *al-Islam aqidah wa Sc ri'a*/Der Islam als Dogma und als Schari'a, Kairo 1980. Die folgenden Zi sind von S. 404, 406 und 409.

40 Zu dieser Herausforderung vgl. B. Tibi, *The Challenge of Fundamentalism. litical Islam and the New World Disorder*, Berkeley 1998, erweiterte Neuau 2002.

41 Vgl. Hasan al-Banna, *Madjmu'at rasa'il al-imam al-schahid Hasan al-Ba* Gesammelte Essays des Imam Märtyrers, Kairo „neue legale Edition" darin Risalat al-Djihad, S. 271–291, hier S. 273; zum Folgenden ebd., S 287 und 291.

42 Vgl. für weitere Details: Richard Mitchell, *The Society of Muslim Brother* ford 1969.

43 Schaltut, wie Anm. 39.

44 Djadul-haq Ali Djadulhaq für al-Azhar, *Bayan ila al-nas*/Eine Verkünd die Menschheit, 2 Bde., Kairo 1987. Die zitierten Seiten sind in Bd. I, S. 280 f., und Bd. II, S. 268 und 371.

45 Hierzu B. Tibi, The Totalitarianism of Jihadist Islamism and its Chall Europe and to Islam, in: *Totalitarian Movements and Political Religio* (2007), Heft 1. S. 35–54.

46 Vgl. besonders Sayyid Qutb, *al-salam al-alami wa al-Islam*/Der Weltfri der Islam (wie Anm. 10). Zum Denken Qutbs vgl. Roxanne Euben, *Th in the Mirror. Islamic Fundamentalism and the Limits of Modern Rati* Princeton/NJ 1999, Kapitel 3, S. 49–92 und David Cook, *Understanc had*, Berkeley 2006.

47 Hasan al-Banna, wie Anm. 41.

48 Hierzu B. Tibi, *Political Islam, World Politics and Europe*, New York 20 besonders Kapitel I.

49 In diesem Verständnis des Krieges verfassste Kalevi J. Holsti, *Peace and War: Armed Conflicts and International Order 1648–1989*, Cambridge 1991 eine Gesamtschau über den Gegenstand.

50 Hedley Bull deutet „Krieg als organisierte Gewalt", Terror dagegen als „civil violence", nicht als Kriegsmuster. Diese Ansicht gilt heute angesichts des Djihadismus als irregulärem Krieg als überholt. Vgl. Hedley Bull, *The Anarchical Society*, New York 1977, Kap. 8 „War and International Order", S. 184–199.

51 Hierzu B. Tibi, *Krieg der Zivilisationen* (wie Anm. 17), vgl. auch Anm. 2.

52 Die erste Formulierung des irregulären Krieges ist enthalten in: B. Tibi, *Krieg der Zivilisationen* (vgl. Anm. 11), dann in: ders., *The Challenge of Fundamentalism* (Anm. 40), Berkeley 1998, S. 178, sowie die in Anm. 45 und 48 zitierten neueren Arbeiten.

53 al-Banna, *Risalat al-Djihad* (wie Anm. 41).

54 Paul Bearman, Who's Afraid of Tariq Ramadan. The Islamist, the Journalist and the Defense of Liberalism, in: *The New Republic* (June 2007), S. 37–63.

55 Tariq Ramadan, *Aux Sources du Renouveaux Musulman de al-Afghani à Hasan al-Banna*, Paris 1998. Das beste Buch über Ramadan ist von Caroline Fourest, *Frère Tariq*: Discours, stratégie et méthode de Tariq Ramadan, Paris 2002 (engl. Übersetzung: *Brother Tariq. The Double Speak of Tariq Ramadan*, London 2008). Vgl. auch Robert Spencer, *Onward Muslim Soldiers.* (Anm. 9), S. 64–69, sowie Ralph Gadban, *Tariq Ramadan und die Islamisierung Europas*, Berlin 2006.

56 Bat Ye'or, *Dhimmitude. Where Civilizations Collide*, Cransbury/NJ 2002.

57 al-Banna (wie Anm. 41).

58 B. Tibi, Jihadism in Intercivilizational Conflict, in: Akbarzadeh und Mansouri, *Islam and Political Violence. Muslim Diaspora and Radicalism in the West*, London 2007, Kapitel IV.

59 Peter Conzen, *Fanatismus*, Stuttgart 2005.

60 Sayyid Qutb, *al-Islam wa muschiklat al-hadarah*/Islam und das Problem der Zivilisation, 9. legale Edition, Kairo 1988, S. 196.

61 Sayyid Qutb, *Ma'alim fi al-tariq*/Wegzeichen, 13. legale Edition (laut Impressum), Kairo 1989, S. 201.

62 Die Texte Bin Ladens sind in einer zuverlässigen Edition von Marwan Abou-Taam und Ruth Bigalke, Hg., *Die Reden des Osama Bin Laden*, München 2006, zugänglich.

63 Sayyid Qutb, *al-Mustaqbal lihadha al-din*/die Zukunft gehört dieser Religion, Kairo 1993 (13. legale Ausgabe).

64 Sayyid Qutb, *al-Islam wa muschkilat* (wie Anm. 60), S. 196

65 Hedley Bull, The Revolt Against the West, in: Hedley Bull/Adam Watson, Hg., *The Expansion of International Society*, Oxford 1988, S. 217–228. Zu der Problematik der verschiedenen Ethiken siehe Terry Nardin/David R. Mapel, Hg., *Traditions in International Ethics*, Cambridge 1992.

66 B. Tibi, *Krieg der Zivilisationen* (wie Anm. 11).

67 Sayyid Qutb, *Ma'alim fi al-tariq* (Anm. 61), S. 72.

68 Euben (wie Anm. 46), hier S. 54 f. Ähnlich urteilt David Cook, *Understanding Jihad* (Anm. 1).

69 Muhammed N. Yasin, *al-Djihad. Mayadinahu wa asalibahu*/Jihad: Seine Felder und seine Methoden, Algier 1990, S. 76. Die folgenden Zitate ebd., S. 77 und 81.

70 Deshalb wird der Krieg der Zivilisationen als Krieg der Anschauungen (Anm. 52) geführt. Vgl. dazu auch B. Tibi, Countering Terrorism als Krieg der Weltanschauungen, in: Martin van Creveld, Hg., *Countering Modern Terrorism.*

71 Im Gegensatz zum apologetischen Abdulaziz Sachedina, *The Islamic Roots of Democratic Pluralism in Islam*, New York 2001. Vgl. B. Tibi, Islam and Cultural Modernity. In Pursuit of Democratic Pluralism, in: Anthony Reid, Hg., *Islamic Legitimacy in a Plural Asia*, London 2007, Kapitel III.

72 Najib al-Armanazi, *al-Shar' al-duwali fi al-Islam* (Anm. 19), S. 157.

73 Ebd., S. 163.

74 Benedict Anderson, *Imagined Communities*, London 1991 (Neudruck) sowie Peter Mandaville, *Transnational Muslim Politics. Reimagining the Umma*, London 2004.

75 Der den „islamischen Staat/*Dawla Islamiyya*" betreffende Gedanke ist in den klassischen Quellen nicht zu finden. Es ist ein neueres Thema, das islamische Fundamentalisten erfunden haben. Vgl. u. a. Muhammad Hamidullah, *The Muslim Conduct of State*, Lahore 1977; sowie Abdulrahman A. Kurdi, *The Islamic State*, London 1984. Dieses neue Konzept des *Dawla Islamiyya*/islamischen Staates wird in zahlreichen Schriften des Islamismus heute propagiert. Eine Anaylse und Nachweise hierüber sind in: B. Tibi, *The Challenge of Fundamentalism. Political Islam and the New World Disorder* (Anm. 40), Kapitel VII und VIII.

76 Armanazi, *al-Shar' al-duwali fi al-Islam* (Anm. 19), hier S. 226.

77 Ann Elizabeth Mayer, *War and Peace in the Islamic Tradition – International Law*, Paper, Department of Legal Studies, Wharton School of the University of Pennsylvania, Nr. 141 (45 Seiten), hier S. 45.

78 Hedley Bull, The Revolt Against the West (Anm. 65).

79 Hierzu B. Tibi, International Morality and Cross-Cultural Bridging, in: Roman Herzog u. a., *Preventing the Clash of Civilizations*, New York 1999, S. 107–126.

Weitere Bücher von Bassam Tibi

Mit dem Kopftuch nach Europa?
Die Türkei auf dem Weg in die Europäische Union
Zweite, erweiterte Auflage Darmstadt 2007

„Mit diesem Buch liefert Tibi einen differenzierenden Beitrag zur aktuellen Debatte über den Beitritt der Türkei zur EU … Das Buch ist verständlich geschrieben und enthält eine Reihe bedenkenswerter Argumente, die bislang im allgemeinen Diskurs fehlten oder eine nur untergeordnete Rolle spielten. Für politisch Interessierte bleibt es damit ebenso empfehlenswert wie für Politiker und Wissenschaftler." Zeitschrift für Politikwissenschaft

„Tibi liefert mit seinem neuen Titel all denen ein Handbuch, die einen Überblick über die Argumentation gegen den Beitritt der Türkei in die Europäische Union suchen." Frankfurter Allgemeine Zeitung

Die islamische Herausforderung
Religion und Politik im Europa des 21. Jahrhunderts
Dritte, erweiterte Auflage Darmstadt 2008

„Zu den Dauerbrennern auf dem Sachbuchmarkt gehört weiterhin das Thema Islam – vor allem seine Konfrontation mit dem säkularisierten Europa. Diese islamische Herausforderung beschreibt derzeit kaum einer treffsicherer als Bassam Tibi." 3 sat magazin

Fundamentalismus im Islam
Eine Gefahr für den Weltfrieden?
Dritte, überarbeitete Auflage Darmstadt 2002

„Wie mit seinen früheren Publikationen, leistet Tibi auch diesmal einen … für den interessierten Laien informativen, wissenschaftlich begründeten und zugleich engagierten Beitrag zum besseren Verständnis des Islam, besonders seiner großen Vielfalt, die entgegen vielen Fehlurteilen auch liberales Denken einschließt." liberal – Vierteljahreshefte für Politik und Kultur

„Ginge es bei uns so autoritär wie im Islam zu, könnte man die Lektüre dieses überlebenswichtigen Buches allen, die es angeht – Politikern, Journalisten, Lehrern, Wissenschaftlern – verordnen: zu ihrer Erneuerung und Rettung zugleich." Gert Ueding, Die Welt